本书由香港乐施会资助完成，内容为作者观点，不必然代表乐施会立场。

南南合作与中国的对外援助

案例研究

黄梅波　徐秀丽　毛小菁　主编

中国社会科学出版社

图书在版编目(CIP)数据

南南合作与中国的对外援助：案例研究／黄梅波，徐秀丽，毛小菁主编．—北京：中国社会科学出版社，2017.1

ISBN 978-7-5161-9753-0

Ⅰ.①南… Ⅱ.①黄… ②徐… ③毛… Ⅲ.①南南合作—研究②对外援助—研究—中国 Ⅳ.①F114.43②D822.2

中国版本图书馆CIP数据核字(2016)第324713号

出 版 人 赵剑英
责任编辑 周晓慧
责任校对 无 介
责任印制 戴 宽

出 版 中国社会科学出版社
社 址 北京鼓楼西大街甲158号
邮 编 100720
网 址 http://www.csspw.cn
发 行 部 010-84083685
门 市 部 010-84029450
经 销 新华书店及其他书店

印 刷 北京明恒达印务有限公司
装 订 廊坊市广阳区广增装订厂
版 次 2017年1月第1版
印 次 2017年1月第1次印刷

开 本 710×1000 1/16
印 张 20.75
插 页 2
字 数 323千字
定 价 88.00元

凡购买中国社会科学出版社图书，如有质量问题请与本社营销中心联系调换
电话:010-84083683

序　一

黄梅波

进入 21 世纪以来，以金砖国家为代表的一批新兴经济体群体性崛起，成为新时期推动南南发展合作的中坚力量。对于新兴市场国家来说，深入研究南南发展合作的理念、原则、方式、效应，总结南南发展合作经验，构建南南发展合作体系已十分紧迫和必要。2014 年中国、印度、巴西、南非等新兴市场国家的学者组成南方智库网络——Network of Southern Think-Tanks（NeST），开始对南南发展合作的内涵、统计、效果评估等问题进行系统研究。

中国国际发展研究网络（China International Development Research Network，CIDRN）长期致力于南南发展合作的研究，2014 年以来积极参与了 NeST 的历次研究及交流活动。NeST China Chapter 认为，鉴于新兴市场国家的对外援助数据和统计体系存在的问题短时间难以解决，对新兴市场国家进行援助规模、部门分配、地区分配以及援助效益的深入研究和实证分析还为时尚早，当前更恰当且更具建设性的研究方法是进行案例研究和分析，通过案例研究，深入探讨新兴市场国家援助理念、援助原则、援助方式以及援助效应与传统援助国的不同，对构建新兴市场国家自身独特的发展援助体系提供证据。受 CIDRN 委托，2015 年 9 月开始，厦门大学黄梅波教授邀请中国对外援助领域的十余位资深专家学者对经过实际调研的中国对外援助案例进行整理分析，并撰写案例研究论文。2016 年 1 月 23—24 日在厦门召开了“南南合作与中国的对外援助”讨论会（Workshop on South-South Cooperation and Chinese Foreign Aid），案例作者，CIDRN 管理小组成员，UNDP 官员，中国商务部官员，中国前驻非洲刘贵今大使、舒展大使，NeST 主要成员，Oxfam 官员等参加该会议，共同讨论了中国对外援助与经济合作中的南南合作特征及独特做法，对所撰写案例提出修改意见。会后各案例作者对案例进行了修改，最后汇集成本案例集。案例集共收集了 14 个中国对外援助的案例，每个案例都对每一援助项目的项目概况、项目的特点以及项目的效果进行了分析，充分体现了中国对外援助的南南合作特征。

本书为黄梅波教授主持的 2016 年度国家社会科学基金重大项目："中国国际援助和开发合作体系创新研究"（16ZDA037）的阶段性成果。本书的出版得到乐施会的资助，特此对乐施会对中国国际发展研究的支持表示感谢。

序 二

“新南南合作”的兴起(代序)*

李小云**

我在《人民论坛》上写了一篇小短文，提出了“新发展主义”的问题，其中核心思想是回应全球化的一些新特点。全球化问题涉及对资本主义演变的基本认识，对此大概有两个方面的观点：一方面认为，周期性出现的经济危机严重地削弱了资本主义的生命力，有人觉得新一轮经济危机预示着以新自由主义为核心的全球资本主义面临困境，因此，希望中国能够取代经典资本主义的发展路径。另一方面认为，虽然资本主义已经成为无孔不入的全球化的主要文化形态，但是中国道路似乎有别于资本主义的发展变迁模式。我对这两方面的观点没有进行十分深入的研究，很难说是支持或是反对，但是我同时感到以资本为核心的社会经济政治演变似乎并不是一个简单的过程，资本主义的生命力似乎也有它自身很强大的自我纠正能力。我提出“新发展主义”的思想，主要是希望能够将上面所讲的两个相对不同的认识框架做一个探索式的说明。“新发展主义”包含了经典发展的一些要素，如乡村转型、城乡互动、城市化、劳动力流动等；但是“新发展主义”的确在驱动发展的路径上、在发展内部深化和外部扩张方面呈现出与传统发展主义很大的差别。虽然我们对这种差异性的认识有一个多元现代性的理论框架，但

---

* 原载《国际发展时报》（International Development Times，IDT），2016年11月6日。

** 李小云，中国农业大学人文与发展学院教授，中国国际发展研究网络（CIDRN）主席，南方智库网络（NeST）主席。

这仍然不能阻止我们就这个差异的全球文化意义做更深入的探讨。在2015年在印度召开的南南合作大会上，我作为国际南方智库网络的主席在开幕式上提出了“新南南合作”概念，最近在北京论坛上我又明确地提出了“新南南合作”的三个主要依据。“新南南合作”是我提出“新发展主义”中的一个具体内容，也是我在提出“新发展主义思潮”这个问题中讲到新发展和经典发展差异的一个实证案例。经典发展主义一直是在南北关系框架下展开的，这个框架的主要内涵是南方国家的发展依赖于北方国家的经验和理论、资金和制度性的支持，因此从某种意义上讲，经典发展理论的权力关系是不平等的。从20世纪末期开始，南南合作开始呈现出一些新的特点。其实，最先注意到这些新特点的主要还是那些西方从事发展研究的学者，同时，西方发展援助的政策制定者也意识到这些问题。所以在20世纪90年代末期发展援助的罗马会议上就明确提出，将南南合作作为国际发展合作的重要内容。到今天为止，南南合作的这些新特点确确实实已经明显地呈现出来，这的确需要引起我们在学术上的足够重视。那么，“新南南合作”究竟有哪些特点呢？

一　新的发展经验与知识

我不久前参加了《印度的发展合作》一书在美、加两国的一系列推介活动，该书是由印度外交部下属智库的总裁Sachin先生和亚洲基金会Anthea女士共同主编的。在研讨会上，印度负责发展合作的官员在回答听众问题时所使用的话语体系居然和中国官员所使用的话语体系非常一致，他们讲道，印度的发展合作是不干预内政的，坚持互惠互利，而且是基于受援国的需求。关于中国国内的发展，尽管大家批评我们国有企业的弊端，但市场开放度还是比较高的，但是，政治制度的发展路径并没有遵循新自由主义的主张。相比之下，印度的政治制度是西方很少挑剔的民主制度，但是市场的开放度却远远不够。有意思的是，中国和印度成为20世纪和21世纪成功发展的主要叙事。作为两个最大的南方国家，从贫困走向繁荣的探索创造出了新的发展经验，这样的发展经验不同于传统南南合作中发展中国家取得政治独立的经验，南方国家开始拥有了属于自己的成功发展经验——发展优先、基础设施先导、农业发展和工业化、人口的流动与减贫等，孕育了新的发展知识要素，这些发展知识要素与20世纪50年代以后取得独立的民族国家所继承的发展思想遗产有着很大的不同。这些知识要素具有很强的自主性，虽然属于地方性经验，但却具有很强的全球意义，这都为南南合作注入了新的要素，这也在某种程度上标志着南南合作进入了一个新阶段，就是我说的“新南南合作”阶段。

二 新的发展资源

进入新世纪以后，南方国家的经济实力迅速提升，这主要表现在南方国家的进出口额在全球进出口额中的比例急剧上升，以及南方国家之间直接投资的巨大增长上。2014年，中非贸易额达到2200亿美元，比2000年增长了22倍。中国对非投资存量超过300亿美元，比2000年增加了60倍。自2009年起，中国已连续5年成为非洲第一大贸易伙伴国，同时也是非洲重要的新兴投资来源地。2015年，全球发展中国家的FDI，56%来源于亚洲国家和地区，主要是中国香港和内地以及新加坡。南方国家之间的贸易和直接投资不仅表现在数量方面急剧增加上，而且以中国为主要代表的南方国家的资本形态——主权资本，发挥着主导性作用。主权资本与国家发展主义相结合，成为南南合作发展资源的重要特点。这与传统南南合作中资本缺乏的状况形成鲜明的不同。南南合作中的资本流动，既不完全遵循国际资本市场流动的规则，也不同于OECD国家的主权资源投资规则。南方国家的发展资源在不干预内政、互惠互利的原则下，按照新的发展比较优势规则，在南方国家之间流动，构成了新型南南合作的重要资源动力。从这个意义上讲，正在兴起的南南合作呈现出典型的不同于传统南南合作的特点。

三 新型的发展制度

自从万隆会议召开以来，南南合作一直依托于联合国的机制。在发展资助制度方面，一直依赖于布雷顿森林公约体系。虽然在布雷顿森林公约体系之下，全球和区域性的发展机构对南方国家的发展发挥了很大作用，但是，在南北发展资源严重失衡的不平等关系状态下，南方国家受困于高度政治化的国际和区域间发展融资体系。随着南方国家自有发展资源的不断丰富，南方国家认识到具有自我主导性的发展融资机构的重要性，亚投行和新开发银行相继成立，标志着南方国家自主掌握发展融资能力的提升。新开发银行和亚投行运行的基本经验在很大程度上来自于南方国家已经积累的发展经验，就如同这两个发展银行不断重申要提高融资项目的审批效率那样，基于南方国家发展经验的新型融资体系，标志着南南合作在经济上步入了制度化轨道，发达经济体纷纷加入亚投行，展示了南方国家发展经验的生命力。南方国家发展融资机构的出现以及发达经济体所表现出的支持行动，标志着南南合作进入了一个新的阶段。我把基于南方国家发展经验、南方国家发展资源的增长，以及南方国家自主性发展筹资体系的建立作为“新南南合作”的三个主要特点。这三个主要特点标志着南南合作进入了一个新的发展阶段，新型的南南合作也就在实践层面上支持了“新发展主义”框架的形成。当然，“新南南合作”是在过去30多年新型全球化驱动下形成的，当前的全球经济低迷势必会影响南方国家的经济发展，从而也会影响“新南南合作”的进一步发育。其中，由于中国在全球经济体系中的重要性，中国正在展开的结构性调整也势必会影响“新南南合作”的健康发展，这些虽然不能说是巨大的挑战，但也存在众多的疑问。

目　录

上　编

从坦赞铁路看中国对外援助的发展与特点 …………………… 郭　语（3）
援非盟会议中心
——中非友谊的里程碑 ………………………… 陈小宁　毛小菁（14）
马达加斯加综合医院项目分析 ………………………………… 刘　娴（25）
中国紧急人道主义援助案例分析
——以 2015 年缅甸特大洪灾救援为例 ……………… 范伊伊（37）
中国抗击非洲埃博拉援助行动案例分析 ……………………… 王　忱（51）
“硬”援助和“软”援助的结合
——中国对柬援助的回顾与评析 ………………………… 周太东（65）
坦桑尼亚农业技术示范中心项目案例研究 …………………… 张　悦（81）
从中坦村级减贫学习中心到中坦联合研究中心
——南南合作中发展经验的平行
分享 ……………………………… 徐秀丽　马俊乐　李小云（92）
中国援助巴布亚新几内亚和斐济菌草技术合作项目
分析 ………………………………………………………… 袁晓慧（105）
中国—FAO 粮食安全框架下中国—乌干达南南合作
项目案例研究 ……………………………………………… 于浩淼（119）
“FAO + 中国 + 东道国”农业三方合作案例
研究 ……………………………………………… 唐丽霞　祝自冬（135）
创新农业走出去促投资援助模式研究
——以中地海外和江西赣粮为例 ………… 尹燕飞　李　炎（148）

"援助+投资"：中国农业援非规模化路径分析
——中国农业企业在莫桑比克的农业技术推广
实践 …………………………………………… 张传红（160）
赞比亚—中国经济贸易合作区建设与
南南合作 …………………………………… 黄梅波　张晓倩（183）

下　编

南南发展合作的概念框架（工作文件） ……………………………（205）
Developing A Conceptual Framework for South-South
Cooperation (Working Document) ……………………………（255）

作者简介 ……………………………………………………………（317）

Contents

Part Ⅰ

Development and Characteristics of China's Foreign Aid
—Case Study of Tanzania-Zambia Railway ·················· *Guo Yu* (3)
China-aided African Union Conference Center
—A Landmark for China-Africa Friendship ······················ *Chen Xiaoning*, *Mao Xiaojing* (14)
Analysis of Madagascar's General Hospital Project ··· *Liu Xian* (25)
The Analysis of Chinese Foreign Humanitarian Assistance
—A Case Study on Myanmar 2015 Flood ·············· *Fan Yiyi* (37)
Case Study of China's Aid to Africa's Fight against Ebola ·· *Wang Chen* (51)
Blend of "Hard" and "Soft" Assistance
—A Review and Analysis of China's Aid to Cambodia ·· *Zhou Taidong* (65)
The Case Study of Agricultural Technology Demonstration Center Project in the United Republic of Tanzania ·· *Zhang Yue* (81)
From Village-based Poverty Reduction Learning Center to China-Tanzania Joint Learning Center
—Peer-to-Peer Sharing in South-South Cooperation ················· *Xu Xiuli*, *Ma Junle*, *Li Xiaoyun* (92)

Study of China's Aid Projects of Juncao Technical Cooperation in Papua New Guinea and Fiji … *Yuan Xiaohui* (105)

Case Study on the China-Uganda South-South Cooperation Project under the Framework of FAO Food Security …… *Yu Haomiao* (119)

Agricultural Trilateral Cooperation
—A Case Study of FAO Model + China + Hosting Country …… *Tang Lixia, Zhu Zidong* (135)

Research on the Innovation of the Aid Modes of Agriculture Going Global to Promote Investment
—With CGCOC and Jiangxi Ganliang as the Examples …… *Yin Yanfei, Li Yan* (148)

"Aid + Investment": Sustainable Development Approach to China's Agricultural Aid to Africa
—Technology Transfer Practice of Chinese Agricultural Enterprises in Mozambique …… *Zhang Chuanhong* (160)

The Construction of Zambia-China Economic & Trade Cooperation Zone And South-South Cooperation …… *Huang Meibo, Zhang Xiaoqian* (183)

Part Ⅱ

Developing A Conceptual Framework for South-South Cooperation (Working Document) (Chinese) …… (205)

Developing A Conceptual Framework for South-South Cooperation (Working Document) (English) …… (255)

About the author …… (317)

上　编

从坦赞铁路看中国对外援助的发展与特点

Development and Characteristics of China's Foreign Aid

—Case Study of Tanzania-Zambia Railway

郭　语*

摘要：坦赞铁路是冷战背景下中国老一代领导人从外交战略高度出发做出的重大决策，是中国和非洲国家互相帮助、互利共赢的历史见证。从萌发动议到技术合作，坦赞铁路50多年的发展历史，不仅见证了非洲人民争取独立自主发展的决心，被誉为“自由之路”；而且证明了泛非合作、中非合作的力量，被称为“友谊之路”；同时改变了铁路沿线人民的生活，更成为“繁荣之路”。坦赞铁路是迄今为止中国最大的援外成套项目，也是最具代表性的项目，经历了中国对外援助的重要发展节点和不同管理体制，是研究中国对外援助历史、发展与特点的典型案例。

关键词：坦赞铁路；中国对外援助

Abstract: Tanzania-Zambia Railway is a major decision made by earlier Chinese leaders from the perspective of diplomatic strategy in the context of the Cold War and a historical testimony of the mutual help and mutual benefits between China and African countries. From the proposal to technical co-

* 郭语，商务部国际贸易经济合作研究院国际发展合作研究所助理研究员。

operation, Tanzania-Zambia Railway has a history of more than 50 years. It has not only witnessed the African people's determination for independence, known as the "Railway of Freedom", demonstrated the strength of Pan-African cooperation and China-Africa cooperation, known as the "Railway of Friendship", and changed the lives of people along the railway line, becoming a "Railway to Prosperity". Tanzania-Zambia Railway is China's largest and most representative foreign aid project so far. It witnessed the important development stages and different management systems of China's foreign aid and is a typical case for the study of the history, development and characteristics of China's foreign aid.

Key words: Tanzania-Zambia Railway (TAZARA); China's Foreign Aid

坦桑尼亚—赞比亚铁路（简称“坦赞铁路”）是迄今为止中国最大的援外成套项目，在中国对外援助已走过65年时间的今天，坦赞铁路依然是最具代表性的项目，不仅因为其时间跨度特别长（从1964年中国对外援助的起步阶段至今），援助规模特别大（全长1860.5公里，其中坦境段975.9公里，赞境段884.6公里），而且因为在以坦赞铁路为代表的一系列大型援外项目的建设过程中，中国对外援助“摸着石头过河”，逐渐形成了一套具有自身特色的对外援助理念和管理体制，并随着时代要求的变化不断改变和丰富自身，充分体现了中国对外援助的发展与特点。

一　坦赞铁路概况

（一）发展历程

坦赞铁路是冷战背景下的重大决策，是中国和非洲国家互相帮助、互利共赢的历史见证。20世纪60年代，非洲民族解放运动蓬勃发展，坦桑尼亚和赞比亚相继宣布独立，随即面临如何发展经济、实现真正意义上独立自主的共同问题。为发展民族经济，冲破封锁，坦、赞两国商定修建一条联通两国的铁路，为赞比亚铜矿找到一个可靠的出海口。坦桑尼亚前总统尼雷尔、赞比亚前总统卡翁达先后于20世纪60年代初向世界银行、非洲开发银行、联合国等国际发展机构，以及英国、美国、苏联等寻求帮助，但都遭到了拒绝。在多方求助无果的情况下，坦桑尼亚总统尼雷尔将目光转向了当时在政治和经济上并不强大的中国。1964年12月29日，尼雷尔通过中国驻坦桑尼亚使馆表示希望对中国进行国事访问，与中国领导人商讨援建坦赞铁路的可能性。[①]

当时，中国对外援助已走过了10多年的发展历程，“对外经济技术合作八项原则”得到了第三世界国家的广泛认可。中、坦两国政府于1964年6月签署了第一个经济技术合作协定，[②] 中国决定帮助坦桑尼亚建设短波广播电台、友谊纺织厂、鲁伏农场、乌本戈农具厂等无偿援助项目。

在收到尼雷尔总统访华求援的消息后，中国领导人从外交战略高度出发，决定援建坦赞铁路。消息传出后，部分西方国家忧心忡忡，美国中央情报局的特别报道曾发出警告，认为坦桑尼亚政治出现左倾迹象，对坦桑尼亚总统尼雷尔与中国友好关系的描述更长达多页。[③]

1967年9月5日，中、坦、赞三国签订了《关于修建坦桑尼亚—赞比亚铁路的协定》。1967年12月、1968年5月，中国政府先后派出考察组，对坦赞铁路进行可行性考察。1968年5月和11月，中国政府分批派出援建坦赞铁路勘测设计队，坦桑尼亚队和赞比亚队共计680人，分别负责坦、赞境内的勘测设计工作。经过近3年的设计和筹备，坦赞铁路于1970年10月26日正式动工兴建，经过5年零8个月的艰苦奋战，1976年5月全部建成通车，同年7月移交坦、赞两国政府，正式投入运营。

坦赞铁路移交后，由坦赞铁路局进行管理，中国政府对坦赞铁路的参与进入技术合作时期，从1976年至今共开展了15期技术合作，派出

① 何英：《援建坦赞铁路的决策过程》，《关于当年援建坦赞铁路战略决策有关文献选编》，2013年7月。

② 石林：《当代中国的对外经济合作》，《当代中国》丛书编辑委员会编，中国社会科学出版社1989年版，第47页。

③ 美国中央情报局特别报道：《坦桑尼亚政治出现左倾迹象》，转引自孟洁梅《非洲自由铁路：中国的发展项目如何改变坦桑尼亚人民的生活和谋生之计》，民主与建设出版社2015年版，第8页。

专家2846人。这15期技术合作可分为四个阶段：第一阶段为技术指导阶段（1976年第1期—1983年第3期）。合作方式为中国专家在铁路运营和管理方面仅提供技术指导，不参与实际管理，每期合作期限为2年。该阶段中国政府累计派出专家1000人。第二阶段为参与管理阶段（1983年第4期—1995年第7期）。中国政府原定进行三期技术合作后即撤回中国专家，交由坦、赞两国独立经营管理，但坦赞铁路投入运营后出现了一些管理上的问题，从坦赞铁路运营和管理状况考虑，中、坦、赞三国政府于1983年8月签订了《关于坦赞铁路第四期技术合作的议定书》，决定从第四期技术合作开始，合作方式改为由中国专家进行技术指导并全面参与管理，每期合作期限延长至3年。该阶段中国政府累计派出专家742人。第三阶段为管理咨询阶段（1995年第8期—2001年第10期）。经过7期共19年的技术合作，中国已为坦赞铁路培养了一支能独立工作的运营管理和技术队伍，加上坦赞铁路实施商业化改造，管理体制有大的调整，为适应新形势，中、坦、赞三国政府决定将合作方式改为向坦赞铁路局提供管理咨询和技术指导，中国专家主要在机辆、运输、电务、物资、财务、私有化等方面提供管理咨询，每期合作期限为2年。该阶段中国政府累计派出专家85人。第四阶段为贷款协调和提供咨询阶段（2002年第11期—2016年第15期）。坦赞铁路实行商业化、私有化改造后，考虑到坦赞铁路所进行的各项工作，包括减员、机构重组、聘请外国咨询机构等，不宜继续由中国专家提供管理咨询，合作方式遂改为中国专家对中国贷款项下各项目的实施进行协调和提供咨询，并对达累斯萨拉姆和姆皮卡两个机辆厂提供技术指导，合作期限定为每期3年，目前正在进行第15期技术合作。该阶段中国政府累计派出专家47人。

（二）时代意义

坦赞铁路具有划时代的历史意义，对支持南部非洲民族解放，促进区域经济发展，开启中非友好合作局面，以及助推中国企业走向世界，起到了举足轻重的作用。

1. 自由之路

坦赞铁路是中国为帮助解决20世纪60年代非洲大陆上最严峻问题——殖民主义压迫——而做出的重大决策，非洲国家领导人对坦赞铁路推动民族自由与解放所作的贡献十分肯定。赞比亚总统卡翁达将坦赞铁路看作赞比亚“政治独立的象征”与“自力更生的工具”；坦桑尼亚总统尼雷尔则表示，没有中国人民的援助，坦桑尼亚的民族解放斗争也许仍在继续进行中。进入市场化运营阶段后，在1994年决定关闭某些“效率低下”站点的事件中，当地居民利用坦赞铁路建设期间国家关于自由和社会主义的宣传口号，坚持“坦赞‘自由铁路’的宗旨是为坦桑尼亚和赞比亚人民谋福利，而不是为国际货币基金组织或任何个人谋取利润”，赢得了对铁路和铁路服务应享有的权利。[①] 由此可见，通过坦赞铁路修建期间的经济活动和政治动员，当地人民直接参与了铁路的决策和发展，坦赞铁路不仅改变了沿线居民的生活，而且提高了当地人民的自觉参与意识。

2. 发展之路

坦赞铁路的建成促进了商品流通，在有效解决赞比亚铜产品出口受限问题的同时，活跃了城乡贸易，将民众需要的日用轻工产品向各地输送，打开了新的贸易渠道。此外，坦赞铁路还促进了周边农业经济的蓬勃发展，沿线地区地貌发生了显著变化，荒无人烟的草地或丛林转变为农场、稻田、玉米地和香蕉园等小农经济区域。贸易和就业机会的增加，使得沿线人口呈增长趋势。1988—2002年，坦赞铁路沿线地区人口增长加速，姆宾古年增速超过8.41%，而同期坦桑尼亚全国平均人口增速仅为2.8%[②]。从开始运营至2012—2013财年，坦赞铁路累计运送乘客4618.7万人次、各类物资2801.8万吨。作为连接东非、中非与南部非洲的运输大动脉，坦赞铁路为促进坦赞两国及周边国家经济与民生的发展发挥了重要作用；作为跨国、跨区域基础设施建设的典范，坦赞铁路在当今依然具有战略意义。在全球化大潮的推动下，整个非洲大陆新民主运动进入新时代，区域组织和区域经济蓬勃发展，坦赞铁路必将在其中发挥更大的作用。

---

① J. M. 姆卡玛：《委员会会长就关闭姆宾古的铁路车站致信基隆贝罗地区的议会成员》，1994年8月，基隆贝罗区档案第40—46页，转引自孟洁梅《非洲自由铁路：中国的发展项目如何改变坦桑尼亚人民的生活和谋生之计》，民主与建设出版社2015年版，第7页。

② 孟洁梅：《非洲自由铁路：中国的发展项目如何改变坦桑尼亚人民的生活和谋生之计》，第183页。

3. 友谊之路

坦赞铁路增加了中坦、中赞之间的相互信任和友好合作，直接促进了中坦、中赞双边贸易的发展，进一步推动了国与国之间的互利共赢，拓宽了合作领域。20 世纪 60 年代，中赞两国贸易额甚微，到了 20 世纪 70 年代，随着坦赞铁路等援建项目的进行，中国对赞比亚出口额开始急剧上升，最高年份的 1974 年达到 3680 万美元。同时，中国通过支援坦赞铁路的建设，向世界展现了中国政府反帝、反殖民、反种族歧视的决心，用实际行动履行了“对外援助八项原则”的各项承诺，赢得了非洲各国的认可和信任，使中国在发展中国家的国际声望日益提高，与中国建交的第三世界国家越来越多。1971 年 10 月，联合国大会以压倒性优势通过了包括坦桑尼亚和赞比亚在内的 23 个国家提出的要求恢复中华人民共和国在联合国的一切合法权利的提案。这 23 个国家，全部是第三世界国家。

二 坦赞铁路项目分析

坦赞铁路是中国对外援助和南南合作的重要成果，几乎贯穿中国对外援助的整个发展历程，是分析中国对外援助的理念、原则、方式、管理以及演变的典型案例。

（一）坦赞铁路充分体现了“中国对外经济技术援助八项原则”的精神

1964 年 1 月，周恩来在马里宣布了“中国对外经济技术援助八项原则”（简称“对外援助八项原则”），作为指导中国对外援助的纲领性文件，其核心思想是平等互利、不附带条件、帮助受援国实现自力更生，坦赞铁路充分体现了中国对外援助八项原则的精神。

首先，坦赞铁路体现了中国对外援助在南南合作框架下平等互利的理念。中国政府根据平等互利的原则对外提供援助，认为援助是相互的，而非单方面的赐予。毛泽东在会见坦桑尼亚总统尼雷尔时表示：

“中国人民和非洲朋友是互相帮助”，“援助是相互的”；[1] 周恩来也明确表示，处在反对殖民主义、种族主义前沿的友好国家需要帮助，中国不能袖手旁观。[2] 在这一根本理念的指导下，坦赞铁路建设期间，中国铁路技术人员与非洲工人一起深入东非的崇山峻岭，更重要的是以身作则、言传身教，手把手向非洲人民传授知识经验，转移技术技巧，中国援外人与当地人民在铁路建设过程中建立的亲密关系和战斗友谊，既是中国对外援助平等互利精神的体现，同时使中非关系发生了深刻变化，为20世纪70年代中国重返联合国打下了坚实基础。

其次，中国政府在受援国需要的时候会延长对外援助的还款期限，减轻受援国的负担。1983年8月，中、坦、赞三国政府签订了《关于坦赞铁路第四期技术合作的议定书》，同意坦、赞两国把偿还中国提供的9.88亿元人民币贷款的期限推迟10年，即从1993年开始偿还，于2022年还清；并将中国1980年提供的用于购买12台中国机车的贷款偿还期也推迟5年。在第7期技术合作期间，中国政府还将1983年8月10日签订的《关于推迟中国政府提供的修建坦赞铁路贷款偿还期的议定书》所规定的偿还期再推迟5年，即从1998年1月1日至2027年12月31日的30年内偿还。2009年12月，基于坦赞铁路在经营中存在的困难以及中非传统友谊，在坦赞铁路第14期技术合作部长级会议期间，中国政府宣布免除援建坦赞铁路50%的债务，即49400万元人民币，以减轻坦、赞两国的负担，帮助两国加快经济发展。2012年3月22—29日，中国商务部领导率政府经贸代表团访问坦桑尼亚和赞比亚，签署三项三边协议，以促进坦赞铁路修复改造工程的实施，并加强有关坦赞铁路的经济技术合作。

再次，中国政府在援建坦赞铁路过程中提供自己所能生产的、质量最好的设备和物资，力求投资少，收效快。周恩来在援建坦赞铁路考察组临行前指示：“未来的坦赞铁路技术标准要略高于坦桑尼亚和赞比亚既有铁路的技术标准。”坦赞铁路是根据坦赞两国经济发展的需要和当

---

① 张铁珊：《友谊之路——援建坦赞铁路纪实》，中国对外经济贸易出版社1999年版，第56—58页。

② 同上书，第37页。

地的自然地理条件精心设计的，主要技术标准不仅高于坦赞两国既有铁路的技术标准，而且高于东非地区的其他铁路。

最后，中国政府十分重视为坦赞两国培训技术人才，帮助受援国走上自力更生、独立发展的道路。周恩来曾专门指示："培训当地人员是件大事，也是影响最大的，有长期影响的，要贯彻始终。"① 施工期间，中国专家组采取"传、帮、带"和举办短期培训班等方式，先后为坦赞两国就地培训了1.2万名各类技术工人。中国政府在铁路沿线开办了4个训练学校，坦桑尼亚境内3个，赞比亚境内1个，中国教学组在训练学校进行了长达10年的教学工作。中国北京交通大学（原北方交通大学）为坦赞两国培养了179名留学生，这批留学生成为坦赞铁路的技术骨干。此外，从2000年1月第10期到现在的第15期技术合作，每期技术合作专项贷款中都有一部分资金专门用于人员培训，中国政府先后邀请了近200名坦赞铁路专业技术人员和高级管理官员来中国进行短期和中期培训，累计培训时间近30个月。

（二）坦赞铁路历经了中国对外援助管理机构和管理体制的演变

在管理机构方面，1964年6月，中国政府撤销原对外经济联络总局，成立对外经济联络委员会；1970年6月，对外经济联络委员会改为对外经济联络部；1982年3月，国家进出口管理委员会、对外经济贸易部、对外经济联络部、外国投资管理委员会合并成立对外经济贸易部。作为不同发展阶段中国对外援助的主管部门，对外经济联络委员会对坦赞铁路的决策与勘测设计发挥了重要作用，对外经济联络部对坦赞铁路的建成与运营具有重要影响，对外经济贸易部及现在的商务部对坦赞铁路的技术合作起到了十分重要的作用。

在管理体制方面，坦赞铁路经历了中国对外援助总交货人部制和承建部负责制两个时期。总交货人部制基本参照苏联向中国提供成套设备项目的做法，总交货人根据承担的项目，负责选调人员，搜集资料，勘查厂址，编制和审定设计任务书，编制预算，供应设备和材料等，也可根据地方的工业特点和生产能力，委托某一省、市、自治区完成部分或

① 中土公司：《中国土木工程集团公司大事记——铁道部援外办公室前期》，中土公司内部资料，2006年10月，第108页。

全部援外任务。1961年后，对外经济联络总局（对外经济联络委员会）负责协调各总交货人部和协作交货人部的工作。进入20世纪70年代后，由于对外援助规模迅速扩大，国内经济体制也发生很大变动，原来实行的总交货人部制已与之不相适应。1971年，总交货人部制改为承建部负责制，根据援外项目的行业分工确定国务院有关部门作为承建部，承建部负责项目的经济、技术责任，项目筹建任务即项目实施的大量具体工作交由地方负责完成，以发挥中央和地方两个积极性。1978年中共十一届三中全会后，对外经济联络部开始探索用经济手段和行政手段相结合的方式管理援外项目。坦赞铁路横跨50多年的时间，中国对外援助在不同历史时期采取的管理体制，在坦赞铁路的决策、修建、运营和改造等各个阶段得到了充分体现。从1964年萌发动议至1970年举行开工典礼，坦赞铁路主要实行总交货人部制，铁道部作为总交货人负责选调人员，编制预算等工作，其他相关部委作为协作交货人配合铁道部的工作，对外经济联络部（对外经济联络委员会）作为对外经济合作的主管部门，负责协调铁道部和其他部委之间的工作。1971年，总交货人部制改为承建部负责制，坦赞铁路也进入全面施工阶段，铁道部作为承建部主要负责坦赞铁路的经济和技术工作，具体施工则交由地方铁路局或者铁路办公室完成，充分发挥了中央和地方的力量，如施工现场几万名中国铁路工人就是来自全国各地方铁路局的。1975年坦赞铁路移交，1976年进入技术合作时期，尤其是80年代后期进入商业化管理之后，中国专家主要向坦赞铁路提供管理咨询和技术指导，不过多参与坦赞铁路的运营事宜。

（三）坦赞铁路体现了中国援助成套项目的具体做法

凡是由中国负责设计，派人组织或指导施工安装，并提供全部或部分设备、建筑材料，建成后能独立发挥作用的工程项目，都被称为“援外成套项目”。中国援外成套项目根据受援国不同的经济基础和技术水平，合作方式分为三类：一是项目从考察、设计到施工安装、试生产，全部由中方负责，国际上通称为“交钥匙”方式；二是中方负责设计，提供设备材料，派专家指导施工安装，由受援国负责组织施工；三是中方仅负责总体设计和工艺设计或某些主要车间的建筑设计，提供设备材料，派专家指导设备安装和试运转或土建施工，其他工作由受援国负责。[①] 坦赞铁路采用的是“交钥匙”项目，从考察、设计、施工到建成移交，全部由中方负责，中方还在建成移交后至今一直提供技术合作和管理咨询。

（四）坦赞铁路集中体现了特定历史阶段中国对外援助的优势和不足

首先，坦赞铁路体现了中国对外援助一度政治先行、忽视经济考量的问题。由于中国对外援助起步阶段的特殊历史背景，高层对类似坦赞铁路这样的大型项目给予了高度关注，全国援外工作会议一共召开了9次，前5次分别于1971、1972、1973、1975、1977年召开，正是中国对外援助急剧增长、大型援外项目不断上马的时期，也是坦赞铁路进入施工的关键时期。据统计，1971—1978年，中国的援外支出达到1950年至1970年援外总支出的159%，其中坦赞铁路建设期间的1971—1975年支出占总支出的78%，[②] 占同期国家财政总支出的5.88%，1973年更高达6.92%。[③] 坦赞铁路这样的成套项目虽然在国外建设，但大量筹建工作在国内，援外专家的选派，设备材料、生活物资的供应等，都需要国内外的一致配合。坦赞铁路从施工生产物资到生活物资，总量达150多万吨，包括钢材32万吨，木材14万立方米，水泥65万吨，油料31万吨，炸药8100吨，绝大部分由国内组织供应、经远洋运输到坦桑尼亚和赞比亚。截至1971年底，共发运坦赞铁路物资价值4亿元、37万吨、150多船次；其中1971年发运66船次、26万吨，约占发运总数的70%，1972年计划供应援外物资2亿多元，约28.5万吨。[④] 中国在对外援助的起步阶段，正面临国内外的双重压力，生存是首要任务，对外援助作为新中国谋求国际生存空间、与台湾争夺合法性的有力工具，一度需以政治考量为第一要素，而忽视经济因素；同时，援外项目是国家对外承担的援助义务，政策性强，建设速度、工程质量

---

① 石林：《当代中国的对外经济合作》，《当代中国》丛书编辑委员会编，中国社会科学出版社1989年版，第104页。

② 同上书，第61页。

③ 张永蓬：《坦赞铁路——历史的丰碑》，《世界知识》2011年第13期。

④ 中土公司：《中国土木工程集团公司大事记——铁道部援外办公室前期》，中土公司内部资料，2006年10月，第75页。

以及运营效应，都直接关系到受援国的利益和中国的声誉。也正是由于高层领导的关心和推动，坦赞铁路这样超出当时国力的项目才能最终得以完成。

其次，坦赞铁路体现了中国对外援助大量使用本国劳动力的问题。这是中国对外援助经常被人诟病的地方，认为中国援外项目从中国国内带去大量劳动力，而非聘请当地百姓，因此不但没有帮助解决当地就业问题，而且因为一部分中国工人在项目完成后选择留在当地，挤占了当地人民的就业机会。《非洲自由铁路：中国的发展项目如何改变坦桑尼亚人民的生活和谋生之计》一书作者、美国麦卡利斯特大学（Macalester college）历史系主任孟洁梅（Jamie Monson）教授认为，这是由中国当时的国力所决定的，是中国技术的特点（由于外汇短缺，中国的技术属于劳动力密集型）所带来的不可避免的结果。孟洁梅认为，尽管这一结果有不尽如人意之处，但如果以其对东非工人培训的贡献以及中国撤回劳工和技术人员的成本来衡量，中国派往达累斯萨拉姆的3—5万名铁路技术人员可以说是代表了坦赞铁路项目中最重大的技术转移。①

① 孟洁梅：《非洲自由铁路：中国的发展项目如何改变坦桑尼亚人民的生活和谋生之计》，民主与建设出版社2015年版，第11页。

援非盟会议中心

——中非友谊的里程碑

China-aided African Union Conference Center

—A Landmark for China-Africa Friendship

陈小宁　毛小菁*

摘要：非盟会议中心是继坦赞铁路之后中国对非洲援建的最大无偿援助项目。该项目的援助金额大、设计精美、质量一流，备受非洲人民的肯定和赞美，被誉为中非传统友谊和新时期合作的里程碑。本文第一部分从设计、施工和后续技术合作三个方面阐述了项目的实施概况。第二部分分析了非盟会议中心所体现的中国援外特点，包括项目立项以受援方需求为导向；创新援外项目管理体制以确保项目质量；以及重视当地用工和技术能力的培养。第三部分分析了项目的效果及评价，认为非盟会议中心项目是中非合作及中国与非盟合作的集中体现，表明中国重视和支持非盟在促进非洲和平、稳定与发展方面的重要作用。会议中心的有效运转也得到非盟及非洲各方的充分肯定。

关键词：非盟会议中心；中国对非援助；中非合作

Abstract: African Union Conference Center is the largest assistance project by China in Africa after the Tanzania-Zambia Railway. This grand Conference Center is costly, beautifully designed with high quality, and thus

* 陈小宁，商务部国际贸易经济合作研究院国际发展合作研究所助理研究员。毛小菁，商务部国际贸易经济合作研究院国际发展合作所副所长，副研究员。

highly recognized and praised by the African people. It is regarded as a landmark for the China-Africa traditional friendship and cooperation in the new era. The first section of this paper describes the process of this project from design, implementation to the following technical cooperation. The second section analyzes the characteristics of China's foreign aid as reflected in this project, including demand-orientation for the project initiation, innovation of the management system to guarantee the project quality, and emphasis on the local employment and technical capacity building. The third section analyzes the effects and makes assessment of this project. The authors argue that the AU Conference Center is a concentrated reflection of China-Africa cooperation and China-AU cooperation, and shows that China attaches importance to and support the AU's significant role in promoting the peace, stability and development of Africa. The effective function of the Conference Center is also well recognized by AU and the relevant African stakeholders.

Key words: African Union Conference Center; China's Aid to Africa; China-Africa Cooperation

援非盟会议中心项目是胡锦涛主席在2006年11月中非合作论坛北京峰会上宣布的中非务实合作八项举措之一①，是中国政府继坦赞铁路后对非洲最大的援建项目，被誉为中非传统友谊和新时期合作的里程碑。大厦位于埃塞俄比亚的政治和经济中心亚的斯亚贝巴市，项目历经

① 八项举措为：（1）扩大对非洲援助规模，到2009年使中国对非洲国家的援助规模比2006年增加1倍。（2）今后3年内向非洲国家提供30亿美元的优惠贷款和20亿美元的优惠出口买方信贷。（3）为鼓励和支持中国企业到非洲投资，设立中非发展基金，基金总额逐步达到50亿美元。（4）为支持非洲国家联合自强和加快一体化进程，援助建设非洲联盟会议中心。（5）免除同中国有外交关系的所有非洲重债穷国和最不发达国家截至2005年底到期的政府无息贷款债务。（6）进一步向非洲开放市场，把同中国有外交关系的非洲最不发达国家输华商品零关税待遇受惠商品由190个税目扩大到440多个。（7）今后3年内在非洲国家建立3—5个境外经济贸易合作区。（8）今后3年内为非洲培训培养15000名各类人才；向非洲派遣100名高级农业技术专家；在非洲建立10个有特色的农业技术示范中心；为非洲援助30所医院，并提供3亿元人民币无偿援助款以帮助非洲防治疟疾，用于提供青蒿素药品及设立30个抗疟中心；向非洲派遣300名青年志愿者；为非洲援助100所农村学校；在2009年之前，向非洲留学生提供中国政府奖学金名额由目前的每年2000人次增加到4000人次。

3 年竣工，耗费 8 亿元人民币，全部由中国无偿援助出资。现在它是非盟日常办公、每年两次首脑峰会以及其他重要会议的主要场地。

一 项目概况

中非合作论坛北京峰会结束后，中国政府与非洲联盟（以下简称“非盟”）立即就建设非盟会议中心项目进行正式换文确认。2007 年 2—3 月，商务部通过公开招标方式广泛征集设计方案。2008 年 4—5 月、7 月又分别公开招标监理企业和施工企业。商务部对外援助项目招标委员会严格审定了各投标企业，最终，同济大学建筑设计研究院、中国建筑工程总公司、沈阳市工程监理咨询有限公司脱颖而出，分别承担了项目的设计、施工和监理工作。2009 年 6 月 16 日，非盟会议中心正式开工，2011 年 12 月 26 日竣工，2012 年 1 月 28 日举行项目落成典礼，2012 年 5 月 8 日正式移交。作为重大援外项目，项目各参与方从设计、施工到后期技术合作，克服了诸多困难，严把质量关，最终将会议中心建成一个“质量一流，施工一流，设计一流”的项目①，也成为中国与非盟合作的新标志。

（一）项目设计独具匠心，巧妙融合非洲特点和中非友谊

为不负众望，打造出一个世人关注的精品，设计单位本着“五十年不落伍”的设计理念，在建筑造型、布局、功能、材料、结构等各方面匠心独运，充分考虑非洲地域文化特点和亚的斯亚贝巴的当地气候和环境条件，巧妙融合中非文化和传统友谊，处处体现中非的真诚、团结、合作、共赢。

在项目设计时，设计组考虑到非洲在建筑文化上与中国的差异和对设计的不同理解，广泛征求了非洲相关利益方的意见，最终采纳了非洲人偏爱的以圆形为主体的建筑造型，在色彩使用上也积极听取非盟的意见，并充分考虑非盟方对建筑新技术、新材料和新形式的期望，努力展现出非洲腾飞的崭新形象。同时，会议中心作为中国援建项目，还需要

---

① 《埃塞俄比亚总理梅莱斯视察已竣工的援非盟会议中心项目时的评论》，新华网（http://news.xinhuanet.com/world/2012-01/29/c_122626708.htm），2012 年 1 月。

充分体现中非深厚友谊与良好合作。在经过多次修改后，设计组完成了令各方满意的设计方案。

会议中心建筑群体总体成 U 形，造型气势磅礴，体现了“中国与非洲携手，共促非洲大陆腾飞”的设计主题。主体建筑呈椭圆形放射状布局，形态呈环抱之势，象征中国和非洲团结一致，携手托起非洲的未来。建筑群规划科学，布局合理，设计精美。设计者充分利用当地的自然风与自然光，圆形屋顶使用了发光棚，公共空间不设空调、无需人工采光，也能使整幢大楼色彩明亮，能耗极低。此外，内部配置也充分考虑满足各种人性化需求，在一些水暖管线的设置排列上，做到在不影响使用功能的前提下，留出操作和维护空间，适应了当地环境和实际使用情况。

（二）项目施工速度快，质量高

非盟会议中心项目的建设场址位于亚的斯亚贝巴南部科口斯区一块 11.3 公顷的场地内，该项目在建筑功能上由办公和会议两部分组成，建设内容主要分为五大部分。第一部分为会议设施，包括一间大会议厅（2550 座），一间中会议厅（681 座）和若干小型会议室；第二部分为非盟委员会主席、副主席和非盟轮值主席办公用房；第三部分为职员办公用房；第四部分为辅助配套设施，包括图书馆、医疗中心、职业培训中心、多功能厅、电视转播用房等；第五部分为室外工程，包括景观工程、露天剧场、直升机停机坪、停车场等。主体建筑为一座 99.9 米高的办公楼，共 20 层；会议部分为裙房，总建筑面积约 5 万平方米。整个项目规模宏大，结构复杂，对施工队伍的技术要求很高。

非盟会议中心从 2009 年 6 月 16 日正式开工建设，到 2011 年 12 月 26 日竣工，仅用了不到 3 年时间。施工期间，施工方克服了种种困难。亚的斯亚贝巴海拔高，每年有 3 个月的大雨季，雨季降雨量大，夏日则骄阳炙烤，而且当地基础设施薄弱，停水停电现象频繁发生，这些不利条件给本来就工期紧张的施工带来了巨大的挑战。工人为了抢进度，常常需要加班加点，实现了办公楼主体结构 7 天一层的施工进度，与国内同类项目速度相当。当地的环境气候对施工技术也提出了更高的要求，例如为了防止主会议室玻璃穹顶在雨季漏雨，中国工程师们召开了多次技术研讨会，详细制定施工方案，精心组织施工，最终圆满地完成了穹顶施工。

中国建筑工人的精湛技艺和吃苦耐劳的敬业精神给当地人留下了深刻的印象。当地人民称赞中国速度为“光速”。非洲领导人也十分关注非盟会议中心的建设。在施工过程中，非盟委员会主席让·平和埃塞俄比亚总理梅莱斯等领导人都曾到工地参观视察，对项目的进度和质量都表示满意和赞赏。

（三）项目后期提供技术合作，支持后续运营

为支持非盟会议中心的后续运营和维护，加强当地人员的能力建设，2012 年 1 月，中国政府根据非盟的需求，派遣技术人员开展为期两年的技术合作。2014 年，中国政府继续提供 5000 万元人民币，援建非盟总部综合服务中心，并提供第二期技术合作①。技术合作项目工作内容包括：向非盟方技术人员对会议中心的日常使用和维护运行提供技术指导；对非盟方技术人员进行培训；提供备品备件；承担会议中心设备的日常运行、维护、维修、保养等物业管理工作。通过技术指导和培训，以使非盟方技术人员能够最终接手会议中心的正常运转和维护。2016 年，中国为非盟会议中心扩建了员工食堂、档案中心、印刷中心、认证中心等，进一步提升了非盟总部综合服务功能。

二　项目分析

非盟大厦作为迄今中国最大的无偿援助项目，在项目的实施中具有一定的特点，也体现了中国援外的鲜明特色。

（一）以需求为导向，向非盟提供实实在在的援助

非盟自成立以来，一直都没有自己的会议中心和办公楼。这个拥有 50 多个成员国的联盟，每年开两次峰会，过去都要向位于亚的斯亚贝巴的联合国非洲经济委员会会议中心借场地。为此，中国政府决定答应非盟的请求，帮助非盟建设会议中心，以解决其长期面临的办公设施紧张的问题。非盟会议中心的建成也结束了非盟借用其他组织的会议中心

① 《关于全面深化中国非盟友好合作的联合声明》，新华网（http://news.xinhuanet.com/world/2014-05/06/c_1110548340.htm），2014 年 5 月。

召开首脑会议的历史。

非盟对会议中心寄予很高的期望，提出了各种各样的要求，希望这个建筑能有现代的造型，表现出非洲未来发展的趋势，成为当地的地标性建筑。施工期间，非盟对设计和施工现场提出的相关建议和意见，都得到中国的尊重和重视，并且尽最大的努力满足了非盟的要求。因此，项目建成后，非盟及其成员国都对会议中心非常满意。

非盟会议中心属于社会公共设施项目类。自 1950 年以来，中国帮助发展中国家援建了众多的公共设施，包括会议大厦、政府办公楼、体育场馆、文化中心等。这类项目也成为中国援外史上的一个特色，而其他援助国少有涉足。事实上，这类项目都是中国政府充分考虑到受援国当时的迫切需求而提供的。许多发展中国家出于政治、经济和区域影响力的考虑，都有承办国际型会议或赛事的需求，但其国内缺乏资金和技术支持，因而转向中国寻求援助。中国政府急人所急，经过充分的沟通、协商和科学考察后，往往都会提供相应援助。这些场馆后来也大多成为受援国文化、社会或体育活动的重要场所，对促进受援国的对外交流、改善社会和文化生活发挥了积极作用。非盟会议中心是其中的代表性项目。

（二）创新援外管理体制，严格控制项目质量

一直以来，中国政府都非常重视援外项目的质量，从制度管理、招投标、项目监理、一线监督等各方面入手，严格控制项目质量。商务部把 2011 年定为援外质量年，通过培训指导、排查巡检和制度完善，进一步提高各方对援外项目质量的重视。

对非盟会议中心这一重大项目，中国政府更是高度重视，力求把该项目建成中非合作的又一标志性项目。由于该项目规模大、标准高、技术复杂、任务艰巨，为了严格把控项目质量，中国政府在现有的援外管理体制基础上进行了两项改革创新：一是首次向项目现场派驻专职代表指导协调；二是设立了“监理、设代（即设计代表）独立制”。

1. 专职代表指导协调

专职代表由商务部派遣，主要担负“协调、监督、指导、服务”的职责。为了确保项目质量、安全和进度，专职代表建立了一套完整的内部工作机制和对外协调机制。首先，加强源头管理，全面加强设备材料质量监管。非盟会议中心项目建立了“多方参与、各司其职、监管有力”的设备材料联合封样及考察制度。对项目主要设备材料，施工监理企业在采购过程中实施考察和见证取样，发运前进行港口验货，同时严格执行设备材料入场签认制度，做到全过程控制，为确保项目高质量奠定了坚实基础。其次，强化规章制度，建立健全质量保证体系和质量保证措施。在整个施工过程中坚持执行周生产例会制度、周质量安全联合巡检制度、月度综合大检查制度。同时，技术组坚持传统的技术检查和复核制度，形成了质量管理横向到边、竖向到底的管理网络。

此外，为强化劳务管理，专职代表也采取了一系列措施：一是建立了完善的劳务人才库，丰富优秀工人资源，从源头抓起，通过各项专业考试，对工人的技术水平及道德品质进行评比，择优录用。二是注重对进场工人进行思想教育、合同解释说明及责任落实和安全教育。三是合理规划施工班组，规范劳务派工制度。四是确保劳务结算及时、有效、公正、公平。高水平的劳务管理，避免了因管理不善而产生的“返工”“窝工”和“费工”现象，有力地提升了凝聚力和战斗力。

2. 监理、设代独立制

“各司其职、相互协作、相互制衡”的分权管理原则是援外项目的工作指导制度，也是参建各方的基本工作准则。为了更好地发挥监理、设计代表在项目工作“独立、公正、科学”的监督协作作用，商务部为非盟会议中心项目设立了“监理、设代独立制”[①]，签订了《援非盟会议中心项目监理设代独立合同》。“独立制”的实行，使监理和设代工作不受其他因素的干扰，在现场人员管理、设备材料价格审核、施工过程管理、质量检查、设计变更的审批管理等方面都能真正做到为高标准、高质量的项目建设提供服务。

（三）注重当地用工和技术合作，促进当地能力培养

中国援助项目以工程类项目为主，需要雇佣大量工人进行施工作业。近年来，一些西方媒体和学者批评中国项目都是从中国本土带工人，没有给受援国当地百姓提供就业机会，也没有实现技术外溢。然

---

① 《对外援助工作通讯》2011 年第 8 期。

而，事实上，中国企业一直都尽量雇用当地工人，并积极向他们传授技术。1964 年宣布的“中国对外经济技术援助八项原则”[①] 明确规定：“中国政府对外提供任何一种技术援助的时候，保证做到使受援国的人员充分掌握这种技术。”70 年代修建坦赞铁路时，中方共雇用了坦赞两国近 10 万人次参与施工。[②] 一些西方学者也澄清和批评了这种不符合事实的言论。[③]

在非盟会议中心项目中，中国“授人以鱼，不如授人以渔”的传统精神得到进一步的证实。在工程建设过程中，虽然埃塞俄比亚工人技能不高、工期紧迫，中国还是尽可能雇用当地人员共同施工，为当地提供更多的就业机会。作业高峰期，在施工现场中方工人有 700 多人，而埃塞工人则有近 900 人。中国员工还以“传、帮、带”的精神培训当地建筑工人，帮助当地人学习和提高工程知识和技术。中外员工友好相处，在共同建设中结下了深厚的感情，中国工人的勤劳敬业和精湛技艺也深深感染了埃塞俄比亚工人，很多埃塞俄比亚工人后来都成了埃塞俄比亚建筑行业的精兵强将。中方在管理外籍员工时注重以人为本，为员工提供整洁舒适的住房和特色餐厅。中国援埃医疗队也应邀来到现场，为援建工人检查身体，传授健身防病的常识，得到广泛好评。项目结束后，中国提供了两期技术合作，继续为当地培养能够管理和运营会议中心的人员。

---

① 八项原则内容包括：（1）中国政府一贯根据平等互利的原则对外提供援助，从来不把这种援助看作是单方面的赐予，而认为援助是相互的。（2）中国政府在进行对外援助的时候，严格尊重受援国的主权，绝不附带任何条件，绝不要求任何特权。（3）中国政府以无息或者低息贷款的方式提供经济援助，在需要的时候延长还款期限，以尽量减少受援国的负担。（4）中国政府对外提供援助的目的，不是造成受援国对中国的依赖，而是帮助受援国逐步走上自力更生，经济上独立发展的道路。（5）中国政府帮助受援国建设的项目，力求投资少，收效快，使受援国政府能够增加收入，积累资金。（6）中国政府提供自己所能生产的、质量最好的设备和物资，并且根据国际市场的价格议价。如果中国政府所提供的设备和物资不合乎商定的规格和质量，中国政府保证退换。（7）中国政府对外提供任何一种技术援助的时候，保证做到使受援国的人员充分掌握这种技术。（8）中国政府派到受援国帮助进行建设的专家，与受援国的专家享受同样的物质待遇，不容许有任何特殊要求和享受。

② 石林：《当代中国》，中国社会科学出版社 1989 年版，第 609 页。

③ 如美国的 Deborah Brautigam 教授在她的《龙的礼物》第 5 章中对于中国企业用工问题有所澄清。

三　项目的效果及评价

非盟会议中心建成后，已经成功举办了多次重要的大型会议，得到非盟、非洲各国领导以及非洲人民的热情赞扬。会议中心为非盟更好地运转和发挥作用提供了基础设施支持，也充分显示了中国对非洲发展的支持和中非的传统友谊。

（一）项目集中体现了中国对中非合作及与非盟合作的重视

援建非盟会议中心是在中非合作不断升温的大背景下开展的。自 2009 年以来，中国连续 6 年成为非洲第一大贸易伙伴国。中国对非直接投资迅猛增加，到 2014 年存量超过 300 亿美元，是 2000 年的 60 倍以上。[①] 中国对非援助力度逐年增强，2010—2012 年，中国对非援助约 463 亿元人民币，占中国对外援助总量的 51.8%。[②] 在 2015 年 12 月的中非合作论坛约翰内斯堡峰会上，习近平主席将中非新型战略伙伴关系提升为全面战略合作伙伴关系，提出“十大合作计划”[③]，并提供总额 600 亿美元的资金支持。[④] 这些承诺和举措充分表明了中国对中非合作的重视，也必将进一步促进中非关系的发展。

援建非盟会议中心体现了中国支持非洲国家联合自强和一体化进程的一贯立场，也表明中国重视和支持非盟在促进非洲和平、稳定与发展

---

① 《商务部副部长出席中非合作论坛约翰内斯堡峰会经贸新举措新闻发布会》，http：//www.gov.cn/xinwen/2015-12/06/content_ 5020423.htm，2015 年 12 月。

② 国务院新闻办公室：《中国的对外援助》白皮书，2014 年 7 月。

③ “十大合作计划”分别为：中非工业化合作计划、中非农业现代化合作计划、中非基础设施合作计划、中非金融合作计划、中非绿色发展合作计划、中非贸易和投资便利化合作计划、中非减贫惠民合作计划、中非公共卫生合作计划、中非人文合作计划、中非和平与安全合作计划。

④ 600 亿美元的资金支持包括：提供 50 亿美元的无偿援助和无息贷款；提供 350 亿美元的优惠性贷款及出口信贷额度，并提高优惠贷款优惠度；为中非发展基金和非洲中小企业发展专项贷款各增资 50 亿美元；设立首批资金 100 亿美元的“中非产能合作基金”。《习近平在中非合作论坛约翰内斯堡峰会开幕式上的致辞》，http：//news.xinhuanet.com/fortune/2015-12/04/c_ 1117363197.htm。

中所发挥的重要作用。长期以来，中国与非盟及其前身非洲统一组织[①]也一直保持着友好往来和良好合作关系。作为非洲重要的地区国家联盟，非盟致力于协调非洲各国政策，维护非洲和平与发展，具有较高的领导权威性和政策导向性，得到非洲国家和国际社会的广泛认可。当今，非盟在非洲乃至世界舞台上的影响力与日俱增，正在成为引领非洲国家联合自强、共谋发展的一面旗帜。中国也进一步深化了与非盟的合作。2014 年 5 月，李克强总理访问非盟总部，发表了《关于全面深化中国非盟友好合作的联合声明》[②]，再次明确“中方将继续坚定支持非盟在非洲一体化进程中发挥引领作用、在维护非洲和平安全中发挥主导作用、在国际事务中发挥更大作用。非盟将一如既往地在关系中国重大和核心利益问题上给予中方理解和支持，并为中非各领域合作发展发挥积极作用”。2015 年 2 月，中国在原来向非盟派遣兼驻代表[③]的基础上正式设立驻非盟使团，也进一步体现了对推动中国与非盟关系以及中非全面战略伙伴关系发展的重视。

为支持非盟在非洲和平与发展中的努力，中国对非盟的援助也不断增加。2012 年非盟会议中心落成典礼后，政协主席贾庆林代表中国政府承诺，其后三年，中国将向非盟提供 6 亿元人民币的无偿援助，用于双方商定的项目。在 2012 年的第五届中非合作论坛部长级会议上，中国承诺将“深化同非盟和非洲国家在非洲和平安全领域的合作，为非盟在非开展维和行动、常备军建设等提供资金支持，增加为非盟培训和平安全事务官员和维和人员数量”[④]。2015 年 9 月 28 日，习近平主席在参加第七十届联合国大会一般性辩论讲话时，承诺在未来 5 年内，向非盟提供总额为 1 亿美元的无偿军事援助，以支持非洲常备军和危机应对

① 1963 年，31 个非洲独立国家在埃塞俄比亚首都亚的斯亚贝巴举行首脑会议，通过了《非洲统一组织宪章》，决定成立非洲统一组织（简称“非统组织”或“非统”）。1999 年 9 月 9 日，非统第四届特别首脑会议通过《锡尔特宣言》，决定成立非洲联盟（简称“非盟”）。2002 年 7 月，非盟正式取代非统。

② 《关于全面深化中国非盟友好合作的联合声明（全文）》，新华网，2014 年 5 月（http://news.xinhuanet.com/world/2014-05/06/c_1110548340.htm）。

③ 中国于 2005 年开始向非盟派遣兼驻代表。

④ 见胡锦涛在中非合作论坛第五届部长级会议开幕式上发表的题为《开创中非新型战略伙伴关系新局面》的讲话。

快速反应部队建设。

（二）项目得到非盟及非洲各方的充分肯定

2012 年 1 月 28 日，非盟会议中心落成典礼仪式举行。中国政协主席贾庆林将“金钥匙”模型转交到非盟轮值主席、赤道几内亚总统奥比昂手中。非盟委员会主席让·平、埃塞俄比亚总理梅莱斯和奥比昂分别致辞。他们都对中国援建非盟会议中心表示了由衷的感谢和赞赏。

让·平说，中国援建的非盟会议中心，体现了中国对非洲的深厚友谊和对非洲联合自强的坚定支持。梅莱斯说，这座雄伟、现代化的建筑寓意深远，她既是非中友好合作的新典范，也是非洲复兴崛起的标志，她重新点燃了非洲人民对非洲未来的希望，使非洲国家更加自信、更加团结，争取实现持久和平、稳定和繁荣。①

非盟会议中心刚竣工后，非盟第十八届首脑会议即召开，成为大厦首次投入使用的大型会议。40 多位非洲国家元首和政府首脑以及联合国等国际组织和区外国家代表参会，会议人员多、会期长，大量使用了大、中、小会议厅和分组会议室及媒体中心等会议设施。中国技术合作组和技术人员全力支持和协助非盟方提供良好的技术保障和服务。非盟对会议中心各项设施运转、技术服务非常满意，再次验证了新会议中心完全适用于大规模的国际会议。到 2015 年，非盟会议中心已经成功举办多次首脑会议及其他重要国际会议，得到与会各方的赞扬和肯定。

当今世界正发生着深刻复杂的变化，为促进长远发展，非盟制定了《2063 年远景规划》，绘制非洲未来 50 年宏伟蓝图；而中国也在为实现中华民族伟大复兴的中国梦而奋斗。中非都面临共同的发展任务和共同的战略利益，中国与非洲国家及非盟将进一步加强合作，以实现共同发展。非盟会议中心是新世纪中非关系深入发展的标志和缩影，将见证中非合作的长远发展。

---

① 《全国政协主席贾庆林出席中国援建非盟会议中心落成典礼侧记》，http://news.xinhuanet.com/world/2012-01/29/c_122626708.htm。

马达加斯加综合医院项目分析

Analysis of Madagascar's General Hospital Project

刘　娴*

摘要：为落实中非合作论坛对非八项举措，缓解马达加斯加医疗卫生条件的不足，中国政府决定为马达加斯加无偿援建一座综合医院。在医院选址、筹备过程中，中方与马达加斯加方面积极协调，克服一系列波折，推动项目成功实施。援马医院作为中国千百个对外援助项目之一，展现出中国援外的理念和做法。中国无偿援助始终坚持不附加任何条件的原则，并注重医疗卫生等能够推动民生改善的领域；完善的援外项目管理体系保证了中国速度和中国质量，交钥匙工程区别于西方国家援助的一般做法，成效显著。此外，中国政府为成套项目开展技术合作及技术培训，有效地保证了项目的可持续运营。2015 年 6 月正式启用以来，援马医院作为中马卫生领域合作的典范，产生了良好的政治和社会效应，增进了两国政府的友好合作关系，造福了当地民众，获得了当地政府、民众、国际组织和西方国家驻马代表的好评。

关键词：马达加斯加；综合医院；医疗卫生；对外援助

Abstract: In order to alleviate the shortage of medical conditions in Madagascar, an island country in the Indian Ocean, and to implement eight measures announced in China-Africa Cooperation Forum in 2006, the Chinese government decided to construct a General Hospital for Madagascar. During the

* 刘娴，商务部国际贸易经济合作研究院国际发展合作研究所助理研究员。

preparation of the project, the Chinese side coordinated actively with Madagascar to overcome a series of twists and turns, to promote the project formally began in July 2013. After 13 months of construction, the hospital is handed over to Madagascar in September 2014.

As one of hundreds of Chinese foreign aid projects, this hospital shows Chinese philosophy and practices in foreign aid. For instance, China's aid pays attention to health care and other areas which can contribute to improving people's livelihood, and adheres to the principle of no conditions attached; in practice, project management reflects Chinese speed and quality; turn-key assistance which is different from Western countries show remarkable results; In addition, China sets technical cooperation and technical training for infrastructures projects to ensure the sustainable operation of the project.

Since June 2015 when the hospital is officially operated, it has become a model in Sino-Malagasy sanitary cooperation. It creates good political and social effects by closing friendly and cooperative relations between the two countries and bringing benefit to local population. It is well praised by the local government, the public, international organizations and Western countries in Madagascar.

Key words: Madagascar; General Hospital; Medical Health; Foreign Aid

马达加斯加是非洲岛国，位于印度洋西部，隔莫桑比克海峡与非洲大陆相望。作为世界上最不发达国家之一，马达加斯加人民生活困苦，90%以上的人口生活在贫困之中，人均日收入不足2美元。[①] 国家财政困难，经济社会发展严重依赖外国援助。中国和马达加斯加（本文简称“马方”）自1972年11月6日建交以来，中国为马方援建了木伦达瓦糖厂、制药厂、昂瓦公路、塔那那利佛体育馆、国际会议中心、打井、学校等数十个成套项目，合作硕果累累，为促进马方经济社会发展做出了贡献。本文分析的综合医院项目是中国在马方援建的首个医院，也是2013年以来在马方援助的最大成套项目。通过总结和研究这一微

① 马达加斯加国家统计局数据。

观项目，可以更好地从宏观上理解中非医疗卫生合作和中国对外援助的理念和做法，并对未来开展对马方及对非援助提供有益参考。

一　援马医院项目概况

从西南印度洋岛国马达加斯加的首都塔那那利佛市中心出发，沿着4号国道一路向北20公里，半山上坐落着整齐的灰白色建筑群，在蓝天的映衬下，显得清新整洁。走进大门，入口的CHINA AID标志格外醒目。院内草坪碧绿，太阳能路灯林立。四座楼房组成了传统四合院结构，充满中国元素，错落有致，又有回廊相联通，楼内的中英文标识更是让人仿佛置身于中国。这就是中国政府援助建设的马达加斯加综合医院。

（一）项目起源

时间回到2007年。塔那那利佛医疗卫生条件匮乏，大型综合公立医院仅有3家，且皆位于市中心。当地民众生病一般到基层卫生所，那里条件落后，医务人员和医疗设备紧缺，而且65%的农村人口到最近的基层卫生所需行走5公里以上。当时马达加斯加医疗卫生的预算占国家总预算比重仅为9.9%，年人均医疗支出不足3美元[①]，平均每万人拥有医生不到1人。由于医疗条件差，民众平均寿命仅为55岁[②]。

适逢2006年11月中非合作论坛北京峰会上，中国领导人宣布对非八项举措，其中包括3年内为非洲援建30所医院。这与当时马达加斯加政府制定的行动计划中第五承诺“为全体马国人民保证高质量的医疗服务”正好吻合。中国政府即决定为马达加斯加援建一座医院，以缓解其医疗卫生条件不足的现状，惠及当地民众。

（二）项目推进

在遥远的非洲修建医院并非易事，需要中方的协调努力和外方的密切配合，往往不是一帆风顺的。援马综合医院项目更是经历了一波

---

① 马达加斯加2007年财政预算案，Loi de Finance pour 2007，http：//www.droit-afrique.com/images/textes/Madagascar/Mada%20－%20LF2007.pdf.

② 《马达加斯加2007—2012年行动计划》(Plan d'Action Madagascar 2007－2012)，http：//planipolis.iiep.unesco.org/upload/Madagascar/PRSP/Madagascar_ PRSP_ Francais.pdf.

三折。

1. 一波三折之一：选址

选址是项目的关键。中国驻马使馆经商处与马方沟通选址问题时，马方公共卫生部提供了3个场址，但都各有缺陷，不尽如人意。经中国驻马方大使直接与时任总统拉瓦卢马纳纳沟通后，马方又多方搜索，找到了一块交通便利、居民密集且离市区较近的场地作为医院项目的候选场址。2007年10月，中国商务部派出青岛建筑设计研究院赴马方进行设计考察后，完成了设计图并通过马方审查。2008年6月，中马两国政府就建设该项目立项进行了换文确认。

然而就在此时，马方高层却决定将该地优先用于建设54套总统别墅项目，用于接待2009年在马方召开的非盟首脑会议的国家元首和政府首脑。无奈之下，中方只能迅速变通，另选他址。2008年8月，青岛设计院赴马就更换医院地址进行了补充考察，并进行相应资料搜寻工作。经过对外沟通、反复比较和综合考虑，中方决定选择马方公共卫生部最早提供的3个场址中的1个，即位于市中心西北20公里处昂布加吉莫镇的一块废弃足球场。该址虽然离市中心略远，但该区域居住人口达到35万，对医疗服务的需求大，且医疗卫生设施不足，当地居民看病难问题一直突出。如在这里建设一座医院，可以与市区的卫生资源相补充。此外，这里离中国政府拟援建的国际会议中心不远，可以形成联动效应，扩大中国的援助影响。就这样，医院选址最终敲定。

2. 一波三折之二：暂缓

2009年，中国商务部通过招标选定安徽省外经建设（集团）有限公司作为援马医院项目施工单位，中国友发国际工程设计咨询公司为项目施工监理单位。各单位正在做施工准备之时，孰料马方政局风云突变，国家爆发了政治危机。拉瓦卢马纳纳总统被时任首都市长、反对党领导人拉乔利纳领导的“街头民主运动”以武力推翻，拉瓦卢马纳纳被迫流亡南非，拉乔利纳自任过渡权力机构总统。该政权成立后，国际社会予以谴责，不予承认，并敦促其尽快举行总统选举，以恢复宪政制度。考虑到当时复杂的政治局势，中方决定该项目暂缓开工。

政治危机爆发以后，西方国际援助纷纷中止，这对于马方这个严重依赖外援的国家来说是致命的打击，国家发展基本停滞，民众生活困苦不堪。出于对改善民生的考虑，2012 年 3 月，中国政府重信守诺，决定重新启动医院项目。同年 4 月，项目施工单位安徽外经公司与马方签署了该项目对外实施合同。

对外合同签订后，施工单位迅速搭建项目临时设施和组织施工队伍。临时设施包括居住房间、办公室、仓库、食堂、医务室等功能用房，对居住区域实施绿化，还配备必要的文化和体育设施，保证中方施工人员舒适的工作、生活环境。随后，中国技术人员和工人陆续进场，着手做施工准备。

3. 一波三折之三："三通一平"和物资清关

项目对外实施合同要求由马方负责"三通一平"，即入场通路、通水、通电及场地平整。"三通一平"是项目开工的先决条件。但是在合同签订的 4 个月里，马方迟迟未有行动。中方多次催促询问情况，得知马方财政拮据，资金未能到位，无力支付"三通一平"的费用。后马方政府向中国政府提出申请，希望由中国政府承担"三通一平"的费用。为解马方燃眉之急，并确保项目尽早开工，中国政府决定同意其请求，并通过签订项目对外实施补充合同，明确由中方负责承担通水、通电工程费用和土方及场地平整工程。

除了"三通一平"外，项目还遇到了一个难题。中国对外援助项目一般要求外方承担项目所需设备、材料和为实施项目派遣的中国工程技术人员生活物资的关税及各种捐税，但是由于马方行政效率低下，援外项目设备免税手续迟迟未能办妥，导致物资尤其是主体结构模板和钢筋无法清关提货，严重阻碍了项目开工进度。为了避免停工待料的被动局面一直持续，中国驻马使馆经商处和施工单位与马方公共卫生部、财政部和海关总局相关负责人反复沟通协调，解释中国援外政策和做法，动之以情、晓之以理，最终拿到了免税证，确保了项目的顺利开展。

（三）项目建成

经过艰苦的准备，克服了一系列波折后，2013 年 7 月，项目正式开工建设。施工单位根据工期倒排时间，制定了详细的施工进度计划表，严格按照计划执行各方面工程。施工人员为弥补因物资清关滞后而耽误的时间，吃苦耐劳，加班加点，实行"三班倒"，24 小时抢工，任务最重时甚至"两班倒"。中方还雇用大量马方建筑工人，工地上最多时马方工人达到了500人。在这个占地面积2.4公顷、总建筑面积8700平方米的医院项目上，一砖一瓦的垒砌，都凝聚着中马两国工人齐心协力、共同奋斗的汗水。

为了保证项目质量，施工单位严格把控每个环节。在施工初期，施工人员发现原设计墙体采用的是当地烧制的小红砖，该砖抗压强度不高，如用这种砖，后期易发生墙体断裂。本着对马方政府和人民高度负责的态度，经与监理和设计工程师商定，施工单位决定用混凝土空心砖代替小红砖，使墙体更加坚固。连接医技楼和病房楼的两层通道原设计为砖砌护栏，蚊虫可以自由进入，若遇刮风下雨，雨水渗入会影响病人的健康和安全，施工单位建议加装铝合金窗，得到了监理和设计工程师的一致认可。

在房建基础设施基本完成后，医疗设备供应厂家——中国国际医药卫生公司到场安装设备，并进行调试。安装医疗设备和房屋装修同时进行，保证了整体工期。

经过13个月的努力，2014年8月，项目屋面、装饰、室外总体工程、医疗设备安装全部顺利完成，比预期14个月的工期提前1个月完成。2014年9月，通过对内、对外验收的医院被正式移交给马方。经过马方的准备，2015年6月，医院正式启用。

二　从援马医院看中国援助

援马医院是中国千百个对外援助项目的一个缩影。通过微观分析，虽挂一漏万，但我们可以一窥宏观上中国对外援助的理念和做法。

（一）对外援助不附加任何条件

自1964年中国政府宣布“援外八项原则”以来，坚持主权平等，绝不附带任何条件一直是贯穿援外历程的核心理念。[①] 中国在对外援助时绝不把提供援助作为干涉他国内政、谋求政治特权的手段。[②] 援马综合医院是中国政府基于当地民生发展需求而提供的无偿援助，中方在商

① 徐小红：《中国对外经济援助：历程、特色与反思》，《国际援助》2014年第11期。

② 国务院新闻办：《中国的对外援助（2011）》（白皮书），人民出版社2011年版。

谈建设该医院时，没有提出任何政治要求和附加条件，彰显出中国发扬国际道义的精神。

反观部分国际组织和西方国家，往往将提供无偿援助或优惠贷款与推广“民主”和“自由”等价值观、实现本国政治和外交目标挂钩，向受援国提出保障人权、新闻自由、推动民主进程、实施良政、限制对外借债额度诸多条件，使得原本财政就困难的非洲国家陷入发展的恶性循环里，始终无法真正实现经济和社会发展。

马方外交部负责双边关系的一名官员曾真诚地说：“我与许多国家打交道，我觉得中国是最有诚意帮助我们的国家。与西方国家谈合作，获得资金和项目，往往要先评估并改革我们国家的良政情况，且一整套程序缓慢繁杂。但马达加斯加作为世界上最不发达国家之一，90%的民众正生活在贫困中，改善民生和发展基础设施是第一位的。中国能够从我们实际情况出发，考虑到我们的实际难处，没有任何附加条件地推动项目迅速实施，是我们真正的好兄弟、好朋友。”①

（二）医疗援助推动民生改善

大部分非洲国家医疗条件和设施不足，医疗水平、疾病防控能力有限，大大影响了民众就医条件和健康状况。中国政府通过无偿援建医院等方式，可以改善当地民生福祉和社会福利，让非洲人民得到实实在在的好处。援马医院是落实2006年中非合作论坛北京峰会八项举措中援非30所医院的举措之一。事实上，在2006年和2009年的中非合作论坛北京峰会和沙姆沙伊赫第四届部长级会议上，中国政府都分别宣布三年内为非洲援建30所医院。2010—2012年，中国共为发展中国家建设了80个医疗设施项目，包括综合医院、流动医院、保健中心、专科诊疗中心、中医中心等，有效缓解了受援国医疗卫生设施不足的问题。这时期医院成套项目占到同时期中国已建成援外成套项目的14%。② 2015年9月，中国国家主席习近平在出席联合国发展峰会时宣布中国将向发展中国家提供“6个100”项目，帮助发展中国家发展经济、改善民

① 来自笔者2015年1月于马达加斯加外交部（Ministry of Foreign Affairs of Madagascar）的采访。

② 国务院新闻办：《中国的对外援助（2014）》（白皮书），人民出版社2014年版。

生，其中包括未来5年在发展中国家建设100所医院和诊所。①

除了援建医院等基础设施外，中国政府还通过对外派遣援外医疗队来改善非洲人民的健康状况，提高非洲国家的卫生水平。50多年来，中国政府派遣了23 000名医护人员在66个受援国开展工作，医治当地患者近2.6亿人次。② 医疗队往往都在条件艰苦、医疗条件有限但是民众最需要的地方工作，并定期到各地开展巡诊，为非洲最基层人民造福。

2010—2012年3年间，中国还向其他发展中国家无偿提供60批防治疟疾、霍乱等疾病的药品，并开展传染病防治培训工作，以上援助项目累计金额近2亿元人民币。③ 这些药品到达受援国后，受到了当地政府的热烈欢迎，他们将药品分发至最基层民众，有效地改善了民众抵御疾病的水平和健康状况。

（三）援外项目管理保障中国速度和中国质量

援马医院项目能够保质保量完成，靠的是中国对外援助完善制度的保障以及各个主体的努力和配合。处于项目不同阶段的各单位根据对外援助成套项目考察管理、勘察设计管理、设计监理管理、施工管理、施工监理管理、施工质量验收管理规定等规范性文件，开展工作，确保项目有条不紊地进行。中国政府主管对外援助的商务部通过招标选定的施工、监理企业分别实行承包责任制和监理责任制，对项目负责。在项目实施过程中，施工单位严格按照合同规定的工期倒排时间，并按月向中国驻马使馆经商处和商务部国际经济合作事务局报送项目实施进度情况和涉及项目进度的重大问题或其他突发事件。驻马使馆经商处履行一线监管职责，定期对项目实施情况进行检查，并随时与国内和马方沟通有关情况，与施工单位一起协调解决出现的问题。项目执行中期和结束时，施工企业根据进度向商务部国际经济合作事务局申请项目中期验收和竣工验收，后者分别派组到现场进行验收，以便全面掌握并保证项目

---

① 《谋共同永续发展 做合作共赢伙伴》，2015年9月26日中国国家主席习近平在出席联合国发展峰会时发表的讲话。

② 《中国医疗队50年纪念画册》（法文版），中华人民共和国国家卫生和计划生育委员会，2013年。

③ 国务院新闻办：《中国的对外援助（2014）》（白皮书），人民出版社2014年版。

的实施进度和质量，如发现问题，则要求迅速整改。对内竣工验收合格后，商务部国际经济合作事务局再与马方公共卫生部对项目进行对外联合验收。验收通过、确保质量后，我驻马使馆再与马方公共卫生部办理政府间移交手续。这样，国内国外联动、多重监管的管理模式有效地保证了项目的速度和质量。无怪乎在医院对外验收时，马方公共卫生部医院司司长瓦昂吉对中国速度和中国质量不禁竖起了大拇指。她说："一年前这里还是一片空地，如今已经耸立起一座建筑优良、设备齐全的医院。中国人的速度真是令人叹服，难怪中国的发展是如此的日新月异！"①

（四）交钥匙工程的援外方式成效显著

中国援助的成套项目一般做法是交钥匙工程。以援马医院为例，中方除了修建医院急诊楼、医技楼、病房楼、后勤楼这四座楼房外，还配套提供了190余项、4600台/件医疗设备，使医院在移交后马方可以立即使用。马方公共卫生部部长安德里亚马纳里武在医院开业仪式上发表讲话时就曾感叹，中方为这个医院考虑得太周到了。② 在医技楼里，放射影像科有马方医院极少配备的CT扫描仪，还配备有X光机、胃肠造影机和彩色多普勒B超机。在空气洁净度分别达到十万级和万级的两个手术室中，无影灯、麻醉机、呼吸机、高频电刀、心电图机等一应俱全。在化验室里，全自动生化分析仪、全自动血液细胞分析仪、电解质分析仪、酶标仪等设备齐全，保证了大部分医学检验的开展。在有150床位的病房楼里，护士站配备了中心监护系统，以方便病患紧急呼叫。考虑到马方停电现象严重，中方为医院配备了发电机。此外，中方还提供了一辆救护车，方便接收、抢救急重病人。

与中国交钥匙的成套项目不同，美国国际开发署（USAID）在马方卫生领域开展的"优质医疗卫生服务推广计划"，主要帮助马方预防和治疗疟疾、艾滋病毒/艾滋病等传染疾病，改善母婴、儿童健康，做法是与当地农村社区组织进行合作，帮助马方建设和修复小型基层卫生所房屋，为孕产妇、儿童与农村居民提供社区卫生服务，向居民提供经杀

① 瓦昂吉在对外验收中对中方人员所作的表示。

② 2015年6月24日，医院举行落成启用仪式时马方公共卫生部长的讲话。

虫剂处理的蚊帐、杀虫剂，提供资金以保证儿童接受小儿麻痹症等疾病的疫苗等。从援助目标上看，中国和美国都以人道主义和社会民生需求为基础提供援助；而从做法上看，美国援助呈现多样化、分散化和基层化的特点，中国提供的成套项目援助具有一体性和完整性，并与援外医疗队和赠送医疗设备和药品物资等其他方式互为补充，在受援国公共医疗卫生领域发挥着积极的援助作用。

（五）开展技术合作及技术培训以保证项目的可持续运营

中国古话云，授人以鱼不如授人以渔，授人以鱼只救一时之急，授人以渔则可解一生之需，这也是中国对外援助一直坚持的理念之一。在援马医院施工期安装医疗设备时，中方就地培训马方相关医疗专业的技术人员和设备维护人员，做好“传、帮、带”工作，保证马方人员可以熟练操作中方提供的医疗设备。为进一步保证医院项目的可持续发展，根据马方要求，中国政府还决定向援马医院派遣技术合作组。2015年12月，技术合作组赴马方开展工作，受到了马方公共卫生部和医院管理人员的欢迎。

技术合作是中国对外援助八种方式[①]中的重要一种，其中成套项目后续技术合作是由中国派遣专家，对已建成的成套项目后续生产、运营或维护提供技术指导，就地培训受援国的管理和技术人员。[②] 2010—2012年，中国在61个国家和地区完成技术合作项目170个，主要涉及工业生产和管理、农业种植养殖、文化教育、体育训练、医疗卫生等领域，派遣了2000多名各类技术合作专家。[③] 在马达加斯加，中国政府对1997年建成的援马体育馆和2009年建成的国际会议中心都派遣了技术合作组，到2015年已经分别进行到第10期和第4期。事实证明，技术合作组为成套项目的正常运转起到了不可替代的重要作用，保证了项目的可持续发展；同时，中方专家还为设备的使用和维护提供技术指导，在当地培训人员，分享中国的实用技术和经验，培养了一批技术和管理人员，大大增强了受援国技术管理水平和自主发展的能力。

---

① 中国对外援助主要有8种方式，包括成套项目、一般物资、技术合作、人力资源开发合作、援外医疗队、紧急人道主义援助、援外志愿者和债务减免。

② 国务院新闻办：《中国的对外援助（2011）》（白皮书），人民出版社2014年版。

③ 同上。

三 项目效果及评价

援马医院带来了积极的政治和社会效应。首先，医院项目密切了中马两国友好合作关系。2015 年 6 月，马达加斯加总统、总理、政府数十位部长参加了新医院的启用仪式，足见对该医院的重视。马达加斯加总统拉乔纳里马曼皮亚尼纳参观了医院，并在仪式上发表了热情洋溢的讲话。他高度赞扬中国政府援建的这所医院是高质量、高标准的医院，是一颗“现代化的明珠”。他表示，这所医院可谓是马中 40 年来友谊和合作的结晶，中国政府长期以来向马方提供无私援助，令他深深动容。马方在 2013 年底结束了持续 5 年的政治危机，百废待兴，百业待举，由这所医院作为范例和新的起点，相信两国政府将开启更多富有成效的务实合作。中国时任驻马大使杨民应邀出席仪式并在讲话中指出，该医院是中马双方密切配合、共同努力的成果，是两国在卫生领域合作的典范，愿该医院对促进马方医疗卫生事业发展做出积极贡献，造福当地人民。同时，中方将继续在力所能及的范围内支持马方经济、社会发展，相信在中马双方的共同努力下，两国各领域合作将会迈上新台阶。

其次，医院造福了当地民众。早在项目建设时，中方就在当地雇用大批马国劳工，提供了大量就业机会。不少劳工跟着中国师傅，学到了新手艺和技术，提高了劳动素质。在医院举行开业庆典时，附近居民纷纷前来一睹庆典盛况，他们质朴的笑脸和发自肺腑的一句中文“谢谢”，表达着他们对这座医院的渴望和对中国的感谢。医院开业后，据医院技术负责人拉贝尼塔尼介绍，在援马医院工作的医生和护士约有 120 人，都是马方公共卫生部从各医院挑选出来的业务骨干，分布在内科、外科、儿科、五官科、急诊等科室和药房。前来这里看病的人进进出出，熙熙攘攘，日门诊量约为 450 人次，不少人更是从外地来到这里求医。当地民众纷纷对医院的设施竖起大拇指。许多在马华侨华人也表示，以前觉得在非洲看病是一件奢侈的事，现在有了中国人自己援建的中国标准的医院，有来自中国的先进医疗设备，以后可以放心地看病了。此外，医院建成后，带动了昂布加吉莫镇的人流量增加，促进了当地经济发展。

最后，医院让中国援助大获好评，深入人心。2014 年，医院建成但尚未移交马方时，中国驻马使馆经商处与施工单位曾主动邀请国际组织和西方国家驻马代表、当地非政府组织、媒体参观医院，积极宣传中国援外项目，扩大援助项目的社会影响。世界银行驻马代表处官员参观后对医院称赞连连，表示该医院干净整洁、设备先进，可谓是马方最先进的医院之一。当地各大媒体、电视台对医院进行了大规模的宣传报道，受到了各级政府和更多民众的关注，获得了一致好评。

中国紧急人道主义援助案例分析
——以 2015 年缅甸特大洪灾救援为例

The Analysis of Chinese Foreign Humanitarian Assistance
—A Case Study on Myanmar 2015 Flood

范伊伊*

摘要：缅甸是中国重点援助对象，援助在中缅两国关系中发挥着巨大作用。本文第一部分介绍了 2015 年缅甸特大洪灾灾情及缅甸政府救灾情况。第二部分从官方和民间两个层面归纳了中国对缅提供抗洪救灾援助的具体举措。第三部分在案例的基础上，分析了中国开展紧急人道主义援助的机制，即对外紧急人道主义救援的原则及人道主义救援的管理机制。第四部分进一步从案例中总结出中国对外人道主义救援工作的特点和新趋势，并从中发现当前工作存在的不足之处，并结合一定的国际经验，对今后中国国际人道主义援助工作发展创新提出具体可操作的政策建议。

关键词：紧急人道主义救援；对外援助；中缅关系；案例研究

Abstract: Myanmar is one of the most important recipients of China's foreign aid. The aid plays a crucial role in enhancing Sino-Myanmar relationship. This article firstly includes a situation report of the 2015 flood in Myanmar and how the Myanmar government conducted disaster relief. Then

* 范伊伊，商务部国际贸易经济合作研究院国际发展合作研究所助理研究员。

it introduces several measures that Chinese government and non-governmental sectors have taken in assisting Myanmar addressing the flood issue. Based on the case, the third part analyzes the mechanism of Chinese foreign humanitarian assistance, including its principle and management system. At last, the article concludes features and development trends of Chinese foreign humanitarian assistance, points out some weaknesses of the policy, and offers detailed and applicable recommendations that fits international experience to boost innovation and development of Chinese foreign humanitarian work.

Key words: Emergency Humanitarian Response; Foreign Aid; Sino-Myanmar Relation; Case Study

缅甸是中国重点援助国，援助对中缅两国关系的发展有着很深刻的历史和现实作用。我国历来重视对缅甸的紧急人道主义援助工作，中国的援助在帮助缅甸应对2008年纳尔吉斯风灾、2013年地震等灾害中发挥着不可或缺的作用。2015年中国援缅抗洪救灾有很强的代表性，是中国国际人道主义救援发展到一定高度的具体体现。

一　缅甸2015年洪灾及政府救灾情况

（一）缅甸2015年洪灾概况

2015年7月29日，热带气旋“科曼”（Komen）登陆孟加拉湾东北部，造成缅甸国内持续1个月的降雨。[①] 大雨导致全缅14个省邦中12个省邦遭受不同程度的水灾，缅甸政府于8月31日宣布四个省进入紧急状态，其中伊洛瓦底省和若开邦受灾情况最严重。缅甸国家自然灾害管理委员会（Natural Disaster Management Committee）于10月6日发布的最新灾情报告显示，本次水灾已导致132人死亡，22万个家庭约167万人次受灾，受灾的耕地面积达46.38万公顷，造成直接经济损失

① 热带气旋“科曼”专页：Tropical Cyclone Komen，2015年7月，Relief Web（http://reliefweb.int/disaster/tc-2015-000101-bgd）。

约1.92亿美元。[①] 缅甸政府预计的2014—2015年8.7%和2015—2016年9.3%的GDP增长目标因此下调0.3个百分点。[②] 其中农业受到的冲击最严重，据国际农业专家预测，洪灾导致的农作物减产量可达200万吨，引发粮价波动、粮食出口严重受影响。[③] 另外，在洪灾中大量道路、桥梁等基础设施被毁，52万间房屋受损，饮用水源受污染严重，人民的生产生活无法正常进行。

（二）缅甸政府救灾情况

缅甸政府根据《国家自然灾害管理法》紧急成立国家自然灾害管理委员会，由吴登盛总统亲自领导，开展现场紧急救灾、灾民安置和灾后重建等工作。[④] 8月4日，缅甸政府向国际社会呼吁人道主义援助后[⑤]，委员会根据"缅甸洪灾应急计划"负责协调监督各国、国际组织的物资捐赠及救援工作。在国家自然灾害管理委员会领导下，各职能部委负责一些具体领域的事务，如农业部负责统计农田受灾面积；卫生部负责统计公共卫生设施受灾情况及救灾中卫生工作的协调；外交部负责国际援助工作的对接，灾后重建工作由缅甸住建部下设的"灾后重建协调中心"负责。

根据自然灾害管理委员会发布的灾情报告，截至10月5日，缅甸各级政府已向社会投放赈灾款和物资共计3560万美元，资金来源包括缅甸中央应急专项资金、各国政府人道主义援助以及国际组织和社会捐赠等。[⑥] 本次洪灾缅甸当局反应迅速、救灾工作应对得力，受到国内外的一致认可，灾害管理能力相比2008年纳尔吉斯风灾时客观上有了质的提升。抗洪救灾在一定程度上证明了吴登盛政府的能力，执政党也希望借救灾为大选争取民心。

---

① 热带气旋"科曼"专页：Tropical Cyclone Komen，2015年7月，Relief Web（http：//reliefweb. int/disaster/tc-2015-000101-bgd）。

② Natural Disaster Management Committee，Situation Report No. 6，2015年10月。

③ 同上。

④ UNOCHA，"Revised Flood Response Plan for Myanmar"，2015年10月。

⑤ 2013年7月，缅甸联邦议会通过《国家自然灾害管理法》。

⑥ Myanmar Asks for International Aid to Handle Floods，2015年8月，BBC News（http：//www. bbc. com/news/world-asia-33769567）。

二　中国对缅甸紧急人道主义援助情况

洪灾发生后，中国第一时间做出反应，开展对缅甸紧急人道主义援助。与其他各国的紧急援助相比，中国提供的援助反应快、金额大、物资到位快，参与援助的主体多样化。

（一）中国官方援助

驻缅大使馆得知缅甸洪水灾情后，立即做出反应，组织抗洪救灾活动。到仰光履新6天的驻缅大使洪亮，当即组织开展援缅抗洪救灾行动。大使馆于8月3日及时发布了洪大使3、4日分别飞赴实皆省克雷和若开邦实兑，亲自看望灾民并向灾民捐赠物资，向缅甸灾区人民伸出援手的简报。[①] 大使、经济商务参赞分两批带队奔赴灾区，参与赈灾、发放救灾物资工作。使馆专门设计了洪灾救助包，以家庭为单位发放。每一个救助包都经过专门设计，适用洪水应急，除食物、衣物外，还包括蚊帐、手电筒、电池、肥皂、绳子、药品等生活必需品。[②] 此外，使馆积极组织在缅中资企业、商会等召开人道主义救援协调会，大力筹集善款与物资，参与抗洪救灾。[③]

商务部于8月6日宣布对缅甸提供一批价值1000万元人民币的紧急物资援助，包括100艘冲锋舟等救灾物资和生活必需品。[④] 第一批物资于8月28日由中国人民解放军用专机运抵仰光，第二批于9月30日由委托的物流公司从上海包机运达。[⑤]

云南省地方政府也积极参与了救灾行动。云南省政府援助缅甸的救灾物资共有两批，分别于8月7日和8月14日通过陆上运输运抵缅甸曼德勒，并移交给缅甸政府社会福利与救济安置部，由之发放到受灾群

---

① UNOCHA，Revised Flood Response Plan for Myanmar，2015年10月。

② 中国驻缅大使馆新闻：《驻缅甸使馆为缅甸实皆、若开、马圭三省邦提供紧急人道主义援助活动简报》，http：//mm. china-embassy. org/chn/sgxw/t1285762. htm。

③ 同上。

④ 中国驻缅大使馆新闻：《驻缅甸使馆举行在缅中资企业救灾协调会》，http：//mm. china-embassy. org/chn/sgxw/t1286643. htm。

⑤ 《商务部援外司负责人就中国政府紧急援助缅甸洪灾物资情况发表谈话》，商务部网站新闻（http：//www. mofcom. gov. cn/article/ae/ai/201508/20150801072745. shtml）。

众手中。此外，云南省德宏州也向缅甸提供了 100 万元人民币（80 万元物资和 4000 万缅币现汇），用于紧急救灾援助。[①]

中国军队积极配合援缅救灾工作。军方将商务部宣布采购的物资于 8 月 28 日由两架伊尔—76 运输机运抵缅甸首都内比都，由驻缅大使、武官移交给缅甸国防军总司令部。[②]

截至 2015 年 10 月，中国官方共向缅甸提供了超过 700 万美元的现汇及物资援助，在已到位的双边援助量中排第一（见图 1）。其他国家，如美国的官方援助为 450 万美元，澳大利亚为 238 万美元。日本虽承诺提供超过 4500 万美元的援助，但在两个多月的时间里实际到位的资金仅为 275 万美元。

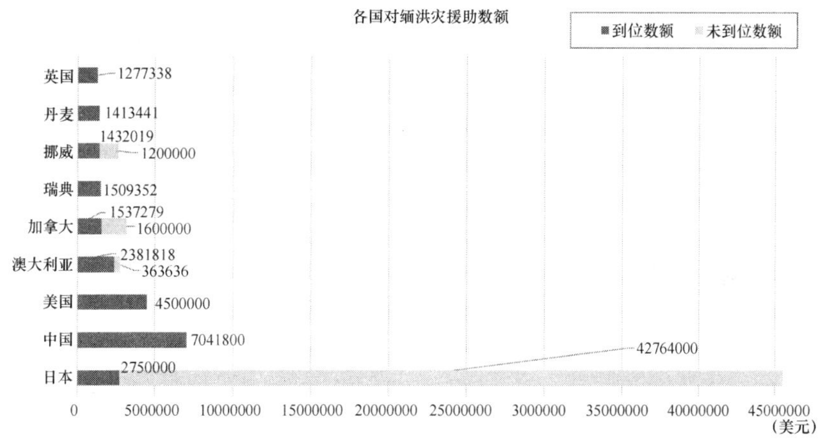

图 1　各国对缅甸洪灾援助数额（2015 年）

资料来源：根据缅甸国家自然灾害管理委员会《第 6 号灾情报告》的数据制作。

---

① 中国驻缅大使馆新闻，第一批物资：《驻缅甸大使洪亮出席中国军机运送援助缅甸救灾物资交接仪式》，http://mm. china-embassy. org/chn/sgxw/t1291949. htm；第二批物资：《洪亮大使出席中国政府第二批紧急援助缅甸洪灾物资交接仪式》。通用技术集团国际物流有限公司网站：《通用物流公司顺利完成中国政府援缅甸第二批救援物资运输任务》，http://www. gentrans. com. cn/news/content. asp? id = 1474。

② 李洪峰、朱海：《云南伸援手助缅甸抗洪灾》，《云南日报》2015 年 8 月 12 日第 1 版。

（二）民间力量参与救援

除官方援助外，在缅中资企业、商会、中缅友协等民间力量也参与到对缅救灾援助中。

1. 专业救援队救灾

得知缅甸灾情后，中缅友协立即联络并资助民间救援组织——中国蓝天救援队赴缅开展抗洪救灾工作。蓝天救援队第一梯队于8月4日中午抵达仰光，是缅甸水灾以来第一支抵缅的国际救援力量。[①] 救援队由具备激流救援、潜水、操舟、医疗等专业技能的32名水上救援人员组成，分为三队，分别赴伊洛瓦底省和若开邦的重灾区开展救援工作。蓝天救援队的救灾行动持续两周，为200多个村庄进行了灾情排查、需求统计、消杀防疫及发放救灾物资，救援覆盖5.6万余人次，治疗1084人，行程2819公里。[②] 蓝天救援队与缅军队、消防、警察三方派出的救援人员合作，除救灾工作外，吃住都在一起。据救援队队长回忆，他们在结束任务准备离开时，当地救援人员舍不得他们离开"就像舍不得自己的战友一样"[③]。救援队队员受到缅甸总统吴登盛三次接见和公开表扬[④]，并与当地政府官员、宗教领袖建立了多方联系，救援队参与救灾成为加强民间交流的重要渠道。

2. 企业支持救灾[⑤]

缅甸洪灾发生之后，各在缅中资企业积极回应，参与抗洪救灾工作。企业的救灾主要分为物资援助、捐款、技术配合三类。根据企业公开发布的信息搜集到的情况，中信集团捐赠30万美元赈灾物资，并派遣中信"海直号"直升机参与伊洛瓦底省的水灾救援行动，成为第一

① 中国驻缅大使馆新闻：《驻缅甸大使洪亮出席中国军机运送援助缅甸救灾物资交接仪式》，http：//mm. china-embassy. org/chn/sgxw/t1291949. htm。

② 《中国蓝天救援队抵达缅甸参与抗洪救灾》，新华网（http：//news. xinhuanet. com/world/2015-08/05/c_ 128096873. htm）。

③ 《蓝天救援队简报》第45期（未公开发表的内部资料）。

④ 采访蓝天救援队队长，采访时间：2015年10月6日。

⑤ President U TheinSein praises flood-prevention efforts in Ayeyawady Region，缅甸总统办公室网站（http：//www. president-office. gov. mm/en/? q = briefing-room/news/2015/08/10/id-5856）。

架外国直升机赴缅执行水灾救援任务[①]；中电投通过使馆捐款200万缅币，委托电力部向灾区捐款5000万缅币，并随使馆人员、缅甸中国企业商会等赴马圭省受灾地区走访灾民并赠送救灾物资[②]；中国港湾缅甸公司紧急采购了50袋50公斤装大米和250箱方便面，交由在缅中资企业商会统一运往灾区，并派出公司员工随队全程参与救援[③]；中工国际组织协调救灾物资筹备，在两天时间内采购了价值5800多万缅币的赈灾物品，并向赈灾地区捐款1500美元，其中中缅员工自发捐款捐物的总价值达200万缅币[④]；万宝集团公司为灾民捐助食物，积极解决灾民饮水、住房、医疗卫生、防疫等需求，并号召全体员工为受灾村民进行爱心募捐[⑤]；中国品胜缅甸代理商代表为皋谬市附近灾区捐出移动电源作为应急使用。[⑥] 值得指出的是，中电投运营的小其培电站以缅甸大局为重，牺牲企业自身经济利益，将已准备就绪的电站总停检修工作无限期推迟，力保缅北灾区供电。[⑦]

民间组织在本次抗洪救灾事务中充分发挥了组织协调的作用，如中缅友协第一时间找到了中国蓝天救援队，为其提供了40万的物资和资金支持，并联系了中国驻缅大使馆及缅甸政府，成为联通各方的“主干道”。再如中国企业在缅商会组织中资企业捐款、捐物，率领企业代表前往灾区慰问灾民，澳门缅甸友好协会通过使馆向灾区捐款等。[⑧] 民

---

① 驻缅经参处新闻：《在缅中资企业积极参与缅甸洪灾人道主义援助》，http：//mm. mofcom. gov. cn/article/todayheader/201508/20150801073039. shtml。

② 《中信集团赴缅甸灾区慰问并捐赠赈灾物资》，环球网（http：//china. huanqiu. com/article/2015-08/7241265. html）。

③ 中电投云南国际新闻：《云南国际，情暖缅甸》，http：//www. cpicorp. com. cn/tg/201509/t20150906_ 252729. htm。

④ 中国港湾工程有限责任公司新闻：《中国港湾积极参与缅甸洪灾救助工作》，http：//www. chec. bj. cn/tabid/735/InfoID/6912/Default. aspx 。

⑤ 《中工国际缅甸代表处积极参与缅甸水灾援助行动》，中国国际网站（http：//www. camce. com. cn/cn/xwzx/gsxw/201508/t20150813_ 62160. htm）。

⑥ 《缅甸水灾中方划船送饭灾民用中文喊“大哥谢谢”》，新华网（http：//www. gd. xinhuanet. com/newscenter/2015-08/06/c_ 1116158901. htm）。

⑦ 《中国企业献爱缅甸洪灾品胜捐赠移动电源》，青海在线（http：//www. prnews. cn/common/NewsShow3058607. htm）。

⑧ 中电投云南国际新闻：《云南国际，情暖缅甸》，http：//www. cpicorp. com. cn/tg/201509/t20150906_ 252729. htm。

间组织的参与一方面充分配合了驻缅使馆、经商处的工作；另一方面，民间组织渠道和路径比官方更灵活，是中国开展对缅援助的一支不可忽视的力量。

三　中国开展紧急人道主义援助的机制

（一）中国开展紧急人道主义援助的总体情况

紧急人道主义援助是中国对外援助的重要组成部分。据官方公布的数据，2010—2012 年，中国政府向 30 多个国家提供了紧急人道主义救援，提供物资和现汇援助价值约 15 亿元人民币。[①] 随着灾害的增多，近年来人道主义援助的规模在原有基础上有所扩大。截至 2015 年 11 月，商务部援外司官方公布的人道主义救援受援国就有 10 余个，除缅甸外，还有尼泊尔、巴基斯坦、阿富汗、瓦努阿图、密克罗尼西亚、智利、马达加斯加、斯里兰卡及西非埃博拉疫情受灾国等国家。[②]

除物资和现汇援助以外，中国政府提供的紧急人道主义援助还包括派遣救援队和医疗队等方式。中国政府还参与一些受灾国的灾后重建工作；以提供物资、开展培训等方式，帮助受援国提升应急救援水平，增强防灾救灾能力，减轻灾害影响。[③]

（二）中国开展国际人道主义救援的原则

1. 不干涉内政原则

中国的对外人道主义援助始终秉承“坚持人道主义援助，反对人道主义干涉”的原则，这和中国“不干涉内政”的对外援助政策一致，成为中国对外援助最本质的特征。[④] 此原则在本次缅甸洪灾救援案例上的体现是，中国政府是在缅甸政府先呼吁国际援助之后着力开始实施援助的。

---

① 中国驻缅大使馆新闻：《驻缅甸大使洪亮接受澳缅友协为缅甸水灾灾区捐款》，http：//mm. china-embassy. org/chn/sgxw/t1286923. htm。

② 国务院新闻办：《中国的对外援助（2014）》（白皮书），人民出版社 2014 年版。

③ 《工作动态》，商务部援外司网站（http：//yws. mofcom. gov. cn/article/gzdongtai/）。

④ 国务院新闻办：《中国的对外援助（2014）》（白皮书），人民出版社 2014 年版。

2. 无差别对待原则

《对外援助管理办法》第三条明确规定："在人道主义援助等紧急或特殊情况下，发达国家或与中华人民共和国无外交关系的发展中国家也可作为受援方。"[①] 缅甸一直以来都是中国的友好邻邦，缅甸受灾时积极、迅速地为其提供人道主义援助是中国作为其邻国的义务。中国对外人道主义援助坚持国际通行的受援国无差别对待原则，体现了国际主义和人道主义的精神。

3. 受援国需求导向原则

中国在开展人道主义救援时多次强调对受灾国灾情"感同身受"，根据受灾国的需求和实际情况尽力提供快速、有效的援助。如驻缅大使在缅甸2015年洪灾灾区讲话、捐赠会上数次提及"……作为缅甸人民的兄弟……面对这场洪灾，我们感同身受，我们心急如焚"[②]，表达了中国了解受灾国的需要，因为"感同身受"所以"尽力而为"。

（三）中国紧急人道主义救援的管理机制

1. 部门协调分工机制

对外人道主义援助采取政府部门和军方分工配合的机制。中国援外制度专家对此进行了清楚的研究：

> 中国于2004年9月初步建立了由商务部牵头、军方配合、国务院相关部门提供支持的人道主义援助机制，并明确了"特事特办"的工作原则……（我国的对外人道主义援助）涉及多个政府部门的职能，作为对外援助的主管部门，商务部负责制订人道主义援助的政策方案，确定援助项目并组织实施，管理援助资金使用；国防部负责人道主义援助物资筹措并安排运输；外交部、卫生部、地震局、海关总署、质检总局和民航总局等部门在各自职能范围为人道主义援助提供便利，协调配合。[③]

---

① 李小瑞：《中国对外人道主义援助的特点和问题》，《现代国际关系》2012年第2期。

② 商务部令2014年第5号《对外援助管理办法（试行）》，2014年11月15日发布，12月15日起施行。

③ 中国驻缅大使馆新闻：《洪亮大使在缅甸实皆省克雷赈灾现场的讲话》，http://mm.china-embassy.org/chn/sgxw/t1286035.htm。

此外，中国驻外使馆和经商处在人道主义救援中也发挥着重要的作用。两者负责在前线收集汇总灾情信息、向国内汇报、协调与受援国政府关系、组织前线救灾物资接收和发放、与各中央级部委机构统筹协调等事务。此外，经商处还具有协调中资企业参加救援活动的号召力和功能。

2. 法律制度机制

目前，中国紧急人道主义救援相关法律、法规并不完备，有限的法规条款主要体现在商务部颁布的《对外援助管理办法》与人道主义援助相关的五条内容中。[①] 由于中国并没有专门的关于紧急人道主义救援工作的法律、法规，因此在一定程度上对救援资金的使用效率等方面缺少相应的监管工具，对企业、民间组织等开展对外人道主义援助缺少明确的政策导向和具体的管理依据。这点同日本、美国等西方国家不同。比如，日本早在1987年就颁布了执行国际救灾的专项法律《有关国际紧急救援队的派遣法》，其中规定："当海外，尤其是发展中国家发生较大灾害时日本将对其提供国际救灾援助。"[②] 2011年，日本外务省出台了《日本人道主义援助政策》，进一步表明日本救灾援助遵循人道、公正、中立和独立四项基本原则。再如，美国在1975年颁布的《对外援助法》中规定了美国国际开发署（USAID）在对外人道主义救援中的作用。美国国际开发署公布的《2011—2015年政策框架》还将人道主义援助及帮助减灾作为美国政府的七大核心政策目标之一。

---

① 李小瑞：《中国对外人道主义援助的特点和问题》，《现代国际关系》2012年第2期。

② 其中与紧急人道主义救援相关的条款有五项：第三条——对外援助的受援方主要包括与中华人民共和国已经建立外交关系且有接受援助需要的发展中国家……在人道主义援助等紧急或特殊情况下，发达国家或与中华人民共和国无外交关系的发展中国家也可作为受援方。第十二条——对外援助资金主要包括无偿援助、无息贷款和优惠贷款三种类型。无偿援助主要用于受援方在减贫、民生、社会福利、公共服务以及人道主义等方面的援助需求…… 第十四条——对外援助以项目援助实施为主。在人道主义援助等紧急或特殊情况下，可向受援方提供现汇援助。第十六条——除人道主义援助等紧急或特殊情况外，拟立项的援外项目应从对外援助储备项目中确定。第四十八条——对外人道主义援助项目的实施和管理另有规定的，从其规定。

四　中国紧急人道主义援助的特点、不足及政策建议

（一）特点及新趋势

中国针对缅甸2015年洪水的救灾援助工作具有很强的代表性，通过此案例，可以总结出中国对外人道主义救援的几个特点。

1. 援助响应迅速、及时

官方援助反应速度快，各部门之间协调配合经验丰富，信息、政策传递途径通畅。在缅甸政府于8月初对外呼吁国际援助之后，各国政府响应速度均较快，但中国宣布的救灾金额体量最大（见表1），说明中国可以动用的资金储备较为充足，也充分证明了中国政府的动员能力和部门间的协调能力。

表1　各国政府第一批宣布的对缅甸2015年洪灾的官方人道主义援助

（单位：美元）

国家	机构	金额
中国	8月6日	
	商务部	1612903.23
日本	8月4日	
	协力机构	150000
美国	8月5日	
	USAID	600000
英国	8月6日	
	DFID	780000
新加坡	8月6日	
	红十字会	100000
泰国	8月6日	
	外交部	140000

资料来源：根据各国援外管理部门或媒体实时公布/报道的数字统计得出。

2. “直线式”救灾

在各部门分工中，商务部起着“指挥官”和“采购员”的作用，

军方扮演“运输队”的角色，即把承诺的物资运送到受灾国接收点，移交给当地接收政府部门，就算完成人道主义救援任务，是围绕救援物资输送的“直线式”活动。2015 年援缅抗灾体现了中国人道主义援助的基本流程：“使馆报送信息——商务部宣布提供紧急救援——商务部招标采购物资——移交给军方运输——使馆接收物资——移交给缅甸政府。”

3. 民间力量开始起步并发展

民间组织成为海外人道主义救援一股不可忽视的力量，打破了人道主义援助主要通过“政府对政府”的渠道，发挥了各类民间力量建立“民对民”救援关系的作用，形成了具有官方外交、公共外交和民间外交相互配合的“多轨救援式外交机制”。参与 2015 年对缅援助的主体多样，中国驻缅使馆与中缅友协发挥了协调和牵线搭桥的作用，在缅中资企业、民间组织等参与、配合了实际工作。

4. 重视宣传工作

回应国内外关切，加强中国履行大国责任、发挥人道主义精神、巩固周边关系等方面的宣传，有利于争取国内外的民心民意。2015 年对缅救灾充分发挥了媒体的作用，驻缅大使馆对新闻、信息的发布也很重视，对救灾过程几乎全程跟踪，因此也实现了援助透明度的提高。① 此外，参与救灾的驻缅企业、民间组织也积极联系媒体，报道救灾情况。中缅友协派出的蓝天救援队也接受了数次国内外媒体的采访。②

（二）不足及对策建议

援缅抗洪救灾的案例也反映出中国紧急人道主义救援的一些不足：

首先，以救援物资输送为主的“直线式”救灾模式，援助对接渠道较为单一，覆盖不够全面。从 2015 年援缅抗洪救灾中可以看出，无论是官方对缅人道主义救援，还是企业开展的捐款、救助活动，基本上都是中方机构在相互协调沟通，而且与中方对接的缅甸方也都是政府机构。救援队做到了“深入民间”，但主要也依赖当地政府和使馆

---

① 日本协力机构（JICA）官方网站：Our Work：Emergency Disaster Relief，http：//www.jica.go.jp/english/our_work/types_of_assistance/emergency.html。

② 参考中国驻缅大使馆 2015 年 8—10 月的新闻。

的协调沟通。虽然2015年救灾缅甸政府彰显出很强的协调能力，但在一些偏远地区，抗洪救灾的工作基本上靠缅甸当地的民间机构、宗教团体自发组织，因此单纯靠当地政府的救灾援助很难达到最好的效果。而且，若是在政府能力较弱的国家，单纯依靠当地政府的救灾援助就很难收到好的效果，需要积极考虑与当地民间组织、相关国际机构和非政府组织的合作。

其次，由于中国民间参与海外救灾尚处于起步阶段，急需政府制定相应政策予以引导发展，人员派出制度及海外救援相关法律法规有待完善、提高。总体而言，这些不足反映出两方面的深层次问题：一是援助方案设计不够精细，各类援外渠道和手段相互配合不够；二是无论前方驻外使领馆，还是有“走出去”意向的民间机构，都缺乏既了解救援救灾情况，又了解当地文化、需求乃至国际救援规则的复合型人才。

针对这些不足，中国政府可考虑在以下方面对人道主义援助工作进行发展创新：

第一，从救灾向防灾和灾后重建两端延伸，从“直线式”紧急救援向“闭环式”援助系列方案扩展。综合利用多种援外方式，如通过人力资源培训，加强受援国政府官员应对自然灾害的能力；或通过基础设施项目援助，加固灾害多发国重点路段、桥梁的抗灾害管理；或在灾后重建时期为其援助如校舍、水井、医院等关乎民生的基础设施。如2015年对缅救灾，日本政府承诺向其提供50亿日元（约合4000万美元的）无偿援助，主要用于支持缅甸在洪灾中受损的学校、供水设备等基础设施修复的灾后重建工作。

第二，与国际人道主义救援相关机构合作，有效利用国际渠道和资源。这点可以学习日本等国同国际组织和非政府组织（NGO）的救灾合作经验。日本和很多国家合作建立了救灾物资仓储体系，如与WFP签订的联合国人道主义救援仓储协定（United Nations Humanitarian Response Depot—UNHRD），获得使用WFP在加纳、迪拜和马来西亚三地设立救灾物资仓库的权力，与受灾国及其他非政府组织等救援组织共享储备八项“优先物资资源”①。此外，日本还通过联合国儿童基金会

① 采访蓝天救援队队长，采访时间：2015年10月6日。

(UNICEF) 和国际药房协会 (International Dispensary Association—IDA) 采购用于救灾的药品和医疗设备。[①] 此外，中国还可以向国际救援组织派遣志愿者，加强中国救援人员自身能力建设。

第三，充分利用民间渠道开展对外人道主义救援，通过“民间对民间”的工作使援助深入民心。人道主义救援为非政治敏感领域，适合民间组织参与其中。建议对国内民间组织开展国际救援的能力进行摸底调查，向具备国外救援能力又有援助意向的民间组织提供政策指导和相关培训，建立对外紧急救援力量“储备库”。政府可将具有合格资质的民间组织吸纳进对外人道主义救援体系，培养有能力、有意愿、负责任的民间组织“走出去”。同时，鼓励中国民间组织与当地民间组织逐步建立联系、交流和合作，真正实现民众之间的沟通交流，促进民间友谊。

---

① 包括帐篷、睡袋、防水布、毛毯、便携式容器、水箱、过滤器和发电机八项。

中国抗击非洲埃博拉援助行动案例分析

Case Study of China's Aid to Africa's Fight against Ebola

王　忱*

摘要：2014 年，埃博拉疫情在西非诸国爆发。中国政府在国际上率先采取行动，多轮紧急驰援，开启了中国史上规模最大、持续时间最久的紧急人道主义救援行动和卫生援助行动。截至 2015 年上半年，中国政府已累计提供四轮总价值约 7.5 亿元人民币的紧急人道主义援助，并启动第五轮后埃博拉时期疫区国家恢复重建以及面向长远的公共卫生体系建设合作。本次援助行动切实践行了“真、实、亲、诚”的正确义利观，充分体现了中国政府的大国责任观和安全观，部门合作密切，应对灵活，采取软硬建设、远近结合的一揽子援助方案，有效借鉴国内抗击“非典”的宝贵经验，同时强调国际协调与合作，注重信息公开和宣介。本次行动取得了显著成效，一是为遏制疫病传播和当地能力建设做出了巨大贡献，并实现了中方人员“零感染”的目标；二是发挥了军队卫生技术和组织优势，增进了双边互信关系；三是促进了国家生物安全保障能力，为中国的热带传染病学研究及全球疫情的实时监控提供了重要的平台。

关键词：埃博拉；对外援助；中非卫生合作；紧急人道主义援助

Abstract: In 2014, The Ebola virus disease outbreak spread through

* 王忱，商务部国际贸易经济合作研究院国际发展合作研究所助理研究员。

west African countries. The Chinese government acted ahead and initiated multiple rounds of aid, which was so far China's largest and longest humanitarian aid and health aid in history. By the first half of 2015, Chinese government had delivered four rounds of humanitarian aid against Ebola totaling RMB 750 million of funding. The fifth round of aid which focuses on post-ebola reconstruction and long-term public health system strengthening is on-going. China's fight against Ebola in Africa manifested the principles of "sincerity, real results, affinity and good faith" guiding China's policy on Africa, and China's view on global responsibility and security as a major power. China drew from its experience during SARS and adopted a comprehensive aid scheme with "hard" and "soft" aid aiming at long-term and short-term goals, with relevant departments working closely together and taking flexible measures. China also strengthened its coordination and cooperation with international partners, and attached importance to public communication and information disclosure. The following results were achieved: 1) China made tremendous contribution to controlling the epidemic and local capacity building, meanwhile realizing the goal of "zero-infection" of Chinese personnel; 2) By exerting the expertise and organizational advantage of military health institutions, China achieved greater effectiveness and efficiency and strengthened bilateral trust; 3) China improved its capacity of bio-security and established an important platform for tropical infectious disease research and real-time monitoring of global infectious disease epidemic.

Key words: Ebola; Development Assistance; China-Africa Health Cooperation; Emergency Humanitarian Aid

埃博拉出血热是埃博拉病毒感染所致的一种急性传染病，病死率可高达90%，是病死率最高的传染病之一。自1976年发现埃博拉病毒以来，先后有十几个国家发生过埃博拉出血热的爆发、流行，但规模不大。2014年埃博拉出血热爆发、流行起于西非几内亚，随后迅速波及非洲、欧洲、美洲的9个国家，是埃博拉出血热发现以来波及规模最大的一次。

一　中国抗击非洲埃博拉援助行动介绍

（一）中国抗击非洲埃博拉援助行动的缘起

2014 年 3 月 22 日，几内亚确诊首例埃博拉病毒感染者[①]（本次埃博拉爆发、流行的首个病例实际上出现在 2013 年 12 月，当时被误诊为其他疾病[②]），国际上并未给予足够关注，援助未呈现规模。2014 年 8 月 8 日，世界卫生组织宣布此次疫情为“国际公共卫生紧急事件”[③]，

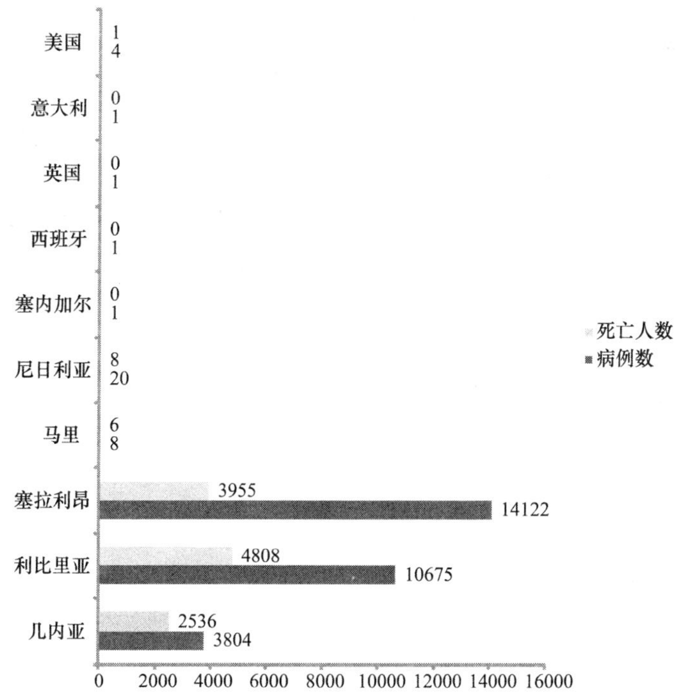

图 1　埃博拉病例总体分布情况（截至 2015 年 11 月 22 日）

① Pierre Formenty, Ebola diaries: First signals-March 2014. Accessed on Dec. 5, 2015: http://www.who.int/features/2015/ebola-diaries-formenty/en/.

② Baize, S., Pannetier, D., Oestereich, L., et al., Emergence of Zaire Ebola Virus Disease in Guinea. N. Engl J. Med 2014; 371: 1418 – 25.

③ WHO, WHO statement on the meeting of the International Health Regulations emergency committee regarding the 2014 Ebola outbreak in west Africa. Accessed Sept 28, 2014: http://www.who.int/mediacentre/news/ statements/2014/ebola-20140808/en/.

国际援助始呈现规模。截至2015年11月22日，疫情共导致全球28637人感染（确诊加疑似），11314人死亡（图1）[①]。中国政府本着“真、实、亲、诚”的正确义利观、大国责任观和全球安全观，吸取“非典”的经验教训，对此次公共卫生安全危机做出了迅速、准确的判断，第一时间启动了大规模非传统安全境内外防控行动。

（二）中国抗击埃博拉援助行动的主要措施和落实情况

面对这场空前严峻的全球卫生安全危机，中国政府第一时间启动联防联控机制[②]，在严防疫情输入的同时，在国际上率先行动，实施多轮紧急驰援，开启了中国史上规模最大、持续时间最久的紧急人道主义救援行动和卫生援助行动。此次行动的主要措施及落实情况如下。

1. 第一轮援助

2014年4月，在埃博拉疫情还未引起国际广泛关注时，中国政府即决定向西非几内亚、利比里亚、塞拉利昂、几内亚比绍分别提供100万元人民币（币种下同）的紧急物资援助[③]，主要提供防护服、消毒药剂及抢救监护器材等，并于5月中旬全部运抵受援国，第一时间投入防疫救治现场，是西非国家接收的第一批外国援助物资。同时，中国红十字会向几内亚提供了5万美元紧急人道主义现汇援助。[④]

2. 第二轮援助

随着疫情的快速蔓延，中国政府迅速启动了埃博拉出血热疫情联防联控工作机制，通过专机向疫情最严重的几内亚、塞拉利昂、利比里亚西非三国紧急运送了3000万元的医疗急需物资，主要包括医用防护服、

---

① WHO，2014，Ebola Situation Reports，http：//apps. who. int/ebola/ebola-situation-reports.

② 8月12日，由国家卫生计生委牵头，外交、发展改革、教育、公安、财政、商务、质检等22个部门建立应对埃博拉出血热疫情联防联控工作机制。坚持“高度重视、密切关注、防控为主、内外结合、科学应对”的原则，中国一方面加强口岸重点城市和重点人员防控，坚决防止疫情输入我境内；同时，细化各项防控预案，强化应急准备和实战演练，确保境内一旦发生疫情，能够得到及时有效控制。

③ 《2014 支持非洲抗击埃博拉：中国援助实实在在》，新华网（http：//www. nhfpc. gov. cn/yjb/fkgzmtbd/201411/f09d3f8554414fb18823e1f6b126c27c. shtml）。

④ 《中国援助西非抗击埃博拉 物资现汇已近7.5亿元》，人民网（http：//world. people. com. cn/n/2014/1031/c1002-25942380. html）。

消毒药剂、测温仪、药品等[①]，总重超过 80 吨，开创了中国租用包机援助的先例。8 月 10 日下午，该批物资从上海启运，并于北京时间 11 日抵达几内亚首都科纳克里，12 日先后抵达塞拉利昂首都弗里敦和利比里亚首都蒙罗维亚，是最早到达疫区的一批物资，安抚了民众的恐慌情绪。[②]

与此同时，中国政府采取"特事特办"原则，迅速向上述三国派遣了由 9 名流行病学、病毒学和检测专家组成的援非抗疫小组，在当地协助使馆对援助物资进行分配并培训当地专业人员如何正确使用援助物资，针对受援国埃博拉防控防疫措施提出专业技术意见，以及帮助提高公共卫生危机应急处理能力。同时在驻外使馆的协调、组织下，对使馆、中资机构、维和部队和驻外医疗队人员进行防范教育培训，[③] 并与世界卫生组织、无国界医生组织、其他国家援助机构等部门和组织保持交流沟通。[④] 中国派驻上述国家的医疗队员也依然坚守在疫区积极参与救治埃博拉患者。

3. 第三轮援助

9 月 12 日，中国政府宣布决定向非洲有关国家和国际组织提供第三轮总价值 2 亿元人民币的紧急人道主义援助并尽快组织实施[⑤]，主要包括：

---

① 商务部：《中国为利比里亚等西非国家应对埃博拉疫情积极提供援助》，http：//www. mofcom. gov. cn/article/ae/ai/201408/20140800689401. shtml。

② 驻几内亚经商参处：《援几内亚医疗物资对外交接》，http：//gn. mofcom. gov. cn/article/jmxw/201408/20140800694570. shtml；驻塞拉利昂经商参处：《援塞抗击埃博拉物资顺利抵达交付》，http：//sl. mofcom. gov. cn/article/jmxw/201408/20140800695173. shtml。

③ 驻几内亚经商参处：《援几内亚医疗物资对外交接》，http：//gn. mofcom. gov. cn/article/jmxw/201408/20140800694570. shtml；驻塞拉利昂经商参处：《援塞抗击埃博拉物资顺利抵达交付》，http：//sl. mofcom. gov. cn/article/jmxw/201408/20140800695173. shtml；中国疾控中心：《赴塞拉利昂工作组抵达》，http：//www. chinacdc. cn/zxdt/201408/t20140813_ 101139. htm；中国疾控中心：《央视〈新闻联播〉播出我中心专家抵达几内亚》，http：//www. chinacdc. cn/zxdt/201408/t20140813_ 101140. htm。

④ 《中国援助西非抗击埃博拉 物资现汇已近 7.5 亿元》，人民网（http：//world. people. com. cn/n/2014/1031/c1002-25942380. html）；中国疾控中心：《赴塞拉利昂——手把手教防护》，http：//www. chinacdc. cn/zxdt/201408/t20140826_ 101700. htm。

⑤ 中国疾控中心：《赴塞拉利昂工作组抵达》，http：//www. chinacdc. cn/zxdt/201408/t20140813_ 101139. htm。

一是继续分批向几内亚、利比里亚、塞拉利昂三国派遣专家组，按月轮换。

二是向塞拉利昂运送移动生物安全三级实验室[①]，援建固定实验室，配套提供检测、安全等设备，同时配备必要的医护人员。此前不久，中国疾病预防疾控中心病毒所赴法国巴斯德研究所 UBIVE 实验室[②]开展埃博拉出血热检测方法合作研究，完成了埃博拉病毒检测试剂盒的验证工作[③]，通过对比实验，证明了中国所研制的检测埃博拉病毒核酸的荧光 RT-PCR 方法与巴斯德研究所检测试剂取得同等效果，具有很高的特异度和敏感度。[④] 该检测试剂被迅速投用于前方抗埃工作。

9 月 16 日，中国政府派出的中国疾病预防控制中心移动实验室检测队赴塞拉利昂。检测队由两部分人员组成：一是中国疾病预防控制中心的专家，承担病毒检测任务；二是应塞拉利昂政府邀请，曾在 2003 年中国抗击“非典”疫情中发挥过重要作用的小汤山 302 医院医护人员，本次承担有关留观病例管理工作。实验室检测队以中国政府援建的中塞友好医院为工作地点。[⑤]

9 月 23 日，援塞移动生物安全三级实验室启运，25 日顺利运抵塞拉利昂首都弗里敦，26 日完成检测复核与评估，正式启用。[⑥] 10 月 1 日接诊首批留观病例[⑦]，10 月 31 日单日检测量已过百，同日美国、英

---

① 中国疾控中心：《央视〈新闻联播〉播出我中心专家抵达几内亚》，http：//www. chinacdc. cn/zxdt/201408/t20140813_ 101140. htm。

② 《中国援助西非抗击埃博拉 物资现汇已近 7.5 亿元》，人民网（http：//world. people. com. cn/n/2014/1031/c1002-25942380. html）。

③ 中国疾控中心：《赴塞拉利昂——手把手教防护》，http：//www. chinacdc. cn/zxdt/201408/t20140826_ 101700. htm。

④ 中国疾控中心：《赴塞拉利昂工作组投入紧张的工作》，http：//www. chinacdc. cn/zxdt/201408/t20140814_ 101215. htm。

⑤ 中国疾控中心：《赴利比里亚——我们是雪中送炭》，http：//www. chinacdc. cn/zxdt/201408/t20140826_ 101701. htm。

⑥ 中国疾控中心：《赴塞拉利昂工作组投入紧张的工作》，http：//www. chinacdc. cn/zxdt/201408/t20140814_ 101215. htm；中国疾控中心：《赴利比里亚——我们是雪中送炭》，http：//www. chinacdc. cn/zxdt/201408/t20140826_ 101701. htm。

⑦ 商务部：《中国政府向非洲国家应对埃博拉疫情提供新一轮援助》，http：//www. mofcom. gov. cn/article/ae/ai/201409/20140900729309. shtml。

国、加拿大及南非实验室当日检测量分别为70例、46例、11例和0例。[1] 11月21日，固定生物安全三级实验室开工建设[2]，2015年1月30日正式竣工[3]，3月11日正式启用。[4] 留观中心后转为留观诊疗中心。[5]

三是向疫情严重的非洲国家和世界卫生组织、非盟等提供必要的资金支持，包括向利比里亚、塞拉利昂和几内亚三个疫情严重的国家分别提供100万美元的现汇援助，以及向世界卫生组织和非盟分别提供200万美元的现汇援助。其中，向世界卫生组织捐款列入联合国应对埃博拉疫情专项基金，用于支持该组织实施对塞拉利昂、利比里亚和几内亚三国的疫情应对计划。[6]

四是委托联合国世界粮食计划署实施向塞拉利昂、利比里亚和几内亚三国分别提供价值200万美元的粮食、食品援助。[7]

五是向尼日利亚、马里、加纳、贝宁、几内亚比绍、科特迪瓦、刚果（金）、刚果（布）、塞内加尔等其他非洲相关国家提供防护救治物资[8]，防止埃博拉病毒扩散。

4. 第四轮援助[9]

10月24日，国家主席习近平在会见坦桑尼亚时任总统基奎特时宣布，中国政府将向西非国家抗击埃博拉疫情提供第四轮援助，包括六个方面的内容：

---

① 埃博拉出血热病毒属于P4级病原微生物，即极其凶险的烈性传染病原，在P3实验室中虽不能培养，但是可以检测。

② 世界卫生组织病毒性出血热参比实验室，也是权威的埃博拉出血热指定检测实验室之一。

③ 《中国疾控中心：我国已研制出埃博拉病毒检测试剂盒》，中国广播网（http：//china. cnr. cn/ygxw/201409/t20140920_ 516472382. shtml）。

④ 中国疾控中心：《中国疾控中心病毒所成功研制埃博拉病毒检测试剂盒》，http：//www. chinacdc. cn/zxdt/201409/t20140919_ 104588. htm。

⑤ 商务部：《中国向塞拉利昂派出移动实验室检测队支持塞埃博拉疫情防控》，http：//www. mofcom. gov. cn/article/ae/ai/201409/20140900731681. shtml。

⑥ 同上。

⑦ 商务部资料。

⑧ 《解密抗击埃博拉前线的中国移动实验室》，新华网（http：//news. xinhuanet. com/tech/2014 -09/28/c_ 127044229. htm）。

⑨ 商务部资料。

一是向利比里亚、塞拉利昂和几内亚三国派遣公共卫生专家顾问组，帮助和参与当地疫情防控，同时增派公共卫生人员，帮助疫区三国分批培训当地医护人员。其中，专家组于11月10日派出，在西非疫区三国和有潜在疫情流行风险的周边国家，面向医务人员、基层管理者、社区领袖、政府工作人员、学生、社会卫生工作者和志愿者等开展培训。[①] 第二批移动实验室检测队于11月14日派出。[②]

二是继续提供病床、救护车、个人防护设备、焚烧炉等急需物资援助，重点帮助疫区三国提高病人收治、转送能力，并加强消毒和医用废弃物处理能力。上述物资主要通过海路运输，已于2015年上半年陆续运抵。

三是为利比里亚援建一所100张床位的治疗中心，派出160名医护人员并负责运营。该诊疗中心占地面积2万多平方米，配备100张床位，按照传染病防治医院的高标准建设，于10月26日开工，11月25日正式启用，建设耗时仅1个月，是目前利比里亚所有治疗中心中条件最好的一个。[③] 11月15日，中国人民解放军援助利比里亚医疗队163名医护人员乘专机抵达利比里亚首都蒙罗维亚。[④] 2015年1月12日，在该中心接受治疗的首批三名埃博拉患者治愈出院。[⑤]

四是向联合国应对埃博拉疫情多方信托基金捐款600万美元。12月2日，商务部与联合国系统驻华机构就此事签署协议。[⑥]

五是启动中非公共卫生长远合作计划，2015年为疫区三国、非盟和西共体等非洲国家和区域组织举办12期公共卫生及疫情防控培训班，开展中非传染病防治联合研究，派遣专家参与非盟“非洲疾病防控中

---

① 《解密抗击埃博拉前线的中国移动实验室》，新华网（http：//news. xinhuanet. com/tech/2014 -09/28/c_ 127044229. htm）。

② 卫生计生委：《中国移动实验室检测队接诊首批埃博拉留观病例》，http：//www. nhfpc. gov. cn/gjhzs/s3590/201410/c287007e60a34fb28bf7e503a4a33ea0. shtml。

③ 中国疾控中心：《驻塞拉利昂实验室单日埃博拉病毒样本检测量破百》，http：//www. chinacdc. cn/zxdt/201411/t20141105_ 106234. htm。

④ 《中国援塞拉利昂固定生物安全实验室开工建设》，新华网（http：//news. xinhuanet. com/2014 -11/21/c_ 1113350717. htm）。

⑤ 卫生计生委：《中国政府代表团出席中国援塞拉利昂固定生物安全三级实验室竣工仪式》，http：//www. nhfpc. gov. cn/gjhzs/s3590/201502/18817a2c2ee94f508b40782f2fa4a154. shtml。

⑥ 商务部资料。

心”建设。

六是加强国际合作，参与联合国全球应对埃博拉疫情特派团核心小组定期会议，派员出任联合国应对埃博拉疫情特派团高级官员。11月14日，中国疾控中心冯子健副主任赶赴西非就任联合国埃博拉应急特派团团长高级顾问。[①]

5. 第五轮援助[②]（灾后重建）

2015年11月3日，中国政府宣布向非洲埃博拉疫区提供的第五轮援助主要用于灾后重建：一是支持疫区三国继续做好抗埃收尾工作，巩固前一阶段抗埃成果，推动各国彻底结束疫情。具体内容包括继续向塞拉利昂派遣病毒检测队，向中塞友好医院留观诊疗中心派遣轮换人员，运营援建的利比里亚埃博拉诊疗中心并在任务完成后移交对方，继续提供必要的医护物资并做好埃博拉病毒防治的当地培训工作；积极支持联合国、世界卫生组织和非盟等的工作，向上述组织提供必要的资金支持。二是支持疫区国家后埃博拉时期的经济与社会重建，推动各国经济复苏与社会发展。根据疫区三国疫后经济社会重建的需求，重点实施一批民生、能力建设和基础设施等领域援助项目，具体内容将通过双边渠道与各国协商后逐步落实。三是支持非洲构建公共卫生体系，增强非洲国家抵御重大流行疫病的能力和水平。

6. 援助总体情况

在资金方面，截至2015年上半年，中国政府已累计提供四轮总价值约7.5亿元的紧急人道主义援助，并正在启动第五轮援助以应对后埃博拉时期疫区国家恢复重建工作。在人员和能力建设方面，累计多批次派出医疗卫生人员近1200名，开展检测、诊治、培训和技术指导等防治工作。在设施方面，运送了先进的移动生物安全三级实验室并援建了西非地区第一个固定生物安全三级实验室；将塞中友好医院改造成具有传染病病例收治功能的留观诊疗中心；在1个月内为利比里亚建成拥有100张床位的当地最好的现代化传染病诊疗中心。在

① 央视新闻：《记者探访塞拉利昂埃博拉留观诊疗中心》，http：//m. news. cntv. cn/2015/01/18/ARTI1421572414858779. shtml。

② 商务部：《中国政府为应对埃博拉疫情向联合国世界卫生组织捐款》，http：//www. mofcom. gov. cn/article/ae/ai/201410/20141000770569. shtml。

技术创新方面，紧急启动了埃博拉检测诊断技术、药物、疫苗以及防护装备的研发攻关，并取得多项技术突破。在物资方面，提供了从个人防护用品、消毒用品、检测器械、移动式X光机等医护设备，到粮食、病床、焚烧炉、救护车、摩托车、皮卡车等全方位的物资援助。①

前四轮援助主要关注危机应对，控制传染病的蔓延，并对突发性公共卫生事件的应急处置队伍建设和相关检测、诊疗机构的能力建设进行直接的支持，第五轮援助则将进一步面向长远，针对非洲公共卫生体系薄弱的根本性问题，抓住问题实质，采取综合性一揽子措施，标本兼治。

二　中国抗击埃博拉援助行动分析

本次中国抗击埃博拉援助行动集中体现了中国对外援助的一些理念、原则和特点。

（一）“雪中送炭”共患难

在埃博拉疫情爆发初期，西方主要援助国更多地选择关闭航线、撤离人员②，直到本国出现输入型埃博拉病例以及世界卫生组织正式宣布“国际公共卫生紧急事件”时才予以足够重视，而此时距确诊第一例埃博拉患者已过去近5个月的时间。埃博拉的爆发、流行导致当地和国际医务人员大量流失，医疗服务系统几乎瘫痪，而中国政府长期派遣在疫区工作的医务人员则无一撤回，中国企业员工也大多继续坚守在工作岗位上，甚至参与抗击疫情的行动。中国政府及时对疫情的长远影响进行了研判，以“真、实、亲、诚”的义利观，在国际上率先运抵防护物资，率先派遣专家组深入疫区，参与一线救治，与当地医务人员并肩作战，秉持“平等相待、真诚无私、务实高效、重信守诺”的原则，及

① 商务部：《中国政府为应对埃博拉疫情向联合国世界卫生组织捐款》，http：//www.mofcom.gov.cn/article/ae/ai/201410/20141000770569.shtml。

② 商务部：《中国政府委托联合国世界粮食计划署实施对西非三国的粮食援助》，http：//www.mofcom.gov.cn/article/ae/ai/201410/20141000753841.shtml。

时提供力所能及的帮助。[①]

（二）联防联控，部门协作密切

抗击埃博拉援助行动是中国应对埃博拉出血热疫情联防联控工作的有机组成部分。由卫生计生委、外交部、商务部、财政部、总后勤部、质检总局、海关总署、民航局等22个部门组成的国家联防联控机制，统一决策，统一部署，构筑了疫情防控的国内国外双重屏障。国内疫情防控主要坚持“高度重视、密切关注、防控为主、内外结合、科学应对”的原则，以“零输入”为目标，动员医疗卫生、检验检疫等专业力量，遵循传染病防控的科学规律，加强口岸重点城市和重点人员防控，防止疫情输入。[②] 对外援助行动则以“打胜仗、零感染”为目标，统筹协调上述职能部门和数十个驻外使领馆/团，共同完成了数千吨物资的确定和生产、集结、通关、运输与交接工作，上千名专业人员的遴选、组织、培训、考核、派遣工作，以及在疫区的工程建设任务。

（三）灵活应对，分秒必争

由于疫情发展形势凶险，此次援助在兼顾现行规章制度框架的同时，本着人道主义原则，特事特办，急事急办，迅速解决了筹备、采购、运输、建设、人员派出等管理过程中出现的具体问题。为保证第一批专家组尽早派出和尽快进入疫区现场，打破了常规，先派遣专家，后补办手续。物资则按照“急用先行，错位运输”的原则，分空运和海运两个途径运往灾区。利比里亚100张床位的传染病诊疗中心不到一个月即建设完成。

（四）借鉴国内抗击“非典”的经验

中国在2003年抗击“非典”期间积累了丰富的传染病防控经验。此次行动充分借鉴了上述经验，坚持“五早”原则，即早发现、早报告、早诊断、早隔离、早治疗，严格遵照传染病医院建设要求，采取“三区两带两线”，也即分清洁区、半污染区、污染区三区，清洁区和半污染区之间、半污染区与污染区之间分别建立缓冲地带，清洁路线和

---

① 《商务部新闻发言人孙继文就中国政府援助刚果（布）等三国应对埃博拉疫情物资进展情况发表谈话》，http：//www. mofcom. gov. cn/article/ae/ai/201410/20141000779497. shtml。

② 商务部：《中国向非洲国家提供第4轮抗击埃博拉疫情紧急援助》，http：//news. xinhuanet. com/world/2014 - 10/29/c_ 1113033699. htm。

污染路线区分开。[①] 既注重防控又注重救治，在提供防护物资、培训人员、派专家指导疫区国家抗击疫情、长期派遣援外医疗队坚守疫区的同时，还派出检测、留观、治疗医护人员直接参与一线救治。

（五）实施“软硬兼施”“远近结合”的一揽子援助计划

此次行动庞大而复杂，既派遣专家组、开展技术指导和人员培训，又援建设施、提供急需物资，各项援助措施统筹安排，形成整体合力。几轮援助环环相扣，援助计划既满足非洲国家应对疫情的紧急需求，“解燃眉之急”，又着眼长远的卫生体系重建、经济社会发展和全球卫生安全合作。

（六）强化国际协调与合作，推动后续三方合作

中国政府派员参加了联合国应对埃博拉特派团和世界卫生组织等国际组织的疫情防控工作，积极支持联合国、世界卫生组织等国际组织开展抗疫工作，与国际组织建立各层通报机制，保持密切沟通。在联合国、世界卫生组织的统筹协调下，秉持积极、开放、包容的原则，坚持“受援国需要、受援国同意、受援国参与”的前提，与美国、英国、法国等西方援助国在沟通协调、疫情分析、人员培训、检测治疗、信息共享等领域开展合作，推动了大国良性互动。在此次埃博拉合作的推动下，中美和中英[②]分别于2015年9月26日和10月21日签署了首个发展合作谅解备忘录，推动了中国同传统援助国之间的合作。

（七）重视宣传与信息公开

本次抗疫行动除与联合国、世界卫生组织、受援国以及其他援助机构保持信息沟通外，中国政府也及时回应了公众的关切，在国新办、商务部、外交部、卫生计生委、中国疾控中心等网站上发布重要的抗疫援助行动决定和落实情况，全方位、多渠道地引导群众对疫情进行理性认识，同时也培养了人道主义和国际主义的大国情怀。

（八）当地企业广泛参与

在埃博拉疫情肆虐期间，中国工人是少数没有离开疫区的外国人群

---

① 《中国疾控中心将再派三批次专家参加援非防控埃博拉行动》，http：//www.chinacdc.cn/zxdt/201411/t20141106_106289.htm。

② 《中心派出专家参加第二批援塞移动实验室检测队》，http：//www.chinacdc.cn/zxdt/201411/t20141115_106425.htm。

体之一，中资企业也为当地抗疫工作做出了很大贡献。除了部分中资企业、商会、中非发展基金等机构向当地政府和社区捐赠了医疗器械、粮油食品、摩托车等物资和现金外，还有一些企业和机构通过积极的行动为疫区贡献了一份力量，如所有在塞拉利昂的中国企业，在中国驻塞使馆经商处的组织下，冒着大雨，奋战三昼夜共同完成了将援助塞拉利昂的生物安全实验室设备和物资运达中塞友好医院等运输任务，绕行山路120公里，在项目实施成本里没有计入一分钱。[①]

三　中国抗击埃博拉援助行动的成效与影响

中国此次抗击埃博拉的援助行动卓有成效，主要体现在以下三方面。

一是为遏制疫病传播和当地能力建设做出了巨大贡献。截至2015年12月，本次行动共计向塞拉利昂、利比里亚、几内亚疫区三国及周边七国派出多批次累计1200名军地医疗卫生人员，在疫区现场开展实验室检测、埃博拉出血热病例留观和诊治、公共卫生师资培训，为疫区国检测埃博拉出血热样本近9000份，留观诊疗相关病例900余例，培训当地医疗护理人员和社区防控骨干13000余人。[②] 不仅提供了当地急需的医疗设施和实验室，包括生物安全三级实验室、传染病留观诊疗中心和现代化传染病诊疗中心，以及总重达数千吨的应急物资，也实现了中方人员“零感染”的目标，同时，为疫区国家公共卫生体系的恢复和长期建设打下了一定基础。

二是发挥了军队卫生技术和组织优势，增进了双边互信关系。中国向塞拉利昂和利比里亚派出了多批次的部队医疗卫生组，依托当地及中方援助的医疗设施、实验室等开展留观、治疗、检测工作，[③] 建立了两国军队的互信合作关系，发挥了军队卫生技术和组织优势，为当地公共

---

① 《中国援建利比里亚埃博拉诊疗中心正式交付使用》，观察者报（http：//www. guancha. cn/Third-World/2014_ 11_ 27_ 301762. shtml）。

② 同上。

③ 驻利比里亚经商参处：《我解放军援利医疗队抵达利首都蒙罗维亚》，http：//lr. mofcom. gov. cn/article/jmxw/201411/20141100799871. shtml。

卫生建设和普通百姓的生命安全做出了贡献。

三是促进了国家生物安全保障能力。此次向塞拉利昂派出移动三级生物安全实验室和建成固定实验室，将中国的生物安全检测哨点进行了前移，为中国的热带传染病学研究及全球疫情的实时监控提供了重要的平台。该实验室日检测病例占塞拉利昂全国日检测量的1/4[①]，在世界卫生组织和塞拉利昂卫生部联合组织的对多国援助实验测评中，检测准确率达100%。[②] 中国在短时间内还自主研制成功了埃博拉出血热诊断试剂，在抗病毒药品、治疗性抗体和疫苗研发等方面取得了重要进展。军地协同研发的埃博拉疫苗，在塞拉利昂进入了二期临床试验阶段。[③] 中国的传染病防控专业队伍也在实战中积累了丰富的实验室检测数据和病例临床诊治经验。

本次抗疫行动得到了受援国政府和社会各层以及国际组织、机构的广泛赞赏。塞拉利昂总统科罗马盛赞中国率先慷慨驰援并坚持到最后，再次证明中国是塞拉利昂的亲兄弟。[④] 利比里亚总统瑟利夫多次表示，在利比里亚最危急时刻，中国引领了国际社会援利、援非抗疫潮流，为利比里亚最终战胜疫情做出了巨大贡献。[⑤] 联合国秘书长潘基文、世界卫生组织总干事陈冯富珍均多次盛赞中国为非洲抗疫所发挥的重要作用，为世界树立了榜样。[⑥] 非洲民众和社会各界也对中国人民的情谊给予了真诚回应。

---

① 驻利比里亚经商参处：《我解放军援利医疗队抵达利首都蒙罗维亚》，http：//lr. mofcom. gov. cn/article/jmxw/201411/20141100799871. shtml。

② 驻利比里亚经商参处：《我援利抗埃医疗队首批确诊埃博拉患者治愈出院》，http：//lr. mofcom. gov. cn/article/jmxw/201501/20150100884382. shtml。

③ 同上。

④ 《中国政府向联合国应对埃博拉疫情多方信托基金捐款600万美元》，新华网（http：//news. xinhuanet. com/photo/2014 -12/02/c_ 127270980. htm）。

⑤ 同上，以及中国疾控中心：《冯子健副主任就任联合国埃博拉应急特派团团长高级顾问》，http：//www. chinacdc. cn/zxdt/201411/t20141115_ 106417. htm。

⑥ 中国疾控中心：《冯子健副主任就任联合国埃博拉应急特派团团长高级顾问》，http：//www. chinacdc. cn/zxdt/201411/t20141115_ 106417. htm。

"硬"援助和"软"援助的结合

——中国对柬援助的回顾与评析*

Blend of "Hard" and "Soft" Assistance

—A Review and Analysis of China's Aid to Cambodia

周太东**

摘要：中国从1956年开始向柬埔寨提供经济援助，历经60年，到目前已成为柬埔寨的最大援助国。一方面，中国为柬埔寨提供了大量的基础设施和民用设施，对促进柬埔寨经济社会发展做出了重要贡献。另一方面，中国也十分注重对柬埔寨提供技能培训及文化保护援助，吴哥古迹保护项目即是中国新时期援外项目的"特殊"案例。中国对柬埔寨的援助具有"硬"援助和"软"援助相结合的特点，均遵循平等互利、尊重受援国主权、不附加任何条件、受援国需求主导等南南合作原则，取得了良好的政治和社会效应，受到了中柬两国民众和国际社会的高度肯定，为中柬双边关系注入了新的正能量。

关键词：柬埔寨；硬援助；软援助；南南合作

Abstract: China's economic aid to Cambodia started in 1956. Over six

---

* 本文部分内容借鉴了作者参与的上海国际问题研究院"中国对柬埔寨援助——基于社会的视角"课题的报告内容，作者向上海国际问题研究院，特别是世界经济研究所张海冰所长表示感谢。

** 周太东，国务院发展研究中心中英发展知识合作伙伴项目经理，中国农业大学人文与发展学院农村发展与管理专业（中国与国际发展方向）在读博士，长期从事法律、治理、对外援助等领域的国际合作项目管理和相关研究。

decades, China has now become Cambodia's largest donor or "south-south cooperation (SSC) provider" in the terms of the Chinese officials. On the one hand, China offered considerable infrastructures and civil facilities and made great contributions to Cambodian economic and social development. On the other hand, China's aid programs also attached great importance to skill development and cultural conservation in Cambodia. The project of restoration of Angkor relics is such one "typical" case. China's aid to Cambodia features the blend of "hard" and "soft" approaches and has followed such SSC principles as equality, mutual benefit, respect of sovereignty, no-strings attached and demand-driven. By doing so, China's aid to Cambodia was highly recognized by the people in the two countries and the international community. It has gained political and social effects and provided new momentum to the development of China-Cambodia bilateral relation.

Key words: Cambodia; Hardware Infrastructure Assistance; Soft Infrastructure Assistance; South-South Cooperation

柬埔寨是中国对非社会主义国家进行无偿援助的第一个国家。1956年，中国开始向柬埔寨提供经济援助，截至目前已经历了近60年的历程。一方面，中国为柬埔寨援助了大量基础设施和民用设施，提供了大量物资和技术援助，对改善柬埔寨当地基础设施状况，促进经济社会发展做出了重要的贡献。另一方面，中国也十分重视对柬埔寨提供技能培训及文化保护援助，从中国政府援助吴哥保护项目案例，可以深入理解中国开展"软"援助方面的一些特点。中国提供的"硬"援助和"软"援助均体现了南南合作的特点，同时也十分注重提高透明度，加强援助协调。

一 中国对柬援助的回顾

中国对柬援助可分为三个阶段：第一阶段从1956—1990年，以无偿援助为主，致力于帮助柬埔寨实现民族独立和国家建设；第二阶段从1990—2003年，中国对柬援助呈上升趋势，但年度波动较大，以发展合作为主，致力于互利共赢和发展建设；第三阶段从2004年至今，基于双边关系的稳步发展，中国对柬援助呈现稳步、大幅提升趋势，成为柬埔寨最大的援助国。

（一）第一阶段：1956—1990年

这一阶段最鲜明的国际背景是冷战。当时，以美国为首的西方大国对包括中国在内的社会主义国家实施包围和压制。中国一开始与柬埔寨接触就采取了平等尊重的原则，与当时美国对柬埔寨高高在上的作风形成鲜明对比。当然，促使柬埔寨与中国的关系越来越密切并建交的原因是多方面和复杂的，其中既有柬埔寨对美国过度干预的不信任，也有与泰国和南越的领土争端，柬埔寨希望能够获得更多包括中国在内的亚洲邻国的支持。该阶段中国对柬援助基本上都是无偿援助，是用于资助柬埔寨发展经济建设所需要的物资援助。20世纪五六十年代，周恩来总理、刘少奇主席先后访问柬埔寨。1956年2月，西哈努克亲王首次访华，期间，中国红十字会就金边水灾向柬埔寨捐赠人民币8万元。当年6月，中柬双方签订协议，规定中方于1956—1957年给予柬埔寨价值800万英镑的无偿援助，用于其购买物资和建设一些成套项目。这是中国同亚非拉民族主义国家签订的第一个经济援助协定。[①] 之后，西哈努克亲王前后5次访华，并两次在中国领导柬埔寨人民争取国家独立、民族解放的斗争，得到中国政府和人民的大力支持。

（二）第二阶段：1991—2003年

1990年以来，随着冷战结束和中国确立并推进社会主义市场经济体制建设，中国的对外援助越来越偏重于为实现共同发展的经济援助。1993年，柬埔寨内战结束，其国内经济建设重新起步，国际经济援助随之大幅度增加，中国对柬援助也进入了新的阶段。一方面逐年增加帮助柬埔寨发展的援助金额，从1993年的87.1万美元增加到2003年557.3万美元，但援助金额年度波动较大（见图1）。另一方面越来越多地倾向于经济社会发展和民生项目。

① 薛力、肖欢容：《中国对外援助在柬埔寨》，《东南亚纵横》2011年第12期。

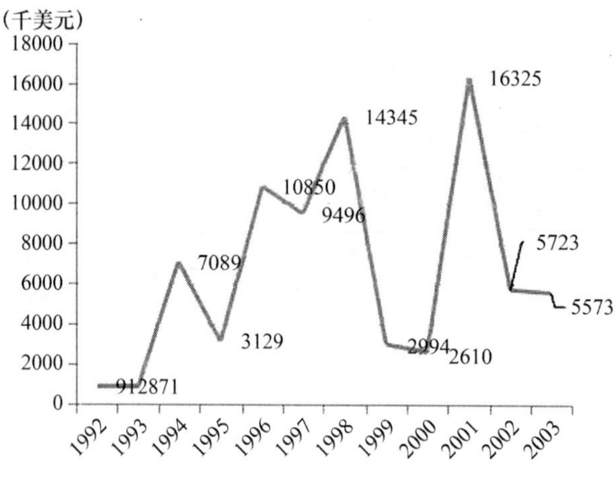

图 1　中国对柬援助金额（1992—2003 年）

资料来源：Cambodian Rehabilitation and Development Board（CRDB）of the Council for the Development of Cambodia（CDC），http：//cdc. khmer. biz/Reports/reports_ by_ updated. asp？status = 0#None。

（三）第三阶段：2004—2013 年

进入新世纪特别是 2004 年以来，在经济持续快速增长、综合国力不断增强的基础上，中国对外援助资金保持快速增长，2004—2009 年平均年增长率为 29. 4% 。[①] 中国对柬援助也呈现出稳定快速增长的态势

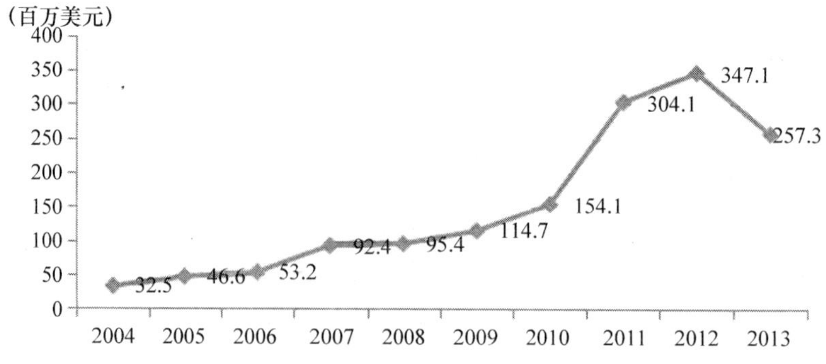

图 2　中国对柬援助金额（2004—2013 年）

① 国务院新闻办：《中国的对外援助（2011）》（白皮书），http：//www. scio. gov. cn/zfbps/ndhf/2011/Document/896983/896983_ 3. htm，2011 年 4 月。

（见图2），从2004年3250万美元增长到2012年3.471亿美元，增长了近11倍。此时期的援助具有以"硬"援助为主，同时兼顾"软"援助的特征。中国对柬埔寨援助主要为成套设备等"硬"援助，为柬埔寨提供了大量基础设施和民用设施，但也十分重视技能培训和文化保护援助。

二 中国对柬"硬"援助：特点及影响

中国的对外援助主要有八种方式：成套项目、一般物资、技术合作、人力资源开发合作、援外医疗队、紧急人道主义援助、援外志愿者服务和债务减免。[①] 中国对柬援助几乎涉及以上所有八类项目，其中成套项目等"硬"援助是最主要的援助方式。

从援助领域看，中国对柬援助主要为经济基础设施项目，大致集中于交通基础设施建设、能源电力和农业三大领域，这三大领域的选择主要基于柬埔寨的发展需要。作者在柬埔寨进行调研时听到一句流行谚语——"有路就有希望"，表达了柬埔寨民众希望改善交通条件，脱贫致富的强烈愿望。以2011年和2012年为例，中国援助柬埔寨的经济和社会公共基础设施建设资金分别占其援助总额的69.97%和70.17%。金额较大的工程有政府办公大楼，参议院议会厅和办公楼，国会办公楼，柬埔寨国家7号公路、8号公路、76号公路、57号公路、62号公路，干丹省波雷格丹洞里萨河大桥，波雷达马湄公河大桥，金边制药厂，金边市毛泽东大道，100口饮用水井等。这些项目规模不等，难度各异，其中仅57号国家公路部分修建预算就高达近6.2亿元人民币。

在援助形式上，2004年以来，中国对柬援助主要以优惠贷款为主。例如，柬埔寨发展合作理事会2004—2012年公布的中国对柬援助44个项目中，只有6个项目为无偿援助，且援助金额总计不足400万美元，其他均为优惠贷款项目，总金额超过27亿美元。需要说明的是，柬埔寨发展合作理事会公布的项目并不完整，例如，下文提及的吴哥古迹修

① 国务院新闻办：《中国的对外援助（2011）》（白皮书），http：//www.scio.gov.cn/zfbps/ndhf/2011/Document/896983/896983_3.htm，2011年4月。

复项目以及中国援柬安检设备等物资援助项目均为赠款项目，但其公布项目中就未提及。[①]

中国对柬援助资金总额在众多援助方中遥遥领先，就单个援助项目的援助规模而言，中国也是无可取代的首位援助国。在2014年柬埔寨的十大援助项目中（见表1），中国就占据了4个，无论是数量还是金额都是最多的。以威古（Vaico）水利项目为例，该项目可对柬磅湛、波萝勉、柴桢三省约10.8万公顷土地进行旱季灌溉供水和雨季排洪，对当地农业生产有重要意义。该项目由广东建工对外建设有限公司承建，已完成90%工程量。威古不仅是目前柬埔寨境内最大的农业水利灌溉项目，也是迄今为止中国对柬援助的最大规模的水利项目，建成后将有效地推动当地的农业发展，切实帮助当地农民增加收入和减少贫困。[②]

表1　**柬埔寨的十大援助项目（2014年）**

排序	援助国	项目名称	金额（美元）
1	中国	6号公路重建项目	48453800
2	日本	西哈努克港口多用途码头建设	26877395
3	法国	水资源和农业项目	26666667
4	全球基金	艾滋病和性传播疾病的预防和治疗项目	25521709
5	日本	洞里萨湖的灌溉和排水的复原及改进项目	25144598
6	日本	乃良大桥（Neak Loeung Bridge）项目	22400609
7	中国	灾害管理和反恐项目	20293306
8	中国	威古（Vaico）水利灌溉项目	19860600
9	中国	马德望省的多功能水坝项目	19856720
10	世界银行	运输、水和卫生设施IDA 48180项目	19541714

资料来源：Total All Sectors Profile for year 2014（derived from CDC Database, June 2015），http：//cdc. khmer. biz/reports/report_ ODA_ Profile_ total_ all_ sectors2014. asp.

① Sun Tongquan and Zhou Taidong, "China's Approach to International Development Cooperation—A Case Study of Its Aid to Cambodia," Proceedings of AFD- TAF seminar, November 2013。

② 广东建工对外建设有限公司：《柬埔寨当地媒体对我司Vaico项目的报道》，2015年4月，http：//www. gdfc. cc/Cn/news. aspx？info_ id =498&info_ kind =3。

中国对柬"硬"援助的主要特点体现为:

第一,援柬项目以柬埔寨自身需求为主导,与柬埔寨本国发展战略具有高度一致性。例如,根据柬埔寨《国家战略发展规划(2006—2010)》,交通基础设施是柬埔寨优先发展的重点领域,需要总计1.38亿美元的投资。但是事实上,2006年,柬埔寨交通行业接收到的援助资金最低,总计仅为5300万美元,其中还包括中国提供的1300万美元。到2008年,对柬埔寨交通行业的援助超过了发展规划的目标,达到1.42亿美元,其中61%或8700万美元来自中国。① 以经济增长为首要目标的柬埔寨政府对于传统发达国家过于重视社会行业的援助也多次表达了不满。②

第二,援助项目规模大、难度高,但是工期短、见效快。中国对柬援助项目规模大、难度高但是工期相对于其他国际援助项目要短。与日本、韩国和澳大利亚等国家对柬援助项目周期相比,中国的项目周期是最短的。对于中国对柬援助,比较有代表性的评价是:"中国援助的简便高效,援助项目用时短,这主要得益于中国真心实意地应柬埔寨的发展所需提供援助,并且不附加条件。"③ 以柬埔寨7号国家公路的修建为例,该公路总长186.65公里,其中新建公路39.8公里,修建工程包括该路段公路内的路基工程、路面工程、桥梁工程、交通安全设施、绿化工程,甚至包括排雷工作。承建该项目的上海建工集团进驻工地后的第一件事,就是排除地雷,并且排雷工作从2004年9月一直延续至2005年1月,期间共排除地雷和未爆炸物5.8万枚(颗)。此外,工程测量队还要在遍布野兽的热带丛林里手持砍树刀摸索探路;运输车辆要在沟壑中前行,更是发生了数次翻车事故;在旱季工地气温常常高达

---

① Council for the Development of Cambodia, 2010, The Cambodia Aid Effectiveness Report 2010, Royal Government of Cambodia, Phnom Penh.

② Council for the Development of Cambodia, 2008, The Cambodia Aid Effectiveness Report 2008, Royal Government of Cambodia, Phnom Penh.

③ Chap Sotharitho, "Trade, FDI, and ODA between Cambodia and China/Japan/Korea", In Economic Relations of China, Japan and Korea with the Mekong River Basin Countries, edited by Mitsuhiro kagami, BRC Research Report No. 3, Bangkok Research center, IDE-JETRO, Bangkok, Thailand, 2010, p. 23.

40余摄氏度，导致钢材等建筑材料温度过高，无法进行人力操作；工作人员因水土不服，多人感染疟疾、伤寒、登革热等疾病。就是在这样恶劣的环境中，中国援建人员克服了重重困难，提前3个月竣工，尽早使援助项目惠及当地百姓。2008年5月3日，柬埔寨首相洪森亲自主持竣工通车仪式，并且表示，这是他担任首相的政治生涯中第一次为全国最长的道路和桥梁进行通车剪彩，具有历史性意义。[①]

第三，体现了互惠互利原则，援助与贸易投资相互促进。中国对柬援助为柬埔寨国内经济发展奠定了必要的硬件基础，切实改善了柬埔寨民众的生活、生产、医疗卫生条件，也由此带动了中国和柬埔寨之间的贸易投资，双方民间交往也日益密切。从双边贸易看，2004年以来，中柬贸易额快速增加，中柬经贸关系日益增强，中国成为柬埔寨第三大贸易伙伴。根据中国海关统计，2014年，中柬双边贸易额为37.6亿美元，下降0.4%。其中，中国出口32.8亿美元，下降4%；进口4.8亿美元，增长33.5%。2015年1—4月，双边贸易额为13.1亿美元，增长14.5%。中国出口11.4亿美元，增长15.3%；进口1.7亿美元，增长9.6%。从双方投资看，截至2013年底，中国企业对柬直接投资存量为28.5亿美元，2014年，对柬非金融类直接投资为5.3亿美元，增长8.5%。2015年1—4月，新增非金融类直接投资1.2亿美元，下降28%。[②]

第四，援柬项目的经济社会效果明显。在帮助柬埔寨发展经济和减贫合作方面，中国除了加大援助和贸易投资的规模外，还非常注重发展经验的交流和发展能力的建设。例如，由中国和柬埔寨政府合作创立的西港特区，就是把中国的开发区经验首次复制到了柬埔寨。根据柬埔寨工业化水平较低这一现实情况，西港特区在打造国际工业园区的过程中，将园区长远发展与柬埔寨经济发展实行有效对接。莫德朗乡是紧邻西港特区的一个乡镇，如今，这个贫困小镇正在迅速崛起，原先的泥泞小路变成了水泥公路，越来越多的新房拔地而起。据中国驻柬大使馆经

① 刘鸿武、黄梅波等：《中国对外援助与国际责任的战略研究》，中国社会科学出版社2013年版，第386页。

② 《中国柬埔寨经贸合作简况》，中华人民共和国商务部网站（http：//yzs.mofcom.gov.cn/article/t/201506/20150601008660.shtml）。

济商务参赞宋晓国介绍，西港特区创造的就业岗位达到 12000 个。①据统计，莫德朗乡目前在特区工作的工人数占总人口的 30% 以上，村民在特区工作后，大大增加了收入。同时，特区的发展也给村民带来了多重商机，很多村民向工人出租宿舍或开小商店，拓宽了收入来源，成为当地“先富起来”的人。同时，西港特区还“授之以渔”，对当地村民进行技能培训，增强村民的谋生技能，提高了村民的生活水平。自 2010 年 4 月始，西港特区安排职工利用晚上休息时间在邻近的寺庙学校免费进行中文教学，并推荐学生到区内工厂担任翻译工作。为使培训工作更具系统化、专业化，西港特区与无锡商业职业技术学院合作，建立西港特区培训中心，对区内柬籍员工及周边村庄学生进行专业技能培训和语言培训，推进柬埔寨农民实现向现代产业工人的转变。到 2014 年为止，已举办了 6 期培训，累计近 1.4 万人次参加。另外，西港特区公司还热心公益慈善事业，特区在 2008 年捐资 25.4 万美元为当地修建学校；连续 5 年向柬埔寨红十字会累计捐款 16.5 万美元，支持柬埔寨的经济社会建设，救助社会弱势群体；向属地布雷诺县受灾渔民捐赠大米，缓解了贫困灾民的燃眉之急；专门出资用于改善社区交通设施、公共活动场所和卫生环境条件，受到当地社会和民众的好评。②

三 中国对柬“软”援助的特点和影响——吴哥古迹保护案例分析

如前所述，中国对柬援助主要是以成套项目为特征的经济基础设施援助，但近年来，中国对柬援助规模日渐扩大，援助领域也逐渐多元化，使得中国援助在柬埔寨社会产生了非常大的影响。除承担柬埔寨国家级重大基础设施建设外，中国的援助还涉及物资项目和农业、教育、体育、警务等领域的经济技术合作项目以及人力资源开发合作项目。截至 2013 年，中国通过多边和双边渠道，共为柬埔寨培训了 1230 名人

① 《西港特区：柬埔寨的“试验田”》，《新锡山》2015 年 6 月。

② 《红豆集团全力打造西港特区“一带一路”合作共赢》，2015 年 3 月，太湖明珠网（http://news.thmz.com/col89/folder664/2015/03/2015-03-171451534.html）。

才，培训范围涉及外交、金融、商务、工业、农业、交通和卫生诸多领域，生源囊括了首相府、外交国际合作部、财经部、商业部、工矿能源部、农林渔业部、公共工程运输部、卫生部、国土规划与建设部和国家银行等政府核心部门。近年来，中国日益重视多元化的援助方式，对吴哥窟的援助修复属于典型的文化项目的"软"援助，同样也体现了中国对外援助的南南合作特征。

（一）中国援助吴哥古迹保护项目概况

1992年12月，吴哥古迹被联合国世界遗产组织列入"世界文化遗产名录"。1993年，柬埔寨王国政府和联合国教科文组织共同发起了"拯救吴哥古迹国际性行动"，中国政府派出了由国家文物局局长张德勤先生参加的代表团出席会议，与各国代表共同讨论了行动纲领和准则，并承诺与国际社会一道，为保护吴哥做出努力。1996年，中国国家文物局派出的第一个工作组赴柬埔寨考察吴哥古迹，得到了诺罗敦·西哈努克国王的专门接见。1997年，国家文物局选定"周萨神庙"（Chau Say Tevoda）作为修复对象，委托中国文物研究所（中国文化遗产研究院前身）组建"中国政府援助柬埔寨吴哥古迹保护工作队（CSA）"，正式开始工作。

从1998年2月至2008年12月为中国援助吴哥古迹保护的一期工程，援助资金为1450万人民币（约200万美元）。工作队与吴哥和暹粒管理部门合作，共同参与到吴哥古迹保护与发展协调委员会的行动计划当中。这是中国第一次参与这样重大的文物保护国际行动。周萨神庙建于12世纪初、中期，当时是吴哥古迹群中一座精美的建筑。但在经历世代风雨沧桑和战争蹂躏后，现已是满目断壁残垣，杂草丛生。周萨神庙围墙内占地面积1650平方米，规模不算大，但建筑格局十分完整，有东南西北4座入口门楼、中央圣殿和南北2座藏经殿、七座石质单体建筑，除西塔门保护较好外，其余建筑毁坏情况极为严重。从1998年开始，工作队用了两年时间，完成了包括考古环境考察、建筑以及石制保护在内的调查研究。2000年4月修复工程正式开始，工作队坚持"抢险加固、遗址保护、重点修复"的十二字方针，经过近7年的精细艰苦施工，于2007年底竣工，并顺利通过验收，得到了柬埔寨吴哥古迹管理局（APSARA）和联合国教科文吴哥古迹保护协调委员会（ICC-

Angkor）的高度赞扬，也得到了在暹粒地区参与保护工作的各国专家的肯定，认为周萨神庙的修复工作极具特色，值得其他国家参考和借鉴。柬埔寨政府还授予工作队队长姜怀英和副队长刘江骑士级莫尼萨拉蓬勋章。

2008 年，中国援建的周萨神庙保护修复工程完工后，经中柬两国共同协商，中国政府决定继续援助柬埔寨维修保护吴哥古迹。2009 年 12 月，在时任中国国家副主席习近平访柬期间，两国政府正式签订换文，确定由中国政府提供4000 万元人民币（约 600 万美元）用于茶胶寺保护修复工程。2010 年 11 月 27 日，在柬埔寨政府索安副首相和中国文化部蔡武部长的共同主持下，成功举办了援柬二期茶胶寺保护工程的开工典礼。此项工程继续由一期工程实施单位——中国文化遗产研究院承担。茶胶寺建于 10—11 世纪，是柬埔寨世界文化遗产吴哥古迹最雄伟的庙山建筑之一，反映了吴哥时期高超的建筑科学技术与艺术水平，具有极高的历史、科学和艺术价值，茶胶寺被誉为“水晶之塔”。中柬两国政府换文决定，在对茶胶寺庙山主体所有残损部位进行详细勘察与调查的基础上，依据残损严重程度和存在险情的情况，中柬双方确定茶胶寺保护修复工程总计 29 项，包括建筑本体保护修复工程 24 项，其余是环境整治工程、排水工程、须弥台石刻保护专项、考古研究专项和辅助设施建设工程专项。整个工程计划 8 年内完成。

中国对柬埔寨的文化古迹修复以茶胶寺和周萨神庙最具代表性，中国在古迹修复中不仅坚持“修旧如旧”的原则，还创造出“展示性修复”的创新，在吴哥窟多国援助修复经验中中国的经验获得了广泛的赞誉。

（二）中国援助吴哥古迹保护项目运行机制

吴哥古迹保护项目为中国政府无偿援助项目，由商务部负责项目的立项和管理工作，指定由国家文物局下属的中国文化遗产研究院组织实施。中国文化遗产研究院在暹粒设有项目办公室，负责具体组织项目的实施工作，就项目进展定期向中国驻柬经商处和中国文化遗产研究院进行汇报，并与柬埔寨吴哥古迹管理局（APSARA）和联合国教科文吴哥古迹保护协调委员会积极沟通。在项目初始阶段，中国派出了大量的技术人员进行实地了解、考察、勘探和研究古迹修复工作，因此项目前期实施主要以中国工程技术人员为主。但到二期，中国工程队人数大幅度减少，常年平均维持在 5 人左右，主要以组织实施和提供技术指导为主，具体实施工作已交由柬埔寨当地技术工人实施。

（三）中国援助吴哥古迹保护项目的主要特征

第一，注重技术转移和当地工人的能力建设，促进了民心相通。受雇于中国修复工作队的柬埔寨当地人是中国援助项目的直接受益人群。在项目实施过程中，中国文化遗产研究院一开始就确定了要充分利用当地工人的原则，因此始终注重加强对参与项目实施的当地工人的培训。这不仅为柬埔寨创造了就业机会，也为柬埔寨培育了一批具有文物修复经验和技术的工人。我们在访谈和交流中得知，相比于其他国家的修复工程队，柬埔寨当地工人包括办公处所的厨师和司机都一致认为，中国人更随和，更好相处。同时，那些曾经因为援助周萨神庙修复工作告一段落而离开，并已经参加其他国家吴哥古迹修复工作队的工人，等到开始准备茶胶寺的修复任务时，又主动要求返回中国的工作队，并要求重新回归原来岗位。这种归属感和自愿的回归至少说明中国援助在公众层面的交流还是相当贴近人心的。

第二，中国在对吴哥古迹保护修复过程中，比较重视国际合作。在《吴哥宪章》的规范下，中国和 ICC 专家与国际同行相互学习并转化为具体实践的成果。2010 年 11 月 24 日，作为第十七届吴哥古迹保护全体年会的重要组成部分，中国文化遗产研究院与联合国教科文吴哥古迹保护协调委员会、联合国教科文组织驻柬代表处共同在柬埔寨暹粒市主办了茶胶寺保护技术论坛。茶胶寺保护技术论坛分为技术报告与实地研讨两部分。双方针对茶胶寺保护修复工程所涉及的建筑修复、结构加固、砂岩雕刻表面保护、场地排水、环境规划、国际合作等相关技术问题展开广泛的交流与研讨。[①] 2013 年 3 月 5 日，由中国文化遗产研究院与法国远东学院共同举办的“‘考古与柬吴哥遗址——法国远东学院历史照片特展’暨‘吴哥古迹保护与研究论坛’”在北京开幕。中国文化遗产研究院与法国远东学院的专家参加了“吴哥古迹保护与研究论

① 中国文化遗产研究院：《我院成功主办茶胶寺保护技术论坛》,2010 年 12 月，http：//www.cach.org.cn/tabid/76/InfoID/482/frtid/78/Default.aspx。

坛”，从考古学、建筑学、历史学等多个领域对吴哥古迹修复、保护的研究与实践进行了交流和讨论。[①] 2013 年 12 月 5 日，吴哥保护第三届政府间国际大会在柬埔寨暹粒召开。国家文物局副局长顾玉才应邀率中国政府文物代表团出席大会。大会由柬埔寨政府主办，旨在协调吴哥保护国际援助行动，为未来十年的工作制定蓝图。大会深受柬埔寨政府及国际社会的重视，柬埔寨首相洪森、副首相索安出席大会开幕式，法国、日本、美国、俄罗斯、意大利、印度、匈牙利及联合国教科文组织、欧盟、东盟、联合国开发计划署、国际货币基金组织等 36 个国家和国际组织派团参会。中国政府文物代表团参会期间，与柬埔寨副首相索安、文化大臣彭萨格娜、柬埔寨吴哥古迹保护与发展管理局副局长罗斯布拉等就中国在国际援柬文物保护项目中发挥更大作用、中柬文化遗产领域交流与合作等议题交换了意见，并与法国等国代表团就文化遗产领域的双边合作进行了沟通。[②]正如上智大学吴哥古迹国际调查团、后任上智大学校长的石泽良昭所强调的，国际文化合作的援助体制并不仅仅是提供资金、技术和高新设备而已，国际合作说到底是“人的交流”，重点在于“在差异中相互学习”。[③] 因此，国际发展合作的目的不仅仅在于帮助受援国，援助国也同样受益，因为帮助别人的过程也是一个学习的过程，是一种双方受益的合作。

第三，体现了南南合作互利的原则，促进了中国自身能力的提高。中国援柬工程队在访谈中反复强调，保护吴哥古迹是中国第一次正式参与的大规模的文物国际合作，从某种意义上说，这是中国改革开放基本国策在文化领域的生动反映。中国的援柬修复项目不仅为修复吴哥古迹做出了积极贡献，还借助暹粒这个国际合作大舞台，得以系统、全面地学习柬埔寨的历史与文化，了解不同国家和机构的文物保护修复理念、方法、材料和技术，从而有效地提升了自身的能力建设，促进了中国文化保护事业的成长与进步。例如，相比于体积和面

① 《吴哥遗址历史照片北京展出》，《中国文化报》2013 年 3 月第 2 版。

② 《顾玉才率团出席吴哥保护第三届政府间国际大会》，中华人民共和国中央人民政府门户网站（http：//www.gov.cn/gzdt/2013－12/06/content_ 2543500.htm），2013 年 12 月。

③ 贺平：《区域功能性合作与日本的文化外交——以吴哥古迹保护修复为中心》，《日本问题研究》2014 年第 4 期。

积都很小的周萨神庙，茶胶寺不仅占地面积更大、存在的安全隐患和不完整性也更严重（主要表现在石质建筑结构失稳风险、重点石刻部位风化加剧、洪涝浸泡排水不畅及重要塌落构件无法复原等上），但是中国文化遗产研究院和援柬工作队掌握工作主动和深入开展研究的能力也更加突出了。他们进行了系统的、有针对性的三维激光扫描记录和现状测绘、工程地质勘测、结构有限元研究、复原研究、石质风化机理及保护实验，编制了《茶胶寺保护修复工程总体方案》，获得APSARA及ICC的确认，作为对茶胶寺进行保护修复的指导性技术文件。在具体的施工环节中，援柬工作队又严格遵循最小干预原则、不改变文物原状原则、试验先行原则以及研究与修复并重原则。所有这些都是将国际社会公认的保护理念与具有中国特色的文物修复原则结合在一起，形成了吴哥古迹保护的中国模式，这既代表了中国文物保护、修复工作最新的理念和技术进步，也是中国援柬工作队在暹粒向ICC专家和国际同行学习的成果。①

（四）中国援柬吴哥古迹保护项目的社会影响

中国援柬吴哥古迹保护项目是一次很好的文化外交的尝试，为促进中柬友好关系，增加民众对中国对外援助的认知都做出了重要贡献。20年来，中柬两国领导人都高度重视中国援柬吴哥古迹保护项目。江泽民、胡锦涛和习近平等都曾专程到暹粒视察中国队的修复工地。贾庆林、温家宝、贺国强、吴仪和刘延东等也都直接参与了中国援柬吴哥古迹保护项目的决策过程。在柬埔寨方面，中国的援柬工作不仅受到了柬埔寨宗教事务部、吴哥古迹管理局的高度赞赏和肯定，柬埔寨副首相索安也亲自参与其中。中国工程技术人员还获得了柬埔寨政府颁发的骑士勋章。也正是中国在这方面的突出表现，柬埔寨政府表达了希望中国继续参与柬埔寨文化保护和柏威夏古寺修复工程的愿望。可以说，吴哥古迹保护项目有力地推进了中柬双边的信赖关系，增强了中国在国际上的影响力和存在感。

中国援柬吴哥古迹保护项目同时以中、英和高棉语三种语言在工地上立标、做展览，一改中国援柬项目在其他发展中国家“只做不说”

① 励小捷：《成绩与意义：中国援柬吴哥保护20年》，《世界遗产》2015年第3期。

的方式，有力地提升了当地民众和中国国内以及国际游客对中国对外援助的认知。笔者也注意到，在诸多国内游客和部分国际游客到访吴哥窟的游记中，都有提及中国援助修复的周萨神庙和茶胶寺，并对中国政府参与国际文化修复表达了高度的赞赏。

四 结 论

中国对柬援助与中国对其他发展中国家的援助并无实质性的不同，均属于南南合作框架下的对外援助。中国在南南合作框架下向其他发展中国家提供力所能及的援助，支持和帮助发展中国家特别是最不发达国家减少贫困、改善民生。不附带任何政治条件，不干涉受援国内政，相互尊重、平等相待、重信守诺、互利共赢是中国对外援助的基本原则。① 这些基本原则较为突出地体现在中国对柬长期发展援助上。但是由于中柬特殊的历史关系以及在东盟成员中柬埔寨是中国最亲密的伙伴国家，对柬援助总是被国际社会赋予非常多的战略色彩。实际上，中国对柬援助主要还是集中在经济发展和民生项目上，并且大部分都是应柬埔寨政府的要求而给予的援助。自中柬建交以来，中国从未因柬埔寨国内政局变化或中国自身经济困难而中断对柬埔寨的友好援助，中国从不利用援助项目对柬埔寨的内政和国家治理实施干预。

自 1955 年首次签订援助协议至今，中国援柬历史长达半个多世纪，屡获柬埔寨政府的好评，在柬埔寨民众中也产生了深远的影响。中国对柬援助可以说是全方位的，既注重“硬”的经济基础设施建设，也注重“软”的技能培训和文化保护；既提供优惠贷款，也提供无偿赠款项目。中国的“硬”援助项目以柬埔寨自身的需求为主导，与柬埔寨自身的发展规划具有高度的一致性。而吴哥古迹保护项目作为中国第一个长时期、大规模参与海外文化保护援助项目，不仅对吴哥文物保护，也对促进中柬友好关系发挥了重要作用，为中柬乃至国际民众更好地认知中国的对外援助提供了一个很好的渠道。

---

① 国务院新闻办：《中国的对外援助（2014）》（白皮书），http：//www.scio.gov.cn/zfbps/ndhf/2014/Document/1375013/1375013.htm。

中国的对外援助已受到国际、国内社会的普遍关注。关于中国对外援助的研究普遍指出，中国很少参与援助协调会议，在国别和项目层面上缺少透明度。[①] 尽管这种情况仍比较普遍，但中国对柬援助比较例外。中国对柬援助十分注重提高援助透明度，并注意加强与其他援助机构的协调。从 2007 年开始，中国积极参与柬埔寨发展合作论坛，并曾派出大使率团出席。中国也向柬埔寨发展理事会的“官方发展援助”数据库提供了详细的项目数据信息，包括项目名称、起止日期、援助数额、项目目标、实施单位、年度预算与花费、项目状态、援助类型（优惠贷款还是赠款）以及是否属于“捆绑援助”（tied aid）等。[②]

因此可以说，中国对柬援助既符合中国对外援助的南南合作原则和做法，也部分满足了经合组织发展委员会所设定的一些标准。

① A. Strange, B. Parks, M. Tierney, F. Andreas, D. Axel and R. Vuaya (2013), "China's Development Finance to Africa: A Media-based Approach to Data Collection," *Center for Global Development*, Working Paper 323, CGD, Washington DC.

② 参见 http://www.cdc-crdb.gov.kh.

坦桑尼亚农业技术示范中心项目案例研究

The Case Study of Agricultural Technology Demonstration Center Project in the United Republic of Tanzania

张　悦*

摘要：农业技术示范中心项目是近年来中国对外农业援助的主要形式之一。本文基于对中国援助坦桑尼亚农业技术示范中心项目的实地调查，介绍了项目进程、内容和运行机制，并分析总结出该项目的四大特点：以技术为核心的农业知识转移，互利共赢原则下的中坦合作经营模式，以受援国需求为导向、以小农户为主要目标群体和以"政府引导、企业为主、市场运作"为原则促进项目可持续发展。该项目在技术、平台及可持续发展方面取得了一定成效，并受到了受援国、国际社会及国内外媒体的正面评价。最后，本文从项目前期可行性研究、监测评估、对外宣传、人才培养和协作机制方面提出了相关建议。

关键词：农业技术示范中心；运行机制；项目特征；项目评估

Abstract: Agricultural Technology Demonstration Center Project has been one major form of China's foreign agricultural aid in recent years. Based on the field survey of China's foreign aid to Tanzania agricultural technology demonstration center project, this paper presents the progress, contents and

* 张悦，中国农业科学院农业信息研究所助理研究员。

operation mechanism of the project, and analyzes four main features: agricultural knowledge transfer cored on technology, Sino-Tanzanian cooperation pattern under the principle of mutual benefit and double-win situation, beneficiary country's needs oriented, small farmers mainly targeted and led by the principle of "Guided by the government, focused on the enterprises and operated by the market" to make the project develop constantly. The project has achieved progress in technology, platform and sustainable development, receiving positive evaluation from beneficiary countries, international society and both domestic and foreign medias. At the conclusion part, the paper offers relevant suggestion regarding feasibility study of the project at early stage, monitoring and evaluation, publicity, cultivation of talents and collaboration mechanism.

Key words: Agricultural Technology Demonstration Center; Operational Mechanism; Project's Features; Project Evaluation

近年来，国际援助大环境发生了显著的变化：由受援国转为援助提供者的新兴援助国家快速兴起，国际援助理念从“援助有效性”向“发展有效性”转变，千年发展目标结束与2015年后发展议程的制定。当前中国对外援助所处的国际援助大环境为中国对外援助研究赋予了比照、反思、转型和创新的意义和空间。中国对外援助因有别于西方传统援助的理念、模式和特征而引起了国际社会的广泛关注和讨论，成为国际援助研究领域的焦点。

虽然近年来被国际社会冠以“新兴援助国家”的头衔，但实际上，新中国成立不久，就开始了对外援助的历程，有着丰富和广泛的援助经验。在中国对外援助中，非洲作为全世界最不发达国家和低收入国家最集中的大陆，是接受中国对外援助国家数量最多的区域；农业因其与粮食安全、减少贫困、改善民生的紧密联系，以及农业在受援国经济中的重要基础性作用，成为中国对外援助的优先领域。中国对非农业援助虽然在援助金额中所占比重较小，但却是内容丰富、饱受关注和讨论的对外援助实践，其中，2006年中非合作论坛北京峰会上由中国领导人宣布建立的农业技术示范中心项目成为被关注的焦点。

本文采取参与观察、开放式访谈和二手资料分析的研究方法，对中国援助坦桑尼亚农业技术示范中心项目进行了深入的实地案例研究，基于调研材料，笔者对项目的运作、特点、成效进行分析，并提出相应建议。

一　项目进程及内容

为落实胡锦涛主席提出的八项援助举措，经重庆市政府报经国家商务部同意，确定由重庆中一种业有限公司（重庆市农科院下属企业）为主组建重庆中坦农业发展有限公司并承担“坦桑尼亚农业技术示范中心”援建任务。

（一）项目进程

2007 年底至 2008 年初，由商务部、农业部、重庆市政府、重庆农科院和重庆中一种业有限公司的专家组成考察组前往坦桑尼亚开展了两次农业考察。第一次考察确定了农业技术示范中心项目的建设场址和重点专业领域；第二次考察掌握了项目所在地的宏观经济情况、农业资源与技术状况、相关政策法规等背景，并据此与坦桑尼亚农业部等部门就项目规划、实施方案、运行模式、双方合作等问题进行磋商并最终签署议定书。

项目选址位于坦桑尼亚农业主产省的一个村庄内，紧邻坦桑尼亚农业部下属千里马农业研究所建设区。项目总投资规模约 4000 万元人民币，占地 62 公顷，包括办公与培训区、试验示范区和生产示范区。项目实施运营方案由重庆中一种业有限公司起草，商务部和农业部相关部门进行评审。根据项目设计方案，示范中心工作主要内容包括水稻、玉米、蔬菜、香蕉组培和养殖五大领域。

2010 年 9 月，示范中心项目完成园区办公、培训、生产和生活用房建设，完成田间道路和灌溉设施修建，完成试验仪器、养殖设备、农业机械和教学培训设施的配备，并于 2010 年 11 月通过坦桑尼亚政府验收。2011 年 3 月底，承建企业完成全部农业技术专家的派遣工作。2011 年 4 月 2 日，示范中心项目顺利举行了向坦桑尼亚政府的移交仪式。

（二）项目内容

在试验方面，（1）开展水稻品种和高产栽培技术试验。2011 年雨季水稻试验参试品种 17 个，旱季参试品种 31 个；2012 年雨季水稻试验参试品种 12 个。2011—2012 年，累计水稻试验示范面积为 10 公顷。（2）开展玉米品种和高产栽培技术试验。2011 年雨季玉米种植试验与展示参试品种 5 个，旱季玉米种植试验与展示参试品种共 11 个；2012 年雨季玉米种植试验与展示参试品种包括 9 个饲料玉米品种和 3 个糯玉米品种，旱季玉米参试品种 27 个。2011—2012 年，累计玉米试验面积 12 公顷。（3）引入瓜类、茄果类、叶菜类和豆类等蔬菜品种 22 个，在示范中心进行小规模种植试验。2011—2012 年，累计蔬菜试验面积 4 公顷。（4）与当地的 Sokoine 农业大学园艺系组培试验室建立了合作关系，收集种植香蕉品种 11 个，建立香蕉组培快繁育苗母本资源圃，开展香蕉组培试验。（5）引入蛋鸡品种，开展蛋鸡养殖试验。

在培训方面，编制水稻栽培技术培训材料，开展多元形式的培训活动。以“开放日”的形式为项目周围农户展示和培训农业技术；以提供教室的方式与其他机构合作办培训班；为实习大学生进行技术培训；承担使馆“农业技术惠坦行”活动；为中企所在地村民举办培训。

在推广方面，中国农业专家指导一个当地农场主在其田里采用中国技术种植水稻，为农场提供高产栽培技术手册和现场技术指导，还提供部分种子和化肥。项目还尝试向周边农户推广中国水稻和玉米种植技术。

二　项目运行机制

项目园区建成并移交之后，依次进入技术合作期和可持续发展期。技术合作期为三年，这一阶段，示范中心主要有三大职能：试验研究、技术培训和示范推广。试验研究主要为当地引进水稻、玉米和蔬菜的新品种和杂交技术，同时加强配套栽培技术的研究，筛选出适合当地农业生产条件的新品种和新技术。例如，香蕉组培试验主要是运用中国成熟的组织培养技术，开展种苗快速繁殖技术实验，培育经济效益好的香蕉、花卉等组培苗。蛋鸡养殖试验主要是利用已建成的成套蛋鸡养殖设施，引进国内外高产蛋鸡新品种，进行孵化与养殖试验，建立蛋鸡养殖与雏鸡孵化技术规程。

技术培训旨在通过中国农业专家讲授现代农业技术，使更多的坦桑尼亚学员了解和掌握现代农业新知识、使用新品种、应用新技术，提高其“造血”功能，增加其收入，并逐步改变其市场化意识，实现坦桑尼亚农业自主发展的目标。培训内容主要涉及水稻、玉米、蔬菜的配套栽培技术和蛋鸡的科学饲养技术及管理。培训对象分为农业科研/推广人员（包括坦桑尼亚农业技术官员、农业服务站技术人员和农业企业的技术人员）和普通农业生产者（农户）两个层次。培训计划采用课堂教学、现场教学和视频教学相结合的方式。技术培训人数计划每年300人次，三年总计达到900人次。

示范推广工作主要是重点选择一批优质高产水稻、玉米、蔬菜新品种与新技术，以示范中心为核心，并在水稻、玉米、蔬菜等农作物的重点优势区域开展技术示范，带动大面积的农产品生产技术升级，显著提高农民的生产效益、科技素质和农产品的竞争能力。

在技术合作期之后，示范中心项目进入可持续发展期。以项目可持续发展为目标，承建企业根据市场需求进行产业化发展，开展经营性生产活动，为企业谋利的同时支持项目继续发挥公益性作用。项目最初的可持续发展设计提出以水稻、玉米和蔬菜种子的生产与营销作为产业化经营主要内容，但经过技术合作期对坦桑尼亚当地政策和市场的了解后，项目最终设计了更加综合性的可持续发展路径：一是通过农作物种子及粮食生产、加工及销售，创造利润；二是开展香蕉及花卉植物的种苗工厂化及其产业化经营；三是推广蛋鸡养殖规模及其产业化经营；四是发挥示范中心的平台作用，引进国内企业到坦桑尼亚开展产业化项目或试验研究项目投资，进行技术经济合作。

三　项目特征分析

（一）以技术为核心的农业知识转移

中国援建农业技术示范中心项目是一次中国农业发展经验和农业知识向受援国传递的过程，这种传递建立在中国与受援国农业发展之间的“可交流性”上，这是农业经验和农业知识在不同社会经济文化之间传递的基础。这种可交流性主要体现在以下几个方面：第一，中国与受援国农业发展阶段相近，差距小。在新中国成立初期，中国与非洲大陆农业都处于非常落后的水平，与西方发达国家的农业水平相差甚远。中国在近几十年内农业取得了飞速的发展，积累的农业发展经验和农业知识对于非洲农业是第一手的、新鲜的、阶段性可适用的。第二，中国农业与受援国农业有着诸多相似之处，最主要的就是两国都是以小农户为主的农业发展模式，并且农业发展与人口贫困问题紧密相连。第三，中国农业在过去几十年里所取得的巨大成就为受援国农业发展起到了样板作用，为其提供了可以借鉴的发展经验。

中国与受援国之间通过农业援助项目进行的农业经验和农业知识的传递是一种“错时经验分享”。中国农业经历了几十年的发展，已经进入了工业反哺农业的阶段，农业已不再是国民经济增长的主要动力，而是已经转化为以农民生活保障和国家粮食安全为目标的经济活动，并且农业技术已经发展到一个相对较高的水平。当中国向农业相对落后的非洲地区受援国传递农业经验和农业知识时，出于适用性考虑，中国当前发展阶段的农业经验显然与受援国实际国情存在较大的鸿沟，是不适合受援国农业发展国情的。能够对受援国农业发展有直接启发借鉴意义的是中国20世纪80年代的农业发展经验，那个时期的中国农业发展环境与当前的非洲受援国农业环境是相似的，农业被作为促进国民经济增长、支持工业发展和促进减贫的主要动力。因此说，这是一种“错时性经验分享”。

从本案例项目来看，项目对“发展”进行了双重维度的技术性建构，即对受援国地方农业发展问题的技术性建构和对中国国内农业发展经验的技术性建构。被技术化了的中国国内农业发展经验通过符号化机制和中国农业技术专家载体进行跨国中国农业技术的再生产。但是在进入不同于中国国内环境的受援国后也出现了不适，例如，中国人多地少的精耕细作农业技术模式遇到受援国土地资源丰富的现实情况，技术向当地农户的扩散受到阻碍。中国政府主导的农业基础设施的快速发展遇到受援国农业基础设施投入不足的劣势，技术优势难以发挥。在地方环境和制度的选择下，以妥协和调整后的形式存在于受援国地方。对“发展”的技术性建构导致农业发展经验中制度化要素的缺失，使得项目实践和项目有效性的实现面临着巨大挑战。制度经验分享的缺乏在一定程度上加剧了差异性问题所带来的困难。

（二）互利共赢原则下的中坦合作经营模式

在中非关系的历史传统、中国政府主导型发展经验和项目可持续发展考量的共同影响之下，示范中心项目采取中国与受援国政府共同“合作经营”模式。项目的“合作经营”模式有良好的基础条件。首先，项目在制度设计上建立了中国与受援国双方分工合作的组织结构；其次，项目与受援国合作机构——千里马农业研究所位置毗邻，非常有利于沟通协作；再次，项目试验示范内容与千里马农业研究所的主要研究内容一致，都是以水稻、玉米、蔬菜为主；最后，在项目可行性报告和合作协议的预算中，在培训费用和试验示范专家与科技人员费用模块方面，安排了受援国委派人员办公经费，用于手机网络通信、差旅及其他办公经费。但是在实践中，由于两国制度的不对称性，中国政府主导发展的“强政府”逻辑遭遇受援国地方“弱政府”这一现实，地方政府不能积极有效地履行基础设施建设和协助工作的职责，正式任命和资金的缺乏使项目与地方合作研究机构之间不能按照正式制度安排开展合作，而只能在实践中依靠非正式互惠关系建立并维持松散合作的关系状态。

（三）以受援国需求为导向，以小农户为主要目标群体

示范中心的中国农业技术专家以坦桑尼亚当地小农户的技术需求为导向，根据当地情况对中国农业技术进行选择性调整后再推广给农户。能够适应当地现有条件的，就采用；不能适应当地条件的，就不做强制要求。

在水稻种植技术的推广方面，主要保留了中国种植技术中的行株距和施肥。当地农户种植习惯是随意播撒，不进行株距的测量，在农户推广中，采用了中国水稻生产技术中的行株距 5 寸 ×8 寸（16.5cm ×26.4cm）的做法。当地施肥方法是在播种后，等苗子长到 24—25cm 的时候才施底肥，然后在抽穗期再追肥，中国专家认为，这样做有点晚了，因而在推广中采用了中国施肥方法，移栽前施足底肥（苗子大概能有 20cm 高的样子，移栽后大概 7—10 天再追肥）。中国水稻生产技术中所强调的种子、灌溉、田间管理等由于当地农户条件所限，都不再

进行强制要求。当地农户仍旧使用当地的常规水稻品种，灌溉情况根据地方灌溉条件操作，除草等需要依靠劳动力投入的田间管理工作，农户可根据自家劳动力情况进行安排。

在玉米种植技术的推广中，中国玉米专家在对当地玉米种植技术加以了解后发现，当地一些技术是具有自身优势的，适合当地玉米种植。中国玉米专家最初想要在当地推广中国的玉米品种，但发现中国的玉米品种不太适应当地的土壤等自然条件，而当地玉米自留种因为是互相串粉，所以具有一定的杂交优势。此外。玉米种植中的盖土环节，中国一般采用锄头盖土，而当地人用脚踩，尽管中国专家要求不要用脚踩，但实际上，当地农民用脚踩是有一定道理的，因为当地土壤含沙量重，蒸发量大，用脚踩后能够适应当地干旱的环境。

（四）以“政府引导、企业为主、市场运作”为原则促进项目可持续发展

示范中心项目作为政府官方农业援助项目，引入市场化要素，企业作为项目建设和项目实施的主体，并对项目未来可持续运营进行商业化探索。企业参与援助是基于中国以往对外援助的经验、国内发展的经验和走出去战略的新尝试。出于援助项目可持续发展的考虑，示范中心项目在三年技术合作期后是可持续发展期，要求企业在项目工作的基础上实现产业化发展，实现企业盈利和援助项目公益性功能可持续发展的双重目标。

企业承建援助项目具有逐利本性，但其逐利行为是在援助项目公益原则下受限制的逐利行为，企业受到政府正式制度和非正式制度的多重管控。示范中心的制度设计在项目可持续发展阶段将企业利益和援助项目的公益性结合在一起。在项目不再有政府资金支持的阶段，企业仍然履行项目公益性职责的动机主要来自两点：一是承建企业与政府或事业单位间的隶属关系，从机构从属关系上使企业顾及项目中的国家立场；二是企业出于利益的考虑而采取的信任资本积累策略，企业承建援助项目可从项目经费中获利，因此企业对承建援助项目有潜在获利预期，为了获得中央政府部门及地方政府的信任与关系资本，企业履行与政府的项目契约中的援助任务，并在项目实施的实践活动中顾及国家利益与形象。但通过对企业运作援助项目实践的调查发现，由于政府管理部门对项目实施活动缺乏有效的评估监测和奖惩机制，当援助项目公益性活动不能与企业利益结合时，企业会采取消极应对策略，仅以最小化完成项目任务为目标，导致项目效果不理想。

在坦桑尼亚农业技术示范中心的运营中，因为前期对当地相关政策和市场需求的研究不足，导致企业盈利模式与项目公益性活动难以整合，使得企业在可持续发展期产业化发展路径上受挫，企业不得不转变策略以寻求其他的产业化发展路径，从而影响了援助项目在政府退出资金支持后的后续发展。因此，企业承建援助项目，要在承建企业选择和项目设计阶段充分考虑援助项目内容与企业利益的整合，才能更好地实现援助项目的公益性和企业利益的同时最大化。

四　项目成效及评价

（一）项目成效

首先，水稻、玉米和蔬菜的品种与高产栽培技术试验取得了令人瞩目的成果。在水稻试验方面，从雨季试验的初步结果看，国内中稻品种表现良好，产量优势明显。其中，以 7 号（2A/R177）、1 号（Q 优 1 号）和 3 号（Q 优 6 号）等品种尤为突出，测得理论产量均超过 800 $kg/667m^2$。在实测产量中，4 号（Q 优 8 号）、1 号（Q 优 1 号）、7 号（2A/R177）、3 号（Q 优 6 号）、9 号（14A/R177）关于水稻品种的实测产量超过 700 $kg/667m^2$。从上面的初步试验结果可以看出，中国水稻品种单产可达 9—12t/hm^2，在相同管理条件下，受援国当地品种单产仅为 0.8—4.5t/hm^2，并且多数当地品种严重倒伏。在玉米试验方面，在旱季试验的品种实测单产比较中，杂交食用糯玉米（鲜粒）为 568—847$kg/667m^2$，杂交饲料玉米（干粒）为 381—517$kg/667m^2$，而当地常规食用白玉米（干粒）仅为 296kg—357$kg/667m^2$，这说明，中国杂交玉米品种在受援国有着显著的增产潜力。参试的几个白玉米品种，也是当地的主打食用玉米品种。从其长势上看，其植株高矮不整齐，杂株较多。在蔬菜试验方面，从中国引入的杂交、常规蔬菜品种，在受援国表现适应，在雨季和旱季都有显著的增产潜力，特别是由中国引进的豇豆、黄瓜、苦瓜、丝瓜、茄子和辣椒等品种在当地表现尤为突出。

其次，示范中心积极发挥平台作用，宣传中国先进的农业技术，开展国际合作。中国农业技术示范中心在中心建设和技术合作方面所取得的成就得到坦桑尼亚的认可并引起国际关注。坦桑尼亚总统、政府总理、农业部长和莫罗戈罗省长等高官访问、视察了中国农业技术示范中心并给予高度评价。在2011—2014年技术合作期内，有数十个国际组织与专业代表团来访示范中心，其中包括世界银行农业专家、国际食物政策研究所专家、国际水稻所专家、美国国际开发署专家、美国驻坦桑尼亚大使等。中国驻坦桑尼亚大使馆还专题举办了中国农业示范中心成果展，展示了中心建设与技术合作期试验、示范与培训的成就。

最后，面对坦桑尼亚的实际情况，示范中心调整了产业化发展策略，积极探索可持续发展之路。示范中心引入两家国内企业开展对外合作，谋求以项目为平台开展面向受援国市场的合作。其中与某机械设备公司的合作，计划借力于项目在试验示范、技术培训、示范推广和国际交流合作等公益性功能方面的特殊优势，在受援国建立品牌农机专卖市场，定期举办耕作技术示范、维修技术培训，促进农机企业拓展非洲市场，时机成熟时建设组装生产线，丰富项目内容，提升平台影响，增强创新驱动的发展能力。

（二）项目评价

示范中心自建成以来，在坦桑尼亚受到广泛好评与认可。坦桑尼亚各级政府官员，上到总统下至基层农业技术推广人员，都对项目做出积极的评价。坦桑尼亚前总统基奎特在项目移交仪式上曾说："当坦桑尼亚正在将发展农业放在第一位的时候，这个示范中心好比雪中送炭。中国援坦农业技术示范中心为坦国农民学习中国先进农业技术搭建了很好的平台，今后定能在提高坦桑尼亚农民技能，发展当地农业生产中发挥重大作用。"① 坦桑尼亚农业粮食安全与合作部官员到访示范中心，了解中国农业技术试验成果后，都纷纷赞叹中国技术的高产与先进。作为项目受众的坦桑尼亚普通农户普遍对项目抱有期待，一位项目周边的农民说"这里（示范中心）展示了希望，如果你这么做，就能减少贫困。

① 《"重庆造"中国援坦桑尼亚农业技术示范中心成功移交》，《重庆日报》2011年5月，http://cqrbepaper.cqnews.net/cqrb/html/2011-05/26/content_1368390.htm。

人们对这个项目有着非常高的期待，人们说如果你像中国人一样努力工作，你就能变富有。”有机会受到中国农业技术专家指导并使用了中国水稻品种的当地农场主通过亲身经历表达了对中国技术的认可，他指出，中国水稻种植技术使当地水稻品种“产量大增”，“中国品种比当地品种能获得更多的利润，因为其生产成本降低了”。与此同时，众多到示范中心访问的国际机构人员都对项目工作与成果给出正面评价，并表示愿意与项目开展合作。国内外媒体，包括中国新华网（英文版）、新华社《瞭望东方周刊》、《重庆日报》、坦桑尼亚主流媒体《卫报》（*The Guardian*），都发文对示范中心工作进行了正面评价与宣传。

五 建 议

中国援建坦桑尼亚农业技术示范中心是首批中国对外援助示范中心项目，其发展过程中所出现的问题和积累的经验可作为改善未来示范中心项目的参考。基于实地调研，本文提出以下建议：

1. 加强项目前期可行性研究，充分了解受援国当地的自然环境、政策法规、市场、基础设施等情况，使项目设计与后期实施能够更好地适应受援国的实际，促进项目的可持续发展。

2. 完善项目监测与评估工作，细化监测评估指标，建立政府主管部门、承建企业、监测评估机构之间的信息交流与反馈机制。

3. 加强对外援助项目的宣传，利用国内外官方与民间媒体平台，主动宣传项目成果，以扩大项目的政治外交和社会效应。

4. 培养专业化、职业化对外援助项目管理人才，加强援助人员培训和管理，提升援助人员的语言能力、援助意识以及对受援国当地社会文化习俗的了解。

5. 加强中国政府部门、受援国政府部门以及中国承建企业三者之间的沟通与协作，探索有效机制以落实“合作经营”，提升项目工作的效率。

从中坦村级减贫学习中心到中坦联合研究中心

——南南合作中发展经验的平行分享*

From Village-based Poverty Reduction Learning Center to China-Tanzania Joint Learning Center

—Peer-to-Peer Sharing in South-South Cooperation

徐秀丽　马俊乐　李小云**

摘要：近期南南合作的性质和影响力发生了根本性的转变，与第二次世界大战后早期突破发达国家封锁、谋求生存空间从而展开联合自助的性质不同，最近南南合作的框架要宏伟得多，诸如中国等新兴国家不管是在其独特的发展经验上，还是在人财物等合作资源的供给上，都有能力推动一种新型国际发展合作关系的构建。本文以中国农业大学在坦桑尼亚莫罗戈罗省两个内在相关的发展项目为案例，通过梳理其源起与历史、内容与进展以及效果与影响等，提炼出该项目的创新特色，尤其凸显出南南合作的要素和特质。本案例说明，南南合作重新形塑着中国与世界的关系，这个过程需要新型发展知识的支撑和储备，这些新发展

---

* 本案例所涉及的这两个项目主持人是李小云教授，中国农业大学国际发展研究团队众多成员参与其中，此文仅是团队成果中的一个初步总结，此文的通讯作者为李小云教授，联系方式为：xiaoyun@ cau. edu. cn。此文的写作同时也得到了浙江省 2011 协同创新中心“非洲研究与中非合作协同创新中心”资助项目（项目编号：14FZZX02YB）的支持。此文调研获得中国国际发展研究网络（CIDRN）项目的支持。

** 徐秀丽，中国农业大学人文与发展学院教授，博士生导师。马俊乐，中国农业大学人文与发展学院博士研究生。李小云，中国农业大学人文与发展学院教授，博士生导师。中国国际发展研究网络主席、南方智库网络主席。

知识不仅涉及中国行动者对于自身发展经验的认知、反思与调整，还涉及中国对异域社会经济关系、政治文化背景的认知与反馈，以及南南合作双方在实践中的持续遭遇与磨合过程。此案例凸显出南南合作是一种基于平行关系之上的、以当地发展问题为核心、以实践为导向、以现时经验为指导，注重发挥合作者主观能动性的多重发展学习过程。

关键词：坦桑尼亚；经验分享；发展

Abstract: The new South-South Cooperation (SSC) differs fundamentally from the old one in its modality and nature. The old SSC after the Second World War aimed to extend the outside survival space for the newly-born countries in the South via peer-to-peer support. However, recently the emerging powers including China have their own experiences and resources to promote an innovative international development cooperation relationship in the new era after several decades of development efforts. This paper takes two projects by China Agricultural University in Tanzania as a case to examine its origins, contents, progress, as well as its outcomes and impacts. The key elements and features of SSC are summarized based on the empirical data. The case indicates the SSC has been reshaping the relationship between China and the world. It entails the new development knowledge, which not only originates from China's own development experiences, but also underpinned by China's knowledge on the social, economic and cultural practices of the other country. The new development knowledge is produced during the interaction process between China and the other part of the world. This case shows SSC is a multiple-way learning process based on peer-to-peer sharing relationship and following the local development priority. The knowledge in the sharing has been generated in the practices, rather than through purely theoretical debates. The agency of the local partners in the development process is the key of the novel SSC.

Key words: Tanzania; Experience Sharing; Development

南南合作是当今国际发展合作领域不可或缺的重要组成部分，而中非合作是南南合作的典型。近期，随着中非合作论坛约翰内斯堡峰会在

2015 年底的收官，中非关系在 2016 年进入实质性的新阶段，即全面战略合作伙伴关系阶段。作为世界上最大的发展中国家和世界上发展中国家最集中的大陆，中非双方有着类似的历史遭遇，并面临着共同的发展任务。然而，经过五六十年的探索，中非发展成效出现了较大的差异：非洲在贫困、粮食安全、满足基本需求及经济持续稳定增长等方面仍然面临着较大的挑战；而中国自 20 世纪 70 年代末改革开放以来获得迅猛发展，是全球唯一提前实现千年发展目标（MDGs）——贫困人口减半的国家，并预计将在未来全球经济治理中发挥更为重要的作用。中国经验尤其是在农业发展和减贫方面的经验对非洲具有很强的借鉴意义，但究竟通过何种形式开展双方的合作？中国的哪些经验是非洲当地真正需要的？如何进行分享？当地人如何吸纳，并实现自主可持续发展？在合作的过程中，中非将会遭遇哪些挑战？双方又是如何面对的？南南合作与传统援助相比有哪些特质？中坦村级减贫学习中心（2009 年至今）和中坦联合研究中心（2014 年至今）为此提供了一份考察的样本。

一　项目的缘起：中国农业发展和减贫经验的国际化

与众多的非洲国家一样，坦桑尼亚是个典型的以农业为主的国家，80% 以上的人口生活在农村，就业于农业行业，农业总产值占该国 GDP 的比重为 25%，农业还是出口创汇的重要来源，对出口换汇的贡献率达 30%，并为农业相关产业提供原材料。[①] 更重要的是，农业还为国家提供粮食安全的保障。总而言之，农业是坦桑尼亚国民经济的基础，是国家减贫、工业化、城镇化和经济起飞的关键性力量。

然而，通过第二次世界大战后 50 多年的发展，坦桑尼亚不管是农业产业、减贫，还是总体经济增长方面仍存在较多的挑战，尽管从 20 世纪 90 年代中后期开始，尤其是新世纪开始，坦桑尼亚获得了年均 7% 的 GDP 增长率，但经济增长对于大众减贫的影响却微乎其微。其中的一个重要原因是就业部门人口最多的农业行业发展不足。其发展不足

---

① 吕友清：《坦桑尼亚农业发展大有可为》，《卫报》2015 年 6 月。

的深层次因素主要是非洲小农生产体系所存在的“低投入、低产出”粗放型经营模式，粮食作物的单产水平大概为中国的22%，80%的农户靠自留种，70%多的农户从未使用过化肥，全国灌溉面积占可耕地总面积的1.1%，农户作业制度粗放，个别地方甚至还沿用“刀耕火种”的生产方式，机械化水平低。同时，农户还缺乏有效的“最后一公里”的技术指导和投入，农业投入预算占总额的6%，但仍未达到非洲农业综合发展项目（The Comprehensive Africa Agriculture Development Programme—CAADP）所规定的10%的目标。①

上述因素是中国农业大学人文与发展学院/国际发展研究中心李小云教授及其带领的团队2009年对中坦农业发展对比研究的结果。非洲小农的生产力水平低下被认为是坦桑尼亚农业发展的关键性障碍，这也为未来中坦农业合作和减贫合作找到了良好的切入点，即通过中国劳动力密集型技术的分享，直接有效地提高坦桑尼亚农业发展水平。一旦农业产量提升，在此内在动力的驱动下，逐个解决市场、农产品加工、农民组织、政府动员能力、村社综合建设，甚至涉及坦桑尼亚中央政府和地方政府管理能力改善的全面性目标。这样一个初步的、源于学术的思考很快得到了回响，并加以落实。

首先，中国减贫经验的国际分享与交流是中国国际扶贫中心成立的初衷。该中心成立于2004年12月，既得到政府的高度支持，又有国际化的运行机制，是和国际社会分享中国减贫与发展经验的发展机构和平台。在推进中国发展经验的本土示范输出的过程中，该中心意识到仅仅依靠高层交流和来华培训还不能够有效地展示中国发展经验，最有效的方式是能够将中国的发展经验通过实践的形式在非洲当地生根，这样一方面会为在更大的范围之内传播中国经验提供条件，也能为国际社会及非洲国家实地了解和分享中国发展经验提供平台；另一方面能通过将中国经验与当地实际的结合，形成更有说服力的实践例证。其次，中农发集团中非农投剑麻农场也一直在探寻与当地社区构建良好企社关系的新途径。该农场坐落在坦桑尼亚莫罗戈罗鲁代瓦乡，已运行十多年。在日

① 李小云：《以小农为基础的农业发展——中国与非洲的比较分析》，社会科学文献出版社2010年版。

常的经营过程中，该集团收到来自当地社区的多次反馈和建议，希望中国能帮助当地修建村公所，提供农业技术等支持；而基于社区的剑麻农场也希望能与当地社区建立良好的社会关系，从而取得当地民众的支持，在劳力提供、经营环境等方面尽可能为企业的商业经营提供支持，因而也在寻找中国相关部门和资源的对接来落实上述企业社会责任的需求。于是，三家很快对接，从2009年就开始了坦桑尼亚莫罗戈罗省佩雅佩雅（Peapea）村的中坦村级减贫中心试验。该项目主要通过在村级展开劳动密集型农业技术的传导，并配合村公所的建立、饮用水的提供、道路的修建等基础设施建设小型工程，同时，开展农户和推广员层次的培训，以及相关高层中坦双方的互访学习等能力建设活动。

在项目进展了近五年之后，初步成果已经显现，在科技部的支持下，2014年起，研究团队又在莫罗戈罗省另一个村子展开了类似的村级减贫试验，即建立中坦农业发展联合研究中心。基于第一个村子实践与研究之上，第二个项目更加注重当地项目执行团队的能力建设与主导作用，当地的执行团队主要包括省政府，县、乡村等当地干部和推广人员，以及当地研究力量，主要是苏克因农业大学，期待通过建立一个由地方政府和大学支持的农民发展机制，这也是中国经验中非常重要的一个部分。截至2015年12月，这两个项目正在平行交叉进行中，下一步将要寻找与最新发布的中国对非十大合作计划的对接。

二　项目的逻辑、内容与动态

（一）中坦村级减贫学习中心

如前所述，该项目始于中国农业大学李小云教授主持的“中国国际扶贫中心——坦桑尼亚村级减贫学习中心项目”，旨在示范中国在村一级如何通过小农户农业发展实现减贫的基本经验，尤其是示范中国农民如何通过自力更生提高农业生产能力，改善村级农业生产条件等方面的基本做法，从而形成坦桑尼亚乃至非洲共享中国减贫经验的实践案例，并使之成为中国国际扶贫中心在东部非洲开展减贫交流的平台。

项目实施地点位于坦桑尼亚莫罗戈罗大区基罗萨县鲁代瓦乡佩雅佩雅村，距离省城 Morogoro Town 120 公里，距离 Msimba 种子农场 18 公里，该村由 4 个小队或自然村组成，拥有人口 454 户，1996 人。村民的平均受教育程度是 5.26 年，只有 42% 的农户拥有自己的耕地，无地户占 58%，户均耕地面积为 2.6 英亩。由于没有灌溉条件，该村的农业生产全部靠雨养农业。

该项目由中国国际扶贫中心和坦桑尼亚总统府计划委员会共同领导，由佩雅佩雅村委会具体实施，并由中国农业大学国际发展研究中心、中农发集团中非农业投资有限责任公司坦桑尼亚公司和坦桑尼亚当地农业技术人员提供技术支持。在前期参与式评估调查的基础上，结合当地的具体情况，制定了项目的主要内容：（1）农业技术示范，包括玉米种植和养鸡技术，根据当地情况选择低资本投入、高劳动力投入的技术，并采取小额信贷、赠款、增产评比表彰等活动吸引、鼓励村民参与。（2）基础设施建设，兴建村级减贫学习中心并兼作村办公室、建设卫生厕所、建立人畜饮水管道和接水点，维修当地村道等。（3）制度建设和能力建设，加强村委会的主导作用，促进政府和村民的互动，不设立项目长期专家，并开展各种形式的考察、培训和田间指导活动。项目进展如图 1 所示。

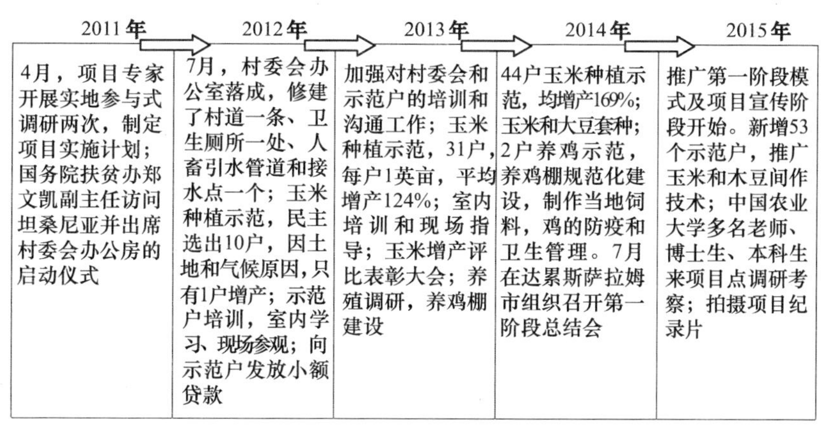

图 1　中坦村级减贫学习中心项目进展（2011—2015 年）

（二）中坦农业发展联合研究中心

由于佩雅佩雅村减贫中心的成功经验，2014 年 2 月，科技部在中坦科技合作协议下启动了发展中国家科技援助项目，中国农业大学承担中坦农业发展联合研究中心建设。整个项目的思路是启动当地力量，探究内源式发展与减贫机制，坚持以小农户为重点，构建大学—政府—农户之间的链接机制。项目内容包括：（1）在坦桑尼亚苏克因农业大学（SUA）建设合作中心，以及展示中国农业技术的小型科技园区。（2）中国农业大学和苏克因农业大学、莫罗戈罗省政府共同组建联合研究团队，并以距离莫罗戈罗20公里处的Mikese乡麦迪格瓦辛巴（Mtego wa Simba）村为示范村，选取周边四个村为扩散村，并开展村级减贫中心建设、农业生产技术示范推广、能力建设等活动。

2013年 ⇨	2014年 ⇨	2015年
项目前期设计；为配合项目开展，中国农业大学和国际扶贫中心联合举办"以社区为基础的发展与减贫"培训班，包括室内授课、实地参观、研讨会和实用技术培训	2月，进行实地考察和诊断，确定项目村，设计初步方案；中国农业大学和坦桑尼亚计委联合主办"通过技术推广促进小农户农业发展研讨会"；中国农业大学与苏克因农业大学签署合作协议；10月，中国农业大学在北京举办面向坦桑尼亚项目人员的培训班。麦迪格瓦辛村办公室建设动工；确定9名玉米种植示范户，玉米单产增加1倍以上；确定15名养殖示范户；开展多次相关技术的培训、现场参观和示范	1—3月，中方专家访坦，制定实施计划，确定小型农业示范园选址、预算和执行方案；联合研究中心招标和开工；基线调查；为坦方项目团队配备手机，建立微信群；3月后，成功签署科技部与坦桑尼亚通信与科学技术部就该项目的谅解备忘录；村办公室、联合研究中心建设工程接近尾声；村示范户在2014年1户带动10户，示范户新增90户，实施玉米种植示范和大豆套种技术。7—9月，多批研究人员来此进行实地调研

图2 中坦农业联合发展研究中心项目进展（2013—2015年）

三 项目的效果与影响

项目自实施以来，取得了较大成功，创造了巨大的社会效应。坦桑尼亚高层对此予以高度评价，2014年10月，坦桑尼亚时任总统基奎特访华，专门来到中国农业大学参观，并接见项目团队成员。项目主持人李小云教授受邀在坦桑尼亚政府内阁部长会议上作报告，介绍减贫和发展经验。此外，项目还吸引了来自国内扶贫办、农业部、商务部、科技部等单位，以及UNDP、世界银行等国际组织的关注，先后有100人次到项目点参观，村级减贫中心已经成为中非农业合作的新名片。

该项目是中国国际扶贫中心在海外建立的首个交流合作平台，推动了中国减贫经验国际化分享，标志着中国减贫经验由“引进来”向“走出去”，从“讲”和“看”向“出去做”的转变，使得广大发展中国家可以在本国实地体验中国的发展经验，同时也验证了中国经验的有效性。此外，项目还有力地配合了外交工作和企业走出去，受到大使馆和在非企业的赞赏，有力地提升了中国的软实力。

最为关键的是，通过项目试验，探索出一套适合当地农户层面上资本和土地节约、劳动密集的农业技术体系，由农业驱动减贫的发展道路。通过平行转移适合当地的农业技术，带动了当地的农业增产增收，对当地减贫、村庄自主能力提升，对当地大学本身以及对地方政府探索发展型政府都产生了较大影响力，发挥了“四两拨千斤”的作用，促进了当地经济社会的发展，受到各界的关注，为坦桑尼亚农村发展和减贫指明了方向。坦桑尼亚各级政府高度重视，项目经验有望在更大范围内得到推广。具体而言，该项目对当地的影响主要体现在农户、社区、国家和社会等多个层面上。

（一）促进了农户层面的增产增收

针对当地实际选择的低资本投入、高劳动力投入的农业技术受到当地村民的欢迎，带来了产量的倍增。佩雅佩雅村示范户从 2012 年的 10 户，增长到 2013 年的 31 户，2014 年的 44 户。玉米单产从 2011 年的每亩 66 公斤，增长到 2013 年的 162 公斤和 2014 年的 183 公斤，增长 3 倍多。增长的收益减去前期投入，也是盈利的。截至 2015 年，直接受益农户近 200 户，受益面积为 1000 亩以上。中国技术已经深入人心，越来越多的村民希望采用中国农业技术，并且扩散到周边村庄。

（二）增强了社区层面的自主发展能力

项目修建的村级减贫中心，是当地最好的建筑，成为当地的形象符号，增强了村民的自豪感和团结感。村级减贫中心平时作为村办公室，是集村干部办公、村民集会、培训、学习、休闲于一体的多功能场所。此外还向外出租，能为村庄带来一定的经济收入。此外，修建的村公路、人畜饮水管道和节水点、卫生厕所等解决了村民日常出行、吃水等难题，改善了村民的生存条件。在项目设计、执行过程中，强化村委会的主体地位，充分发挥村干部的领导作用，通过组织培训、参观等活动，以及制度保障，提升村干部和村民的自主发展能力。项目专家和技术员都不常驻村庄，只是不定期地提供技术支持，绝大部分工作都需要以村委会为主体的当地人来实施。在没有劳务补贴的情况下，激发其自我发展意识，主动参与到村庄发展中来，尤其是修建村庄道路的集体劳动资源动员过程，对于当地动员自身劳力投入集体事物建设具有启示意义。对于村民而言，通过示范中国劳动密集型技术带来高产的过程，提升了其“多劳多得”的意识，改变了之前“等靠要”的状态，形成了自力更生、积极改变的氛围。正如当地人所言，之前西方援助者给我们形成的思维模式是“先给钱，再做事”，但是中国人来了之后，却给了我们完全不同的思维模式，即“先做事，只要事做好，钱自然会来”。

（三）初步孕育当地政府—科研机构—农户之间的链接机制

长期以来，以坦桑尼亚当地政府、大学为代表的科研机构和村民之间因为工作、阶级观念等而缺乏有效的链接机制，各行其是，呈现出断裂的局面。中国的发展经验表明，只有建立政府—科研机构和农户之间良好的互动机制，才能推动农业发展、农民增收。为此，项目积极推动当地政府、大学和村民之间的互动机制，尝试改变当地基于“每日津贴”（per diem），以“预算”和“钱”为基础的激励机制，而是尝试推广一种以“发展”为导向的长期愿景能力和行动能力。中坦村级减贫中心项目建立了项目管理实施小组，以村委会为主体，同时包括当地乡长、村主任、政府推广员等成员，与项目专家一起工作，制定每年的工作计划、制定示范户选择标准、组织项目各项活动的实施及监督检查、讨论并协助解决项目实施中所出现的问题等。中坦联合研究中心项目更进一步，由苏克因大学、莫罗戈罗省县乡村四级政府和普通村民代表组成工作团队，为其提供一起工作的平台。此外，项目组还为团队成员配备手机，通过微信工作群的形式加强其日常沟通互动。这极大地推动了工作效率，并逐步建立起政府—科研机构—农户三者之间的链接机制。

四 项目的创新：南南合作的要素和特质

相比于传统的发展援助，南南合作在历史渊源、话语和实践体制、日常关系模式等方面有着本质不同。在历史渊源方面，传统的发展援助即南北关系背景下单向的援助关系，源于西方早期的宗教传播和殖民主义传统，因此援助国和受援国之间的关系存在明显的不对等；而南南合作则是拥有共同命运遭遇、面临共同发展任务的南方国家开展互助合作的新事物，因此双方是平等共赢的关系。在话语和实践体制方面，传统的援助国将非洲视为贫穷、腐败、没有希望的大陆，而南南合作可以说在一定程度上重塑了世界对于非洲大陆的认知，这是充满生机、充满机会、充满希望，也是可以在与其合作中互利共赢的一片大陆。这种认知的差异直接体现在援助方式和管理体制上，传统援助附加了民主改革、自由化等条件，而新的南南合作不附加任何的政治条件。在具体的日常关系模式上，南南合作不是基于“程序”和“规则”之上的“发展乐园”关系，而是基于“互动”和“日常实践”之上的新型平行经验分享的伙伴关系，对于这些新型关系和新型知识的探究将成为南南合作研究的重点。

作为探索中非农业合作可持续性的一种方式，村级减贫学习中心项目凸显南南合作是注重以小的零散性试验入手，是基于平行关系之上的、以当地发展问题为核心、以实践为导向、以现时经验为指导、注重发挥合作者主观能动性的多重发展学习过程；通过解决小农户层面的农业生产问题来推动非洲国家宏观层面的减贫和发展，取得了较大成功，这对于坦桑尼亚乃至非洲都具有极其重要的意义。项目创新主要表现在以下三个方面：一是在总结西方援助经验的基础上探索平行经验分享，示范适合当地发展阶段的经验；二是发挥当地人的主体作用，探索内源式发展，以农业发展驱动减贫；三是在技术转移基础上反思现有的国际发展体系，创造新的发展知识。

（一）发展经验的平行分享[①]

项目从设计开始，就注意总结和吸取现有发展干预以及传统援助的经验教训，秉承平行经验分享的理念。平行经验分享指的是分享双方在政治权力上的对等性、发展问题上的相似性，以及解决方案所要求条件的相似性。这就既避免了西方发展基于想象的理论架构指导下的发展实践，也避免了现在南南合作领域分享中国经验时，错把成绩当经验的误区。[②] 对非洲而言，真正要学习的应该是那些与其现在所处条件相似阶段的发展实践。在这一理念指导下，项目组在前期进行了充分的调研，发现导致当地贫困的主要问题有：农业经营方式粗放、生产效率低下，基础设施匮乏，人畜饮水困难，缺少灌溉；农民缺少生产启动资金，导致农业投入不足。面对这些问题，项目组没有盲目示范推广中国现代化的、最新的农业科技，而是基于当地资本缺乏、劳动力相对充足的现状，做一定程度的改进，分享中国20世纪七八十年代的农业技术体系，像增加种植密度、加强田间管理、套种等适合当地资源条件的技术，受到当地村民的欢迎，促进了增产增收，改善了村民的生计，获得了巨大成功。此外，还学习分享了中国改革开放前后实行的以工代赈、开发式扶贫、整村推进等经验，启发了当地村民，受到各界的广泛关注和赞赏，推动了当地经济社会的发展，并逐渐摸索出一条平行分享中国经验、以农业发展驱动减贫的道路。这些经验都源于中国国内的发展实践，这是一种实践着的活生生的经验。

（二）探索内源式发展的途径

作为一项发展干预项目，该项目同样试图通过外来技术以撬动当地发展，但项目组又时刻坚持“授人以鱼不如授人以渔”的理念，探索当地内源式发展方式。[③] 源于经济学内源性增长理论的内源式发展，主张坚持当地人的发展主体地位，培养当地人的自主发展能力，在当地资源禀赋基础上合理选择发展方式，并且发展成果由当地人共享。项目在设计、实施过程中，都秉承着这一发展理念。

---

① 李小云：《“想象”的建构与经验的平行分享：发展知识的分野》，《国际发展时报（IDT）》2015年7月。

② 李小云：《分享中国经验莫陷入误区》，《环球时报》2014年9月。

③ 李小云：《中坦合作：农业驱动减贫之道》，《中国科学报》2015年8月。

首先，发挥当地人的主体地位，培养当地的自主发展能力。中坦农业减贫中心项目从始至终都将当地的政府、技术人员、村委会、村民放在重要位置上，注重对村民特别是村委会的能力建设。让当地人参与项目设计、决策和实施，组织当地人到中坦农业技术示范中心或者来华参加培训；在没有劳务补贴的情况下，帮助村民自发修建村公路等基础设施，提升其自主发展的意识和能力。之后的中坦联合研究中心项目，在中坦村级减贫中心的基础上更进一步，致力于构建和完善当地政府—大学—村民之间的链接机制，加强三者之间的互动，由当地政府组织出面，由当地大学提供技术支持，由村委会领导村民负责具体实施。在整个项目实施期间，改变了传统援助原则，不设项目长期专家，只是通过专家的定期访问、培训和日常通信交流来支持项目实施，节约了成本，强化了当地人的发展主体地位，让当地人有更多的拥有感。

其次，根据当地的资源禀赋，提供适合当地的发展建议。在项目设计之初，项目专家组弱化自身权威，抛弃原有的发展援助理论，从最基础的调研评估开始，摸清当地的劳动力、土地、资本、资源等情况，合理分析导致当地贫困的原因，与当地人一道摸索适合当地的农户层面上资本和土地节约、劳动密集的农业技术体系，并解决基本的吃水、出行等基础设施问题，推动了当地社会的发展，受到村民的欢迎，并保证了项目的持续性。

最后，坚持发展收益由当地人所有。项目的设计、实施始终以当地减贫、发展为目标。选择在村级层面上，以小农户为单位的技术示范，就是要在最大程度上提升小农户的生计水平；不设项目长期专家，尽可能多地将有限资源投入到村庄减贫、发展中去；以当地人的需求为导向，修建村公路、村办公室、水塔等基础设施，解决了日常吃水、出行等问题，方便了绝大多数人的生活。

（三）既是发展项目，又是中非学习与互动试验的新平台

中坦村级减贫中心项目和中坦联合研究中心项目，是由中国事业单位、民间组织及科研教学单位合作在发展中国家实施对外援助项目的探索，是中国对外援助模式多元化的体现。与此同时，这两个项目也提供了一个更广阔的试验、观察和研究平台。它是利用“技术”这个“优先项”在坦桑尼亚基层撬动的一项“发展试验”，是中国大学联合海外中资企业落地在坦桑尼亚和坦桑尼亚当地政府展开三方合作减贫的探索，也是中国研究团队进驻坦桑尼亚基层通过一项减贫行动来探索当地经济社会文化、开展多学科研究的尝试，这将极大地推动国际发展、企业社会责任、非洲地区/国内乡建等领域的研究。此外，中非合作走过了近半个世纪的历史，积累了无数的微观层面的知识和经验，现在急需对其进行系统化总结和提升。目前，中国国际发展知识中心、南南合作与发展学院的倡议正适应了这种学习要素系统化的需要，中坦村级减贫中心项目和中坦联合研究中心项目可以说走在了前列。

首先，在西方国家整体式微、以中国为代表的新兴国家崛起的大背景下，现行的以西方为中心的发展援助框架受到质疑，基于想象之上构建的传统发展理论难以发挥有效作用。以中国为代表的新兴国家通过多年的探索，积累了大量的发展经验，并进行了多年的“南南合作”发展实践，然而，这些发展主体、发展经验和发展知识是游离于现行的发展框架之外的。作为最大的发展中国家和最大的发展中国家集团，中非发展合作的地位是不容置疑的，中国应该与非洲分享哪些发展经验？通过什么形式分享？该项目就是中国发展专家探索新的发展框架的平台，通过村级层面的平行经验分享，来反思、补充并构建发展援助体系。

其次，随着中国的日益崛起，企业走出去的步伐不断加快，海外中国企业备受关注。中坦村级减贫中心项目由当地的一家海外中国企业参与实施，探索了由中国大学、海外中国企业和当地政府展开三方合作减贫的模式，这为观察、记录、思考海外中国企业提供了平台。项目实施以来，项目所涉及的村庄、海外中国企业已经成为中国大学的海外研究和实习基地，每年都会有多位研究者到此开展研究工作，并撰写了大量的学术成果，推动了相关学科的发展，并且受到中坦双方相关政府部门的重视，发挥了较大的政策影响力。

中国援助巴布亚新几内亚和斐济菌草技术合作项目分析

Study of China's Aid Projects of Juncao Technical Cooperation in Papua New Guinea and Fiji

袁晓慧*

摘要：农业技术合作是中国农业领域对外援助的重点。中国援助巴布亚新几内亚和斐济菌草技术合作项目是中国依托特色农业技术对发展中国家提供农业技术合作的典型，代表了中国农业技术合作的不同发展阶段，在项目缘起、实施和后续发展上各具特色。与发达国家相比，中国对巴布亚新几内亚和斐济的菌草技术合作项目有着突出的南南合作特色。这包括不附带政治条件，重视适用农业技术的转移，不断改革创新援外方式，尚缺乏对农业的系统性援助，忽视国际农业援助体制的构建，对吸纳多方力量参与援助重视不够。菌草援助项目花费小，需要的援外专家少，却可以最有效地惠及民生，受到受援国政府和广大人民群众的欢迎。为进一步改进中国的农业技术援助，中国需要在如下几个方面做出努力：加强农业援助的系统性，注重调动多方面援助力量，最大限度地发挥援助协同效应。

关键词：农业技术合作；中国农业对外援助；菌草技术

---

* 袁晓慧，商务部国际贸易经济合作研究院国际发展合作研究所副研究员。

Abstract: Agricultural technical cooperation is the core of China's foreign aid in the field of agriculture. Chinas' aid projects of juncao technical cooperation in Papua New Guinea and Fiji are the typical aid projects that have been provided to developing countries based on China's featured agricultural technology, representing different developing stages of agricultural technical cooperation, with different characters in project introduction, implementation and follow-up development. Compared to that of developed countries, China's juncao technology project for Papua New Guinea and Fiji presents significant features of South-South cooperation. This include attaching no political conditions, focusing on the transfer of appropriate agricultural technology, constant innovation to the foreign aid modality, lack systematic assistance for agriculture, ignore the construction of an international agricultural aid system, and paying insufficient attention to the multi-force participation in foreign aid. The juncao assistance project did not cost a lot or require many foreign aid experts, but it could benefit the people most effectively, welcomed by the governments and the masses of the recipient countries. In order to further improve China's agricultural technical aid, China should make efforts in the following aspects in the future: strengthening systematic agricultural assistance, mobilizing all forces to get involved in foreign aid, and maximizing the synergistic effect of foreign aid.

Key words: Agricultural Technical Cooperation; China's Foreign Aid in the Field of Agriculture; Juncao Technical Cooperation

菌草技术是中国的特色农业技术[①]，该技术投入少、产出高、周期

① 为了解决菌业生产与林业生产平衡之间的“菌林矛盾”，福建农林大学林占熺教授1986年发明了菌草技术，利用野草“以草代木”栽培食用菌、药用菌，并将其应用拓展至菌物饲料、生物质能源、环境保护等领域。

短、见效快，[①] 在国内被作为科技推广和扶贫项目得到了广泛推广，取得了显著的经济和社会效益。20 世纪 90 年代以来，中国开始通过对外援助，向其他发展中国家推广菌草技术。本文以援助巴布亚新几内亚和斐济的菌草技术合作为例，分析中国对外援助中农业技术合作项目的相关经验。

一　项目情况

中国对巴布亚新几内亚和斐济的菌草技术合作主要通过培训、示范以及提供相应农业生产资料，帮助当地农民掌握菌草技术，生产出菌菇等农产品，解决农民吃饭和发家致富等问题，并视情况进行综合性开发，培育出菌草产业，丰富受援国的农业经济结构，提高经济发展能力。

巴布亚新几内亚的菌草培训项目从 1998 年开始，至 2003 年结束。而斐济的项目从 2014 年开始实施，为期两年。这两个项目均由福建农林大学实施，但在具体实施过程中则各有特色。

（一）项目缘起

对巴布亚新几内亚和斐济的菌草技术培训项目在项目缘起上具有自下而上和自上而下两种不同类型。

1. 自下而上型——巴布亚新几内亚项目

菌草技术最早通过国际组织向发展中国家提供援助，并为一些技术需求国所了解。1994 年，菌草技术被列入“南南合作”项目和联合国开发计划署“中国与其他发展中国优先合作项目”，定期在福建农林大学为发展中国家举办国际菌草技术培训班。巴布亚新几内亚的东高地省

---

① 实验证明，运用菌草技术栽培的食用菌、药用菌可以为人类有效提供菌物蛋白食品，每公顷菌草可产高质量鲜菇 60—75 吨。菌草同时可为畜牧业、渔业发展提供丰富的优质饲料，亩产鲜草可达 15 吨以上。菌草可以用于生产沼气，产沼气量是玉米、小麦等农作物秸秆的 2 倍；菌草“代煤发电”，每亩巨菌草可相当于 4 吨原煤的发电量。菌草也能用于防治水土流失、荒漠和沙地的改良以及吸收二氧化碳，在中国南方，每亩巨菌草每年可吸收二氧化碳 6 吨。在菌草技术的深加工方面，栽培出的食用菌、药用菌可以用于生产保健食品，菌草可以用于生产纤维板、纸浆等环保材料。20 世纪 80 年代以来，菌草技术被列为中国重点推广的科技项目和对口扶贫项目，在福建、宁夏、新疆、内蒙古、陕西、四川、浙江、海南、西藏、湖南、广西等 31 个省（市、区）405 个市、县进行了推广应用。

通过这些培训获知菌草技术，跟福建农林大学建立了联系，并与福建省建立了省际合作机制。在此基础上，菌草技术在东高地省成功示范重演，引起巴布亚新几内亚政府首脑的关注。鉴于菌草技术在巴布亚新几内亚实施的良好前景，中国对外经济贸易合作部对项目的可行性进行了考察，最终促成1998年中国与巴布亚新几内亚达成在东高地省举办菌草技术培训班的技术合作项目。

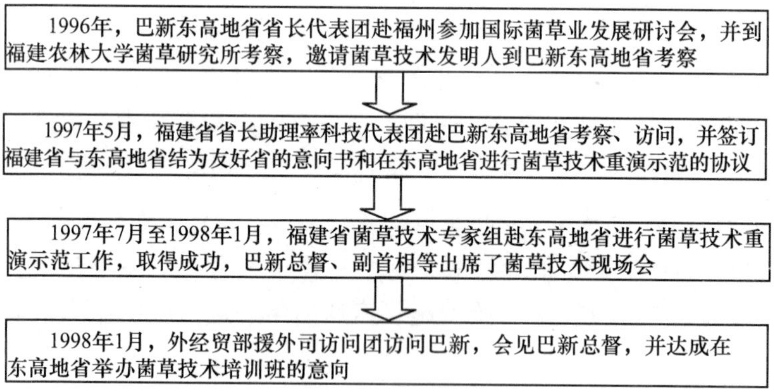

1996年，巴新东高地省省长代表团赴福州参加国际菌草业发展研讨会，并到福建农林大学菌草研究所考察，邀请菌草技术发明人到巴新东高地省考察

↓

1997年5月，福建省省长助理率科技代表团赴巴新东高地省考察、访问，并签订福建省与东高地省结为友好省的意向书和在东高地省进行菌草技术重演示范的协议

↓

1997年7月至1998年1月，福建省菌草技术专家组赴东高地省进行菌草技术重演示范工作，取得成功，巴新总督、副首相等出席了菌草技术现场会

↓

1998年1月，外经贸部援外司访问团访问巴新，会见巴新总督，并达成在东高地省举办菌草技术培训班的意向

图1　中国援助巴布亚新几内亚菌草项目立项步骤

2. 自上而下型——斐济项目

中国援助斐济的菌草技术项目是2009年时任国家副主席习近平访

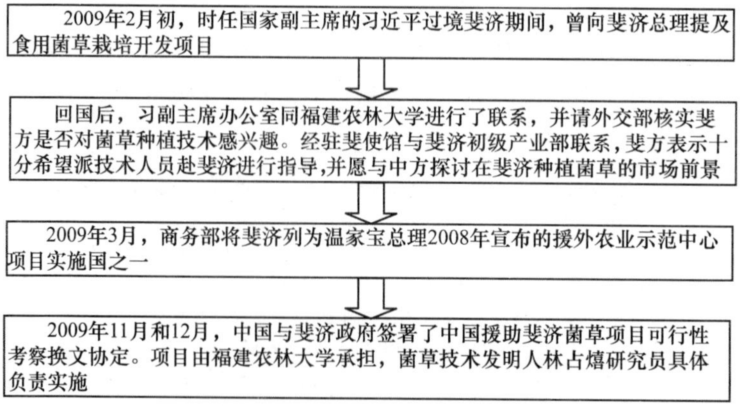

2009年2月初，时任国家副主席的习近平过境斐济期间，曾向斐济总理提及食用菌草栽培开发项目

↓

回国后，习副主席办公室同福建农林大学进行了联系，并请外交部核实斐方是否对菌草种植技术感兴趣。经驻斐使馆与斐济初级产业部联系，斐方表示十分希望派技术人员赴斐济进行指导，并愿与中方探讨在斐济种植菌草的市场前景

↓

2009年3月，商务部将斐济列为温家宝总理2008年宣布的援外农业示范中心项目实施国之一

↓

2009年11月和12月，中国与斐济政府签署了中国援助斐济菌草项目可行性考察换文协定。项目由福建农林大学承担，菌草技术发明人林占熺研究员具体负责实施

图2　中国援助斐济菌草项目立项步骤

问斐济时由两国领导人共同确定、推动的，之后通过外交渠道和援助实施部门间的接洽沟通，予以立项。

（二）项目实施

对巴布亚新几内亚和斐济的菌草技术援助代表了中国实施农业援助的不同历史发展阶段，在具体实施中也有所不同。

1. 巴布亚新几内亚项目

巴布亚新几内亚项目在1998—2003年实施的5年间，以在当地举办短期菌草技术培训班和派遣专家常驻提供技术合作两种形式为主。通过中国政府的援助，在东高地省鲁法区建立了菌草生产、示范、培训基地，中国专家1998—2000年在此常驻两年指导菌草生产；在1998年和2001—2003年间成功地举办了五期菌草技术培训班，为东高地省培训了143名技术员。通过技术合作和培训，菌草生产从鲁法基地推广到东高地省的高卢卡、贝纳、阿沙罗、亨根诺菲、凯南图等地区，521个农户参与菌草生产，许多农户取得显

表1　　**巴布亚新几内亚菌草技术援助项目实施情况表**

	援助主要内容	实施时间
第一期援助	中方派专家组赴东高地省举办菌草技术培训班	1998年7—9月
第二期援助	中方派专家组赴东高地省举办菌草技术培训班	1999年6—8月
	中方派2名专家为期一年驻鲁法区菌草示范基地指导菌草生产	1998年9月至1999年9月
第三期援助	中方派专家组赴东高地省举办菌斑菌草技术培训班	2000年
	中方派2名专家为期一年驻鲁法区菌草示范基地指导菌草生产	1999年9月至2000年9月
第四期援助	中方派专家组赴东高地省举办菌斑菌草技术培训班	2001年7—9月
第五期援助	中方派专家组赴东高地省举办菌斑菌草技术培训班	2003年3月

著效益。[①]

2. 斐济项目

中国援助斐济菌草技术项目实施时，中国的农业技术合作已经有了新的实施平台——农业技术示范中心，因此该项目主要是通过建设菌草技术示范中心予以实施的，更加着眼于菌草技术的综合开发和可持续发展。该项目的实施主要分两个阶段进行：

第一阶段：前期考察设计和培训阶段。

可行性考察换文签订之后，中国援助斐济菌草技术示范中心项目进入了前期考察设计阶段，2010 年 1 月进行了可行性考察，并向斐济方提交了可行性研究报告。围绕示范中心的规模、配套资金、实施期限等问题，与斐济进行了沟通协调，并在 2011 年 3 月达成了一致。2012 年六七月，福建农林大学再次提交了示范中心的设计方案，并在 2014 年 1 月与斐济方面沟通了技术合作期的实施方案。

同时为加快项目的推进，在项目前期准备阶段，项目承担单位福建农林大学于 2012 年 2 月在斐济举办了首期菌草技术培训班。

第二阶段：项目建设落地阶段。

从 2014 年 3 月开始，项目由福建农林大学来建设实施，主要进行适应性科学实验研究、良种繁育、技术培训、生产和产品加工示范四个方面的工作。2014 年 11 月 19 日，中国援助斐济的菌草技术示范中心宣告成功落地。项目实现了规划中的“边建设、边培训、边示范、边生产”的目标。

菌草技术示范中心的建设地位于距斐济纳迪国际机场仅 1 公里的 Legalega 研究站。截至 2015 年 11 月，已建成 7 公顷的菌草种植区，2 公顷的芒果园套种菌类循环利用示范区，正在建的占地 1 公顷的培训、示范、生产加工和生活区。已建成年产鲜菇 300 吨的生产线，进行了菌草灵芝（药用菌）、毛木耳（食药兼用）、平菇、紫孢平菇、美味平菇 5 个品种试验，利用土和水调温保湿，攻克了斐济气温偏高、不利于菌菇生长、影响菌菇质量的技术难题，已成功生产出菌草菇，结束

① 2003 年，原对外经济贸易合作部和原国家经济贸易委员会负责贸易的部门合并组成“商务部”。

了斐济不能生产食用菌、药用菌的历史。引进一套菌草饲料生产设备，包括鲜草收割、粉碎、打包等，并且其中的巨菌草已推广到苏瓦农技站、新嘎投卡农技站等部门及农户，已培育出巨菌草种苗面积 18 公顷，可供种植 1000 公顷巨菌草，解决了当地旱季缺乏青饲料的难题。①

菌草示范中心培训学员 294 人，其中技术工人 47 人；在苏瓦、楠迪共举办 5 期技术培训班，培训技术员 199 人；基地接收国立大学农学院本科实习生 5 名；接待苏瓦 Nousori 教会中学、Sigatoka 教会中学、楠迪穆斯林初级中学、澳大利亚国立大学、斐济农业职业中学等学校共 790 名师生到基地参观学习。参与斐济农业部主办的西部地区、中部地区等各类大型农展会 8 场。在斐济各地举办菌草菇烹调品尝会 38 场，到宾馆、酒店、商场、航空公司等有关单位团体介绍菌草菇产品，积极开展市场营销调研。②

（三）项目的带动作用

中国对巴布亚新几内亚和斐济的菌草技术合作带动了省际和机构间一系列相关技术的交流合作，进一步扩大了援助的外溢效果。

1. 巴布亚新几内亚项目

在商务部援助项目实施的同时和项目结束后，福建省政府从省际合作的角度给予巴布亚新几内亚的东高地省菌草技术发展两期援助，对其继续发展菌草产业予以支持。依靠福建省援助资金，专家组继续向东高地省提供菌草、菌袋、谷种和小型设备等，并指导当地的生产。东高地省的菌草项目技术人员也多次来福建学习菌草技术的新知识。这些后续技术合作进一步巩固了菌草技术在东高地省应用所取得的成果。

此外，受东高地省菌草技术援助项目成功实施的鼓舞，巴布亚新几内亚中部省、钦布省等其他地区也希望学习菌草技术，与福建农林大学等技术单位签订了技术合作协议。

① 福建农林大学提供材料。

② 同上。

表 2　　援助项目带动的福建省与巴新相关省的合作

签订时间	中方部门	巴新部门	合作内容
2000 年 5 月	福建省政府	东高地省	应时任福建省省长习近平邀请，东高地省省长拉法纳玛来福建省访问。两省签署了《中华人民共和国福建省和巴布亚新几内亚东高地省建立友好省关系协议书》和《福建省援助东高地省发展菌草、旱稻生产技术项目协议书》，从 2000 年 5 月，至 2005 年 5 月，福建省支持东高地省发展菌草、旱稻生产技术两个项目。福建省政府拨项目专款，由福建农林大学菌草研究所负责项目实施工作
2007 年 6 月	福建省政府	东高地省	福建省政府友好代表团访问东高地省，签署了第二期福建省援助东高地省菌草与旱稻技术协议书，从 2007 年 6 月至 2012 年 6 月，为期 5 年
2010 年至 2012 年	福建农林大学	东高地省	东高地省多次带领项目技术人员来福建农林大学学习菌草技术的新知识，以巩固菌草技术在东高地省实施所取得的成果
2008 年	福建农林大学	钦布省	指导发展菌草生产和旱稻生产
2010 年 6 月	福建省菌草开发工程协会	东高地省奥卡帕区	从 2010 年 9 月至 2015 年 8 月开展菌草技术合作

2. 斐济项目

2014 年 11 月，福建农林大学与斐济农业部签订合作备忘录，共建“中国—太平洋菌草技术研究中心”，依托援助斐济菌草技术合作项目，进一步推动斐济及周边岛国丰富资源的开发和利用。

自 2009 年起，依托由商务部主办、福建农林大学承办的菌草技术培训班和菌草产业官员研修班，福建农林大学为斐济培训了 43 名学员，包括斐济农业部、财政部、生物安全局、小微企业发展中心的官员、技术人员和农户，为斐济培养了一支菌草科研、栽培、推广人才队伍，相关政府部门对菌草产业在斐济的发展前景充满信心。①

① 《我校与斐济农业部共同举办“庆祝中斐建交 40 周年—农业合作研讨会”》，福建农林大学网站（http://www.fafu.edu.cn/f2/9c/c5276a127644/page.htm），2015 年 11 月 9 日。

二 项目的南南合作特征

中国农业援助以技术合作为主①，重视产量的提高、技术的示范和推广，重视技术转移，体现了中国在农业技术上的比较优势。目前，发达国家主要从全球粮食安全的角度，围绕粮食生产、粮食供应以及农村和城市居民的营养方面提供援助。与发达国家相比，中国援助巴布亚新几内亚和斐济的菌草技术项目体现出明显的南南合作特征。

（一）不附带任何政治条件

中国绝不把提供援助作为干涉他国内政、谋求政治特权的手段。在中国对巴布亚新几内亚和斐济的菌草技术合作中，没有涉及任何政治条件，也没有要求这两个国家达到何种政治标准才可以予以援助。项目的立项、实施完全基于受援国的实际需求，借鉴中国的发展经验，帮助受援国解决发展中的难题，以实实在在的援助效果而不是政治目的为检验项目是否成功的标准。中国对巴布亚新几内亚和斐济的菌草技术合作也从来都是在平等的基础上提供的，强调技术合作，在援助的基础上与受援国共同开展菌草技术研究，并着眼于把菌草技术援外与产业投资发展相结合，通过企业化运作模式，提高菌草项目的规模效益。

（二）注重合适农业技术的转移

农业在中国和广大发展中国家都是重要的基础产业。中国拥有从落后农业国快速发展的丰富经验。从生产结构上看，中国的农业生产与大多数发展中国家类似，以小规模的农户生产经营为主。从生产技术上看，多样化的气候地理环境使中国在水田、旱作、游牧、商品化混合等多种农业类型方面都积累了丰富的生产和管理经验。因此，在与发展中国家进行农业技术合作方面，中国具备独特优势。与中国一样，日本的农业技术援助也主要集中在日本擅长的技术领域，即灌溉体系和水稻种植方面。不过，美国受国内粮食巨头等利益集团的影响，为确保发展中国家对美国援助的长期依附，在农业援助方式上提供了大量的粮食援

---

① 《我校与斐济农业部共同举办“庆祝中斐建交40周年—农业合作研讨会”》，福建农林大学网站（http：//www. fafu. edu. cn/f2/9c/c5276a127644/page. htm），2015年11月9日。

助。美国并不热衷于解决发展中国家饥饿产生的根源性问题，即把充足的资金用于农业技术设施建设上，以及从事相应的农业技术开发来实现粮食的自给自足。美国对非洲的粮食援助是其帮助非洲实现自给自足援助的20倍。[①]

同时，技术援助成功的基础在于技术的适用性。因此，一定要了解受援国的实际，根据当地农民的生产和生活需求，有的放矢地进行农业技术传递。菌草技术作为成熟和在国内大规模推广的项目，在援助巴布亚新几内亚和斐济之前也进行了大量的可行性调研。实施单位——福建农林大学在巴布亚新几内亚进行了技术重演，在斐济也克服了当地气温偏高等困难，充分解决了受援国的适用性问题，为项目的成功实施奠定了基础。

（三）不断改革创新援外方式

中国的对外援助顺应了国内国际形势的发展变化，注重总结经验，创新对外援助方式，不断提高对外援助水平。中国对巴布亚新几内亚和斐济的菌草项目就十分鲜明地反映出中国农业技术合作的不同历史发展阶段。中国对巴布亚新几内亚的菌草技术援助以派遣专家指导生产、举办培训班等为主要的实施形式。而中国对斐济的菌草技术合作则实施于中国农业援助的新阶段，有了新的援助平台——农业技术示范中心，定位更高，援助手段涵盖科研、培训、示范、参观等多种形式，也更加有利于项目的可持续性。

（四）尚缺乏对农业的系统性援助

农业是一个系统的体系，目前，中国对受援国农业体系性援助尚不足，使得许多农业援助项目在可持续性和长期性方面受限。在这方面，日本提供了值得借鉴的经验。日本重视对受援国政府的农业管理能力建设。在中央政府层面，日本帮助伙伴国制定反映其整体农业特点的农业政策；在地方政府层面，日本援助地方政府制定农业发展规划和农业支持政策。日本还注重从农产品生产、加工、流通和销售等整体产业链的

① 《我校与斐济农业部共同举办“庆祝中斐建交40周年—农业合作研讨会”》，福建农林大学网站（http：//www. fafu. edu. cn/f2/9c/c5276a127644/page. htm），2015年11月。

角度帮助受援国提高粮食生产，活跃农村经济。①

（五）忽视国际农业援助体制的构建

一个国家的力量有限，对发展中国家的农业援助，必须动员、整合、协调各国之力，加强国际农业援助体制的构建。美国在这方面就做了很多努力。2009 年，八国峰会期间，在美国的倡议下，承诺提供 220 亿美元投资农业发展和粮食安全。2010 年，美国倡议成立了全球农业和粮食安全项目、多边的援助信托基金，向 25 个低收入国家提供 14 亿美元的援助，以帮助提高农业生产。2013 年，美国和英国发起了农业和营养领域全球公开数据倡议，以支持全球伙伴将与农业和营养相关的数据公开，以供全球公共使用。2014 年，美国和其他国家领导人，发起了应对气候变化的农业全球联盟，以应对气候变化条件下的粮食安全和农业挑战。②

（六）对吸纳多方力量参与援助重视不够

围绕农业发展议题，除政府间援助外，能有效发挥作用的行为主体很多。通过吸收各方力量参与到受援国的农业发展中来，可以更快地帮助解决受援国的发展难题。美国在应对全球粮食安全问题时，依托养活未来（Feed the Future）基金会，非常注重吸收多方力量参与援助，重视与主要援助国、受援国政府、商界、小农、研究机构和社会组织的合作。日本政府明确提出，要与非政府组织、地方自治机构、中小企业、大学加强合作，打造官民联手援助的局面。

三　项目带来的实施效果

“授人以鱼，不如授之以渔。”菌草援助项目花费小，需要的援外

① 中国的农业援助在 20 世纪六七十年代曾多为大型农场和农业技术推广站等成套项目。这些项目普遍在建成初始取得了显著成功，但在移交给受援国后则出现了运营不佳的现象。在吸取了经验教训后，中国开始逐渐改变农业援助方式，更加注重技术交流、人员培训等知识型、智力型合作，通过转移中国具有比较优势的、适合当地情况的农业技术，切实帮助受援国实现自给自足、自力更生。

② 代林杉：《粮食巨头美国在冷战后对非援助中的作用》，外交学院 2008 级硕士研究生学位论文。

专家少，却可以最有效地惠及民生，受到受援国政府和广大人民群众的欢迎。

（一）帮助两国解决最迫切的粮食问题

饥饿和贫困仍是广大不发达国家面临的最突出问题，而占人口大多数的农民更是饥饿和贫困的主体。饥饿和贫困问题也困扰着这些国家的政府，直接影响着政府的稳定和巩固。菌草技术作为直接对小农的生产性援助，可以迅速解决粮食问题，帮助农民脱贫致富，可以让千家万户参与并从中受益。

受援助的巴布亚新几内亚政府认为，在众多的国际合作项目中，中国援助的菌草项目，是中国人民赠予东高地省人民的最好礼物。由于中国政府的援助，巴布亚新几内亚各地区成立了菌草生产行业协会，当地农民生产的食用菌销售到巴新各地市场。中国援助斐济菌草技术合作项目可使斐济减少蘑菇和牲畜饲料的进口，同时通过向越来越多的斐济农民传授菌草种植技术，可使斐济农民增加收入，有助于斐济的民生事业和减贫事业发展，从而为斐济农业多元化、提高人民的营养健康水平、增加农户收入、减少进口做出贡献。

（二）帮助提高两国自主发展能力

中国在提供对外援助时，尽力为受援国培养本土人才和技术力量，帮助受援国建设基础设施，开发利用本国资源，打好发展基础，逐步走上自力更生、独立发展的道路。巴布亚新几内亚资源丰富，经济落后，许多山区居民仍过着原始部落自给自足的生活，全国人口中近40%生活在国际贫困线以下。在接受菌草技术援助之前，巴布亚新几内亚的东高地省就饱受贫困和饥饿的困扰，苦于找不到有效的解决方法，在获知菌草技术之后迫切希望能学习该技术，帮助当地人民脱贫致富。斐济是一个太平洋岛国，制糖业、旅游业和服装加工业是国民经济的三大支柱。当地属热带海洋性气候，主要产甘蔗、椰子、香蕉等，小麦全靠进口，大米只能自给20%，斐济政府一直努力发展多种经营。长期以来，斐济气温偏高、不利于菌菇生长、影响菌菇质量。在菌草技术援助之前，斐济消费的菌菇都需要大量进口，酒店、旅游业带来的国内市场需求和对区域伙伴的再出口需求都日益增长。2009年，时任国家副主席的习近平访问斐济期间，看到当地食用菌需求很大，特向该国领导推荐菌草技术。

（三）改善中国援助形象

近年来，西方出现了大量有关中国对外投资的“自然资源掠夺论”“新殖民主义”的论调，指责中国廉价使用各国的自然资源、破坏环境。而菌草技术项目为各国创造、开发了资源，在发展经济的同时也保护了环境，深受当地政府和群众的欢迎和好评，是中国支持发展中国家科技进步、减贫、增加就业、保障粮食安全、保护环境的一个典型例子。

中国对巴布亚新几内亚和斐济的菌草技术合作，是在当地最为出名和最有社会影响力的合作项目。巴新政府首脑和高官多次赴鲁法基地视察，对项目给予充分肯定；美、法、加、日、韩、澳等国家和国际组织的外交、技术官员前去考察，一致称赞菌草技术所取得的成效。中国援助斐济的菌草技术示范中心也已经充分展示出菌草产业开发的综合效应，当地主要新闻媒体《斐济时报》《斐济太阳报》等对项目有关情况多次予以报道，当地民众纷纷向斐济初级产业部要求参加菌草技术项目。这就进一步树立了中国对外援助的正面积极形象。

（四）巩固中国与两国的双边关系

中国根据自己的国力，结合受援国的实际需要，提供力所能及的对外援助，言必信、行必果，保质保量，善始善终，有助于巩固中国与受援国的双边关系。中国对巴布亚新几内亚和斐济的菌草技术援助通过帮助受援国发展经济，改善了民生，造福了当地人民，政府间互信也不断加深，高层保持着长期往来，并促成地方政府间友好机制的建立，进一步巩固了中国与两国的双边关系。

四　结论与政策建议

中国的对外援助属于南南合作范畴，是发展中国家间的相互帮助。经过多年的探索，中国的农业技术合作不断完善实施机制，取得了实实在在的援助效果。中国援助巴布亚新几内亚和斐济的菌草技术合作项目，体现了中国农业技术合作的成功经验，但与发达国家相比也存在一些不同和不足。为此，在未来发展方向上应该从以下几个方面着手。

（一）加强农业援助的系统性

农业是一个系统体系，包括农业生产的全过程，也与当地农民的传统、文化和生活习惯紧密联系。因此，未来中国的农业技术援助，除了做好技术传递环节的援助外，还要统筹考虑农业上下游产业链的衔接与配套，从而最大限度地发挥技术援助的实施效果。此外，未来中国对受援国的援助，还应该注重帮助受援国对整个农业发展进行整体规划，借鉴中国农业发展经验，帮助受援国选择合适的农业发展路径，从而尽快解决受援国粮食安全、减贫等重大发展问题。

（二）注重调动多方面的援助力量

官方发展援助虽然是政府间的援助项目，但是要充分调动实施单位和相关地方政府等各方面的积极因素参与到援外项目的立项、实施和后续合作中来，保证项目实施的效果。科研院所在农业技术试验研究和推广方面能力较强；地方政府间可以通过密切的往来合作，推荐适用援助项目，补充和巩固援助的成果。同时，农业技术企业可以在农业援助的可持续性方面发挥积极的作用，并且通过参与援助逐步实现自身的“走出去”。

（三）最大限度地发挥援助协同效应

目前，中国的对外援助方式有多种，围绕一个援助项目，可以综合利用多种援助方式相互补充。就中国援助巴布亚新几内亚和斐济的菌草技术合作项目来看，以技术合作为主，但也综合运用了一般物资和人力资源开发合作。同时，在一个援助领域，安排的援助项目要注重相互间的补充和配合，避免“撒胡椒面”式的援助稀释援助的实际效果。

中国—FAO粮食安全框架下中国—乌干达南南合作项目案例研究

Case Study on the China-Uganda South-South Cooperation Project under the Framework of FAO Food Security

于浩森*

摘要：中国参与的联合国粮农组织粮食安全框架下的南南合作，主要以促进发展中国家的农业和农村发展、减少贫困为优先领域，通过向受援国派遣中国农业专家和技术员等形式提供技术援助，以提高受援国的农业生产能力和粮食安全水平，体现了中国对外援助基本理念与南南合作的核心要义。本文通过以中国在乌干达开展的南南合作技术援助项目为典型案例，介绍了中乌南南合作项目的概况及运行机制，分析了中国对外援助理念的原则与做法在中乌南南合作项目中的实践运用，即政治上坚持平等互信理念，搭建责权平衡的伙伴关系，建立较为顺畅的多方合作机制；经济上坚持互利共赢理念，采取授人以渔的技术援助模式，将援助与贸易投资相结合，促进受援国农业产业链的发展。在此基础上，进一步阐述和分析中乌南南合作项目所产生的政治、技术、经济、社会等方面的成效及各利益相关方对该项目的评价，并提出进一步优化项目成效的政策建议。

关键词：对外援助；南南合作；中国；乌干达

* 于浩森，农业部对外经济合作中心助理研究员。

Abstract: China's participation in the South-South Cooperation (SSC) under FAO food security framework mainly puts agricultural and rural development and poverty reduction in developing countries as the priority development area, and provides technical assistance by the means of dispatching Chinese agricultural experts and technicians, which reflects the basic concepts of China's foreign aid and the core essence of SSC. This article taking China-Uganda SSC technical assistance project as the typical case, introduces the project overview and operational mechanism of China-Uganda SSC Project and analyzes the practical application of the principles and practices of China's foreign aid concept, which upholds the concept of equality and mutual trust, and building an equal partnership with parity of authority and responsibility, and multilateral cooperation mechanism in politics, and adheres to the concept of mutual benefit and win-win cooperation, takes the technical assistance mode of "teach one to fish", and combines foreign aid with trade and investment to promote the development of agricultural value chain of the host countries in economy. On this basis, further elaboration and analysis of the political, technical, economic and social effects and the evaluation of the stakeholders, and provide comments and recommendations to further optimize the project achievements.

Key words: Foreign Aid; South-South Cooperation; China; Uganda

对外援助通常指资源以优惠或者无偿形式进行的跨国流动，其主体（援助者和受援者）不仅包括主权国家或者准主权国家实体，而且包括国际组织（包括政府间组织和非政府国际组织）、国内机构及个人。农业领域的对外援助主要包括建设农场、农业技术示范中心、农业技术实验站和推广站，兴建农田水利工程，提供农机具、农产品加工设备和相关农用物资，派遣农业专家和技术人员传授农业生产技术，提供农业发展咨询，为受援国培训农业人才等方式。本文所研究的是中国参与的联合国粮食及农业组织（以下简称 FAO）粮食安全框架下以南南合作形式开展的对外援助模式，即主要以促进发展中国家的农业和农村发展、减轻贫困为优先领域，通过向受援国派遣中国农业专家和技术员等形式提供技术援助，以提高受援国的农业生产能力和粮食安全水平。

中国政府高度重视与 FAO 在粮食安全框架下开展南南合作，2008 年 9 月，中国政府宣布向 FAO 捐赠 3000 万美元设立信托基金，重点支持中国参与 FAO 粮食安全框架下的南南合作。2009 年，中国农业部与 FAO 签订了《中国—FAO 3000 万美元信托基金总协定》，明确了资金使用原则，从合作领域、内容、方式、程序等各方面体现了创新和合作理念。2010—2015 年，在 3000 万美元信托基金项目的支持下，中国农业部代表中国政府共选派 225 名中国外派人员赴蒙古国、埃塞俄比亚等 11 个亚非国家执行技术援助任务。其中，中国—乌干达南南合作项目较为典型。

表 1　**中国—FAO 3000 万美元信托基金支持的南南合作项目（2010—2015 年）**

序号	国家	计划派遣人数			实际派出人数	项目执行期
		专家	技术员	合计		
1	蒙古	7	15	22	19	2010—2013
2	马拉维	5	16	21	18	2011—2013
3	马里	6	12	18	17	2011—2012
4	塞拉利昂	6	16	22	22	2011—2013
5	塞内加尔	8	18	26	24	2012—2014
6	利比里亚	5	19	24	24	2012—2014
7	乌干达	7	24	31	31	2012—2014
8	埃塞俄比亚	6	24	30	30	2013—2015
9	蒙古（二期）	12	5	17	9	2014—2016
10	纳米比亚	8	10	18	15	2015—2017
11	乌干达（二期）	5	11	16	16	2016—2018
	总计				225	

资料来源：农业部对外经济合作中心。

一　中国—乌干达南南合作项目概况

（一）乌干达农业发展的特点

乌干达具有得天独厚的气候条件，农业是乌干达国民经济的支柱产业，占乌干达国内生产总值的70%和出口收入的95%，农业从业人口占80%，基本实现粮食自给，粮食作物产值约占农业总产量的54%，主要农作物有谷子、木薯、玉米、高粱、水稻、香蕉等，主要经济作物有咖啡、棉花、烟草、茶叶等，产值占比约9.2%，粮食与经济作物是乌干达农民收入的主要来源。渔业是乌干达经济的一个重要组成部分，渔业资源丰富，渔产品是乌干达重要的出口产品。

2010年，乌干达政府发布了农业发展战略和投资计划（DSIP—Development Strategy & Investment Plan：2010/11－2014/15），明确农业作为主要经济驱动部门，在实现国家现代化中有不可替代的作用，提出农业现代化的出路在于生产要素（土地、劳动和资本）的利用和开发，包括十个方面：提高农业研发与生产技术水平；提高农业咨询服务和农业科技推广能力；提高农业病虫害防治水平和预防控制能力；提高土地生产力、土壤水资源的可持续管理；增加使用农业生产用水；推广劳动节约型技术和农业机械化；改进乌干达北方农村基础设施和农户生活条件；支持农业企业发展；发展引进高质量种植和养殖品种；加强农村合作组织的管理、创业和营销的发展。①

目前，乌干达正在制定下一个五年发展规划，即农业战略规划（ASSP—Agriculture Sector Strategic Plan：2015/16－2019/20），将包括4个优先发展目标/领域：提高农业生产力和生产效率；增加农业投入，包括关键技术的引进；发展和完善农产品市场和价值链；实施机构改革，加强管理部门、科研单位以及推广机构的能力建设。此外，农业战略规划（ASSP）纳入了减少性别不平等，发挥妇女和青年在农业发展

① Uganda Development Strategy and Investment Plan（DSIP）：Agriculture for Food and Income Security，2010/11－2014/15.

方面的作用，环境保护和气候变化以及预防艾滋病等国际发展问题。[①]

（二）中国—乌干达南南合作项目的运行机制

在 FAO 粮食安全框架下开展的南南合作运行机制主要包括以下几个方面：

一是项目规划设计。乌干达政府向 FAO 正式提交与中国开展南南合作项目的申请，经中国—FAO 南南合作项目指导委员会批准后，中方、FAO 和乌干达三方联合开展项目规划设计，完成项目设计文件，包括项目的逻辑框架、工作计划、监测评价和预算。

二是项目立项。根据项目规划设计文件，三方共同编制并签署《中国—乌干达南南合作项目三方协议》（简称“《三方协议》”），明确三方合作关系及职责义务。

三是项目实施与管理。根据《三方协议》，中方选派专家和技术员组成“南南合作”专家组赴乌干达在水稻、旱作、水产、蔬菜和畜牧等领域执行为期两年的技术援助任务，同时提供必要的示范性农业物资、设备，开展来华技术培训和交流等能力建设活动，以提高乌干达的农业生产能力和粮食安全水平。乌方负责为中国专家和技术员提供开展工作所需的工作和生活条件、公共医疗便利、开设个人美元及当地货币的银行账户、提供工作车辆（包括保险和司乘人员）、必要的安全保障以及为中国专家和技术员配备足够数量且符合条件的合作伙伴，以便更好地在乌干达开展实地示范。FAO 根据《中国—粮农组织“南南合作”信托基金总协定》的要求，在与中方指定的“南南合作”专家组组长（协调员）和乌方指定的技术官员（协调员）磋商后，负责对中方在乌干达开展的技术援助项目提供技术指导、支持和监督。

四是项目监测评价与总结。在项目启动前，FAO 与乌方合作完成项目的基线调查，确定所开展技术援助领域的基线数据。“南南合作”专家组组长（协调员）定期（每半年和一年）向 FAO 驻乌干达代表处提交工作进展报告，FAO 进行技术审核并提交至乌干达农业部核准，最后提交至中国农业部参阅。在项目执行一年后，开展三方联合中期评

---

① Uganda Agriculture Sector Strategic Plan (ASSP): 2015/16 - 2019/20.

估，评估项目所取得的成果，分析不利因素并提出整改措施。在项目结束前2个月，开展三方联合监测评价，终期监测评价报告由FAO向中方和乌方提供。

（三）中国—乌干达南南合作一期项目规划与实施

2005年12月，乌干达政府提议与中国开展南南合作，FAO与中国政府分别于2006年和2010年两次赴乌干达开展南南合作项目规划设计。2011年12月，中国政府、乌干达政府和FAO签署了《中国—乌干达南南合作（一期）项目三方协议》。根据《农业部“南南合作”项目管理办法》，综合考虑乌方专业需求、各省人员储备情况、中国在乌干达援建农业技术示范中心以及双边农业合作情况，中国农业部制定了“以省包国”方案，以四川省为主选派专家和技术员赴乌干达执行南南合作技术援助任务。2012—2014年，中乌南南合作一期项目成功实施，31名中国农业专家和技术员在乌干达农业发展战略和投资计划（DSIP）框架下，在作物生产、园艺、畜牧等7个领域为乌干达16个项目合作单位（包括政府部门、科研机构、非政府组织以及私营企业）提供技术援助（见表2），通过开展技术培训、示范推广、合作交流等形式的能力建设活动，以及提供必要的物资设备，提高了乌干达粮食安全水平，受到FAO和乌干达政府的充分肯定。

表2　　中国—乌干达南南合作一期项目专业领域与人员分布表

序号	专业	具体领域	专家	技术员	项目点
1	水产养殖	水产养殖	1		恩德培（Entebbe）
		孵化、食品安全		2	卡巴莱（Kabale）
		养殖、鱼饲料加工		2	金贾（Jinja）
		鱼饲料		1	利拉（Lira）
2	畜牧	畜牧饲料	1		恩德培（Entebbe）
		家禽养殖、饲料加工		3	国家动物遗传基因资源中心和数据库（Entebbe）

续表

序号	专业	具体领域	专家	技术员	项目点
3	园艺	水果、园艺灌溉		3	恩德培（Entebbe）
		菌类		1	那马莱尔（Namalere）
		蔬菜繁育、收获后处理、病理学		3	卡其维卡诺（Kachwekano）
		水果繁育、水果后处理、附加值、昆虫学		4	塞雷雷（Serere）
4	谷物种植	谷物种植	1		恩德培（Entebbe）
		谷物加工		2	马辛迪（Masindi）
		谷物储仓、种植		2	古卢（Gulu）
		谷物种植		1	卢韦罗（ Luwero）
5	农业企业经营	农业企业经营	1		恩德培（Entebbe）
		水产养殖企业		1	金贾（Jinja）
		园艺企业		1	卡巴莱（Kabale）
		畜牧企业		1	姆巴拉拉（Mbarara）
	总计		4	27	

资料来源：农业部对外经济合作中心。转引自于浩淼《中国—乌干达南南合作项目的成效、问题与对策》，《世界农业》2015 年第 10 期。

（四）中国—乌干达南南合作二期项目规划情况

基于一期项目的成效，2015 年 1 月，中国—FAO 第四次年度磋商会上通过了继续开展中乌南南合作二期项目的申请。2015 年 3 月，中国、乌干达、FAO 三方联合开展中乌南南合作二期项目规划设计。2015 年 9 月，三方在 FAO 总部共同签署了《中国—乌干达南南合作（二期）项目三方协议》。根据乌干达的需求和一期项目基础，二期项目将重点集中在园艺、谷物、水产、畜牧和农业综合经营五个领域，其中，农业综合经营领域是二期项目重点，南南合作不仅要推广农业技术，而且要建立可持续的经营模式，通过增加就业，提高农民收入来巩固项目所取得的成果，实现可持续发展的目标。二期项目共需要 16 名中国长期专家和技术员（见表 3），已于 2016 年 1 月 14 日抵乌干达执行技术援助任务。目前，中国专家组已根据工作计划，在园林修枝、开荒播种、果树施肥等领域启动相关示范与培训工作。

表3　　中国—乌干达南南合作二期项目专业领域和人员需求表

序号	专业	具体领域	专家	技术员	地区
1	谷物	谷物生产、农产品加工、种子技术	1		布达卡（Budaka）
		谷子生产		1	
		大米、玉米种植，农产品加工		1	
2	园艺	水果蔬菜种植	1		卡贝拉（Kabale）
		水果种植、植物保护		1	
		蔬菜（蘑菇）种植及销售		1	
3	畜牧	畜牧生产（牛羊肉分割及标准化）	1		姆巴拉拉（Mbarara）
		饲料配方、加工、牛鸡饲养		1	
		生殖生理学（实用牛羊猪人工授精）		1	
4	水产	渔业生产、饲料配方、鱼卵乳化	1		阿姆瑞（Amuria）
		畜牧生产（牛羊肉分割及标准化）		1	
5	农业综合经营	农业产业经营	1		恩德培（Entebbe）
		价值链		1	
		农机		1	
		灌溉		1	
		可再生能源		1	
	总计		5	11	

资料来源：农业部对外经济合作中心。转引自于浩森《中国—乌干达南南合作项目的成效、问题与对策》，《世界农业》2015年第10期。

二　中国—乌干达南南合作项目分析

（一）中国对外援助的理念

国际援助是国际政治经济体系的重要组成部分，在经济全球化、政治多极化的全球背景下，国际援助格局也正向多元化方向发展，发达国家总体援助比重下降，但在未来一段时期内仍占据主导地位，发展中国家的援助逐渐成为国际援助中的新兴力量，发展潜力较大。新兴援助国对外援助具有一些共同的特点，即在南南合作框架下，由发展中国家自己发起、组织和管理，在双边、多边、地区和地区间等多个层次开展互惠互利的合作。作为主要的新兴援助国——中国，在南南合作中援助额最大，影响广泛。[①]

联合国2030年可持续发展议程对加强农业合作提出了新的要求，中国作为全球第二大经济体，与全球事务发展及世界融合度日益加强，一方面，加强与发达国家的交流与对话，积极宣传南南合作的客观性及有效性，在提倡国际援助体系多样化的前提下，借鉴和学习好的做法；另一方面，积极与其他新兴援助国在南南合作基本性质与做法等方面形成较一致的声音，为国际援助体系引入全新的南南合作理念和原则。

与发达国家对外援助的理念与模式不同，中国在分析国际发展理论脉络“碎片”的基础上，结合本国国情，以国际视角形成既符合南南合作共性又体现中国特色的援助理念，即坚持“平等互信、互利共赢”的南南合作核心要义，政治上互相尊重主权，不附带任何政治条件，从意愿性合作转向政策性实质性合作，从局部性合作转向整体谋划、全局性合作，从阶段性合作转向机制性安排；经济上从主要以知识合作为主逐步转向知识合作、技术转移、投资与贸易合作全面发展，推动参与合作主体的多元化，帮助受援国找到发展之路，实现自立的可持续的发展，是一种“援助+合作”的援助模式。

（二）中国对外援助的理念在中乌南南合作项目中的体现

1. 政治上坚持平等互信理念

（1）建立责权平衡的伙伴关系

FAO框架下的南南合作是联合国系统的一种多边合作模式，关注有强烈政治意愿发展本国农业的国家，并注重援助与受援国国家总体发展战略相结合，以发挥最大功效。中国在参与中乌南南合作项目过程中，始终坚持责权平等的原则，强调支持乌干达正在实施的农业发展战略和投资计划（DSIP），合作重点领域与乌干达DSIP战略相一致，确保满足乌干达农业发展的需求。通过中国、乌干达与FAO签署的《中国—乌干达南南合作项目三方协议》，明确三方合作关系及各方的职责

① 黄梅波、唐露萍：《南南合作与中国对外援助》，《国际经济合作》2013年第5期。

义务，实行合作成本和投入分摊机制，确立了三方平等参与的共同责任机制，公平体现各方权益，强调伙伴关系。

（2）建立较为顺畅的多方合作机制

一是中国建立了完善的南南合作工作机制。中国政府对南南合作政策支持的力度不断加大，中国在FAO建立信托基金后，及时研究提出创新工作机制与合作方式，包括与FAO建立年度磋商机制，共同回顾项目进展、解决项目执行中面临的困难、明确工作计划，与FAO的具体合作模式与权责分工还将根据新的环境条件进行调整和完善；中国加强了部际与部省的协调机制，通过“以省包国”的模式有效调动项目派出省份的积极性；加强制度建设，出台了农业领域南南合作项目管理办法，编制了中国与FAO南南合作项目操作指南等，成为今后开展农业领域南南合作项目的指导性文件；统筹国内资金，为外派人员提供语言强化培训、行前培训以及心理健康指导等；制定外派人员评估、激励与退出机制，完善对外派人员的境外管理。

二是FAO构建了多方合作的平台。FAO构建了其总部与驻乌代表处、驻华代表处三点协作的工作机制，提供项目前期规划、基线调查、中期评估与终期总结的预算与技术支持；按照FAO工作程序，FAO分别与中国和乌干达签订了《FAO—中国关于使用信托基金开展中乌南南合作项目的备忘录》《FAO—乌干达关于中乌南南合作项目合作计划》，明确了资金使用金额、方向和程序，保证项目在多边合作平台上顺利开展。

三是乌干达建立了自上而下的配套机制。乌干达积极发挥主观能动性，从农业部至普通农户对南南合作均予以积极支持和配合，提高项目参与度。在乌干达，中乌南南合作项目由乌干达农业部作物资源司司长总负责，并由中、乌、FAO各派出一名协调员，组成项目协调办公室，负责项目的具体实施，各项目点由所在地政府或企业负责，乌干达政府为每名中国专家和技术员安排一名当地的技术合作伙伴，通过有效沟通，提高了工作效率，保证了项目的有效实施。

2. 经济上坚持互利共赢理念

在“援助+合作”的大援助观下，互利和互助是中国对外援助的一个基本宗旨。

（1）采取“授人以渔”的技术援助模式

中国参与 FAO 框架下的中乌南南合作项目，在技术援助方面有以下特点：一是根据乌干达农业生产特点分享知识、推广技术。所示范、推广的知识和技术均在乌干达被证明是经济实用、易学易懂的，适合乌干达国情且可持续应用。二是与乌干达的农业生产周期相结合，中国长期专家和技术员的派遣期为两年，可以覆盖较完整的农业生产周期，保证农业生产整套技术能够完全传授给当地农民与合作伙伴，使他们能够完全掌握和独立运用所传授的知识技术。三是关注可持续发展问题。中乌南南合作项目通过“零距离”“手把手”的平等合作模式，将传输农业发展理念与技术推广相结合，田间技术示范与课堂培训推广相结合，农技人员传帮带与农民培训相结合，指导示范农户与辐射周边农户相结合，境内外技术培训与考察交流相结合，有效地促进了技术的可持续传播和农户的长期受益，合作方式从以纯援助为主向援助、合作并举转变，由输血功能逐步转向造血功能，达到“授人以渔”的目的。

（2）将援助与投资贸易相结合

中国开展的南南合作坚持互利共赢的合作方式，将援助与贸易和投资相结合，实现双方的共同发展。南南合作不仅为中国树立了良好的国际形象，而且有效避免了双边合作易引起的敏感话题和带来的不利影响，在促进国内农业产业发展和支持农业“走出去”方面发挥了独特的作用。在选定国别项目上，资源条件优越、与我互利合作前景好的国家——乌干达被列入了优先位置。乌干达总统曾表示将加强乌干达农业经营及企业投资、提升农业产业链附加值。按照互利共赢、共同发展的原则，中乌南南合作项目在服务产业发展方面主要体现在：

一是中国农业专家在乌干达执行任务期间，深入了解当地的生产贸易信息、种子资源情况、当地合作需求，对农业加工企业、农场、农产品及农资市场进行实地调查，先后完成了《乌干达国别报告》《南南合作实用技术培训讲座》《中乌双边农业合作重点项目建议书》《在乌建设杂交玉米育种研发中心项目建议书》《乌干达试验示范谷子种植技术》《乌干达谷子玉米产业化研究报告》等，为企业境外投资提供了宝贵信息。很多中方的技术、设备、投入品、技术规范与标准通过南南合作平台在乌干达得以广泛宣传和推广。

二是四川省农业厅谋而后动，除选派精良的农业专家外，还采取“政府搭台、企业唱戏”的方式，制定了《依托中国—乌干达南南合作项目平台促进四川省农业企业“走出去”》规划，以中乌南南合作项目为平台，与乌干达农业部组织高层互访团组，鼓励有实力并有意愿“走出去”的企业赴乌干达开展农业投资。截至 2015 年 10 月，中乌企业签署了 30 余份意向性合作协议，涉及农业科技推广、农机研发销售、畜牧业养殖、农业综合开发等多个领域。

三是为进一步推动中乌投资合作，中乌南南合作二期项目在中乌农业合作产业园区内设立项目点，安排农机、水利、园艺等专业的专家提供技术支持，极大地提升了南南合作项目在乌干达的影响力，促进了中乌南南合作项目的可持续发展。

三 中国—乌干达南南合作项目取得的成效及影响

（一）政策层面

1. 建立了有效的政府间农业交流与合作机制

中乌双方高层领导多次互访交流，各达 30 多人次，乌干达副总统、农业部长、FAO 驻乌干达代表，与时任中国农业部牛盾副部长、四川省政府曲木史哈副省长等高层领导会见并亲切交流。四川省农业厅与乌干达农业部签署了《农业合作备忘录》，进一步加强中乌双方的理解与互信，为双方在农业领域的交流与合作搭建了平台。

2. 促进了乌干达政府有关农业发展政策的出台

通过中国南南合作项目的支持和协调，大批乌干达农业官员和科研人员访华，实地感受中国改革开放 30 多年来农业发展的成功经验，使他们深受启发和鼓舞，对中国专家和技术员开展的工作更为理解和接受，对制定其本国农业战略和政策有了新的体会，促使乌干达为适应产业和市场需求制定了一系列法规和政策，如制定了《促进乌干达农业产业化经营的指导意见》等，旨在支持乌干达农业新技术的应用和产业发展。

（二）技术层面

中乌南南合作项目通过实地示范、推广农业技术，提高了相关科研机构及核心示范户的技术水平。中乌南南合作一期项目共举办培训 100 余次，培训学员 3500 余人，带动和辐射农户达 15000 人，有效推广和传播了先进适用技术，提高了乌干达的农业生产力。

1. 在粮食作物方面，中国专家组织了以水稻、玉米、小米三类谷物为主的技术示范活动。在引进的 12 个新品种（6 个杂交水稻品种，3 个杂交玉米品种，2 个杂交小米品种和 1 个常规小米品种）中，共筛选出适合当地生产，适宜大面积推广的粮食品种 6 个，产量为当地优质品种的 3 倍，为当地农户带来了实际收益，并为中国的杂交水稻、小米在乌干达的大面积推广奠定了基础。此外，中国专家设计的小型粮食仓储设备也受到当地农民的欢迎。

2. 在园艺及灌溉方面，中国专家在 10 个不同区域进行了引种示范，包括引进并推广苹果砧木品种 2 个、梨砧木品种 1 个、优质蔬菜品种 20 个，在卡贝拉（Kabale）示范的苹果砧木种苗已成苗 24 万株，示范推广的蔬菜品种已种植 20 余亩，受到当地政府和农户的高度肯定；中国专家开展的食用菌、马铃薯试验生产及杧果实蝇、柑橘黑斑病的防治试验，为大面积生产应用做出了有益探索。此外，完成坡改梯及天然集雨示范项目面积 4000 平方米，蓄水达 150 立方米，极大地提高了乌干达农业部示范苗圃的生产能力。

3. 在水产养殖方面，中国专家从鱼苗孵化、幼苗运输、鱼塘设计及养殖、稻田养鱼到鱼饲料加工，在乌干达 6 个行政区近 10 个渔场开展了技术示范活动。鱼苗孵化率从当地的 20% 提高到 80%，幼苗运输成活率从不到 80% 提高到 98% 以上，池塘养鱼示范面积达到 10000 平方米，小规模饲料加工产量达到 100 公斤/小时，稻田养鱼成为当地农民新的生产方式。

4. 在畜牧生产方面，中国专家设计并修建了两口户用氨化池，年产氨化饲料达 72 吨，可供 1200 只羊或 240 头牛一个月的饲料需求，氨化饲料提高了秸秆营养价值及适口性，并解决了旱季缺牧草的问题。为解决进口鸡笼成本高的问题，中国专家设计了实用的标准化木制鸡笼，受到当地畜牧研究机构和养殖户的广泛欢迎并普及推广。

（三）经济层面

中国驻乌干达专家组成功促成了首届中乌农业合作企业洽谈会的举

办。以此为契机，四川省企业多次赴乌干达进行实地考察，了解当地棉花、水稻生产以及种子产业等方面的情况。经过前期周密的调研和论证，四川科虹鑫融投资管理股份有限公司、四川惠农机械有限责任公司、四川仲衍种业股份有限公司（以下简称“仲衍种业”）、四川省绿科禽业有限公司（以下简称“绿科禽业”）、四川川龙拖拉机制造有限公司5家四川省龙头涉农企业和3名自然人投资1亿元人民币共同组建“四川友豪恒远农业开发有限公司”（以下简称“四川友豪”）。通过抱团出海，实现资源共享、风险共担、业务共建、利益共享，共同在乌干达建设“中乌农业产业园”，受到乌干达政府的高度重视。

2015年，四川友豪旗下的仲衍种业公司在当地开展杂交水稻种子的贸易并辐射到周边国家，在乌干达的北部、东部、西部完成了种子示范样品的布点，经种植测试，产量达到620公斤/亩，收到了较好的示范带动效果；四川友豪旗下的绿科禽业公司，通过对乌干达蛋鸡养殖现状、市场需求及相关政策的分析与考察，最终确定在乌干达投资6000万元人民币，计划养殖30万只蛋鸡，这将是乌干达最大的集蛋鸡、肉鸡养殖、加工、销售等于一体的一体化产业链养殖企业。

2015—2022年，四川友豪拟投资15亿元人民币，通过“中乌农业产业园”这一核心区，以“促进乌干达农业发展，实现双方合作共赢”为目标，采用“公司+农户”的方式，建成30万亩集农业生产、农产品加工、农产品贸易、农机、农用物资、物流、农技培训推广等于一体的现代化大型农业产业园。园区共分三期建设，计划建设周期7年，可解决乌干达当地2.2万人的就业问题，年培养管理人才及农业专业技术人才1000人以上，生产各类农产品达60万吨以上，实现年产值24.4亿元人民币。

（四）社会影响

在中乌双方的共同努力下，经乌干达政府和四川省人民政府批准，乌干达马萨卡区与四川省宜宾市结为友好城市，双方已制定了友好合作工作方案。主要在以下几个方面开展合作：一是建立互访机制。每年根据双方需求开展互访活动，搭建政策对话与交流平台。二是开展翻译培训工作。四川宜宾学院为乌干达马萨卡区培训10名中文译员。三是开展农业技术培训工作。根据乌方需要，四川宜宾市农业局派遣技术人员到乌干达马萨卡区开展技术援助。四是搭建民间经贸平台。成立宜宾市与马萨卡区企业友好交流协会，促进民间经济合作与贸易往来，确保合作成果取得实效。五是加强两地青年交流。积极推动宜宾市与马萨卡区两地青年通过互联网工具加强沟通与交流，增进了解与互动。

（五）各利益相关方的评价

中国、乌干达和 FAO 等利益相关方对中乌南南合作项目给予高度评价和充分肯定，认为中乌南南合作项目在已有成效的基础上进行了发展创新，充分利用公私合营（PPP）模式，促进中乌双边经贸与投资活动的开展，延长了乌干达农业产业链，使中乌南南合作项目获得可持续发展并取得实效，将进一步推动中乌南南合作项目成为中国—FAO 粮食安全框架下的样板项目。

四 政策建议

在新时期新形势下，中国在 FAO 粮食安全框架下的南南合作，要在已有成功经验的基础上发展创新，关注发展援助有效性等方面的管理经验，依据“可操作性、灵活性、差异性”原则，在政策、基层、产业促进、扩展合作伙伴四个层次开展技术援助项目，实现知识、投资、贸易合作的相互促进，推动双边、多边、多方合作互动与协调发展。

一是在政策层面，应加强南南合作政策的对话与交流，推动南南合作交流互访的机制化发展。发挥乌干达政府智库及科研机构的作用，建立有效的科研机构间农业技术交流与合作机制，向乌干达派遣高级农业专家或顾问，协助乌干达编制适合本国农业技术发展的国家规划、政策法规、指导意见、推广体系等，建立机构、南南合作推动者和知识使用者之间的协作网，加强机构能力建设。

二是在基层层面，应提高技术转移的规范性和针对性。中国农业专家和技术员要科学设计综合微型项目，按照“立足优势区域，利于示范推广，工作生活安全，便于协调管理”的原则，在项目规划设计阶段，选好项目点，实现以点带面、以技术推广覆盖全国的效果。探究技术需求发现、匹配与调纠机制，通过访谈、调查问卷、实地考察等方式，深入开展农业技术需求分析，系统筛选、总结、梳理在乌干达适用的技术和最佳发展实践等知识产品的生产，制定易学易用的技术规程，开展适用知识产品的传播和推广工作，形成国际社会可视、受援国可用的技术转移新机制，促进技术转移成果的知识化。

三是在产业促进层面，对乌干达的援助要按照全产业链布局、产业化推动，更好地满足受援国农业发展的需求。建立微型试点项目库和项目申报机制，项目可由中方专家和乌干达合作伙伴联合申报，分为研究规划、产业发展和小型基础设施三大类。同时，面向乌干达的青年和妇女，提供创业种子基金，与中国示范推广的农业实用技术相结合，提高乌干达全产业链发展能力，扩大双边投资合作潜力，提高中国农业技术援助效应的可持续性。此外，乌干达政府要积极发挥主观能动性，提供政策支持，出台支持中国技术援助项目政策与配套措施，对技术示范推广、物资审批与入境等提供便利条件。

四是在拓展多方全球伙伴关系方面，开展三方或多方合作。三方合作为发达援助国、新兴援助国以及国际多边机构等利益相关方在实际操作领域提供了一种独特的合作模式，其核心优势在于结合各参与方的比较优势，提高技术援助的效率。可优先选择区域核心国——乌干达，以中国援建乌干达农业技术示范中心为依托，建立区域、次区域农业技术创新和推广中心，建立南部国家间农业技术合作网络，为拓展与国际农发基金（IFAD）、世界银行（WB）、亚洲基础设施投资银行（AIIB）和新开发银行（NDB）等国际金融组织的多边贷款项目合作做前期规划，“撬动”更多资源和更大规模的资金投入，以带动南南投资和产业合作。

“FAO + 中国 + 东道国”农业三方合作案例研究

Agricultural Trilateral Cooperation
—A Case Study of FAO Model + China + Hosting Country

唐丽霞　祝自冬*

摘要：国际发展领域内的三方合作，尤其是“传统援助体（含发达国家 + 多边发展机构） + 新兴经济体 + 发展中国家”的合作模式已经成为连接“南北合作”和“南南合作”的桥梁，成为改善援助有效性和建构全球发展合作伙伴关系的重要方式。在三方合作领域，中国一直积极参与，尤其是和粮农组织（FAO）共同在发展中国家开展农业合作，中国“FAO—中国—东道国”的农业三方合作模式经过了十几年的探索日益成熟，派遣中国农业技术专家，依托粮农组织的管理平台，在东道国的基层农业部门提供技术示范和推广服务，促进农业技术发展。在十多年的实践中，中国在三方合作中的角色发生了显著变化，从早期的技术提供国到现在的资金、技术和管理的提供国，通过捐赠信托基金的方式，对于三方合作的筹资模式、新兴经济体的参与以及东道国的责任等有了一定的创新，延展了三方合作的内涵和外延。

关键词：三方合作；农业合作；南南合作；新兴经济体；技术援助

Abstract: The trilateral cooperation, especially the model of “Traditional

---

* 唐丽霞，中国农业大学人文与发展学院/国际发展研究中心副教授；祝自冬，农业部对外经济合作中心研究所所长。

donors (including the developed countries and multilateral development agencies) + Emerging donors + developing countries" has become the bridge to link the South-north cooperation and South-south cooperation. This trilateral cooperation model also can contribute to improving effectiveness of international aid and to constructing new global development partnership. China is always actively involved into trilateral cooperation and works with FAO together to promote agricultural development in developing countries. The model of "FAO + China + hosting countries" has built up a mature system and mechanism to promote agricultural cooperation via dispatching Chinese agricultural experts, depending on FAO administrative platform. The model offers agricultural technology and piloting programmes in local level such as district and villages in developing countries. In past decades, China' s role has transformed from the technology provider to fund, technology and administration provider. Trust fund model piloted by China has extend the financing, participation of emerging donors and accountability of hosting countries in international development cooperation.

Key words: Trilateral Cooperation; Agricultural Cooperation; South-south Cooperation; Emerging Economy; Technical Cooperation

一 引 言

三方合作主要是指在国际发展合作中有三种不同主体的参与，这三种主体分别是援助国、技术援助提供者和受援国[①]，国际发展领域内的三方合作最早可以追溯到20世纪80年代的OECD国家、阿拉伯国家和非洲国家之间的发展合作[②]，但只是最近几年才开始快速发展[③]，这主

① CUTS, 2005, Trilateral Development Cooperation: An Emerging Trend, CUTS-CITEE Paper Briefing.

② Wai, D. (1982), *Interdependence in a World of Unequals: African-Arab-OECD Economic Cooperation for Development* (Boulder, CO: Westview Press).

③ McEwan & Mawdsley, "Trilateral Development Cooperation: Power and Politics in Emerging Aid Relationships," *Development and Change*, 2012, 43 (6): 1185 - 1209.

要是因为在国际发展援助体系中，新兴经济体的参与程度和作用正日益增强，尤其是中国、巴西、印度等新兴经济体的参与，传统发达国家越发意识到新兴经济体的重要性，构建全球发展伙伴关系成为改善全球发展援助效果的途径之一，《阿克拉宣言》明确提出发达国家应与南南合作相结合，从而促进南北合作和南南合作之间的协调发展，三方合作被视为是连接“南北合作”和“南南合作”之间的桥梁。[①] 当前大部分发达国家都非常重视推动三方合作的发展，如英国在 2011 年宣布发展援助的重点是要和新兴经济体一起开展工作[②]，德国 2013 年也发表了题为《德国对外援助中的三方合作》战略文件来促进三方合作的发展，其他国家，像日本、西班牙、爱尔兰、韩国、加拿大等，多边发展机构，如欧盟、世界银行、联合国粮农组织、联合国开发署等，都非常重视三方合作；在新兴经济体中，巴西、南非、印度、墨西哥、智利、泰国、马来西亚等国都开展了大量的三方合作。

中国对于三方合作的参与是比较早的，尤其是和联合国系统的三方合作，如世界卫生组织、联合国粮农组织（FAO）和联合国人口基金会等，合作模式主要是这些多边发展机构提供资金，中国为其提供针对发展中国家相关人员的能力培训等，这种三方合作更多地倾向于一种委托服务。近年来，一些西方发达国家开始重视和中国进行三方合作方面的探讨，中国曾先后和法国、欧盟、美国、英国等国家开展过三方合作方面的政策对话和研讨，并且也开始了一些尝试性的项目，如美国—中国—东帝汶农业合作项目，英国—中国—马拉维农业合作项目、英国—中国—乌干达农业合作项目，这些三方合作的尝试符合当前国际社会比较关注的“发达援助体 + 新兴国家 + 受援国”的经典模式。除此之外，在农业领域内，中国目前投入较多和实施时间比较长的三方合作模式是“FAO + 中国 + 受援国”（在 FAO 和中国的官方话语体系中将受援国称为“东道国”，下文将以东道国来代替受援国），这种模式和当前国际

---

① McEwan & Mawdsley, “Trilateral Development Cooperation: Power and Politics in Emerging Aid Relationships”, *Development and Change*, 2012, 43 (6): 1185 - 1209.

② Mitchell, A. (2011), Emerging Powers and the International Development Agenda, Transcript of a speech delivered at Chatham House. http: //www. chathamhouse. org. uk/ files/18611_150211mitchell. pdf.

社会比较普遍采用的两种三方合作模式都有所不同，从形式上看更像是“发达援助体+新兴国家+受援国”，而实际上却广泛利用了上述两种模式中参与主体的优势资源。

1994年，FAO提出了旨在提高低收入国家和粮食不足国家粮食安全和改善这些国家人口的营养水平的“粮食安全特别行动计划”。1996年，该计划得到了世界粮食首脑会议的认可，FAO开始在全球范围内筹集资金，一共筹集了8亿美元的资金用于实施该行动计划，这一计划由国家粮食安全计划（NPFS）、地区粮食安全计划（RPFS）以及南南合作（SSC）三个部分组成，其中南南合作采取的是三方合作的方式，即由FAO提供资金和管理资源，由农业发展水平较高的发展中国家（即合作国）派遣专家和技术人员到东道国提供技术援助，直接指导当地农民进行农业生产，从而提高受援助国家的农业水平。截至2014年底，FAO一共签署了40多项农业南南合作协议书，其中，中国签署了22项合作协议，共向非洲、亚洲、南太平洋、加勒比海等地区的24个国家派遣了1008名农业专家和技术员，约占FAO南南合作项目派出专家和技术员总人数的60%。

2008年，中国政府向FAO捐赠了3000万美元建立信托基金，信托基金的运行和管理职能归FAO，但中国负责和FAO共同商定资金的使用和投向，从而建立了一种新的三方合作模式，这种模式改变了以往新兴援助体在三方合作中只是提供技术支撑的做法，不仅提供技术支撑，还适当提供资金。2014年，中国在3000万美元信托基金即将结束的时候，又向FAO承诺将再次捐赠5000万美元设立信托基金以继续支持这种三方合作模式。按照中国和FAO签订的《信托基金总协定》，信托基金由FAO负责资金管理，FAO要以项目文件的形式向中国驻罗马粮农机构代表提交项目建议书，中方对项目建议书进行最后审议。信托基金主要用于支持中国向东道国派遣农业专家和技术员，实地示范推广农业实用技术和管理经验，提供辅助性农业投入品并开展技术培训和交流等其他农业合作活动。此外，基金还可以用于东道国农业访华考察团、需求导向型的研讨会和培训班等活动。2010年5月，该信托基金支持的南南合作项目正式实施，截至2014年底，中国共选派了194名农业专家和技术员到蒙古（一期、二期）、马拉维、马里、塞拉利昂、塞内加尔、利比里亚、乌干达、埃塞俄比亚等国家开展农业技术援助工作；举办了 6 次农业技术培训交流活动，接待了 12 批东道国合作伙伴来华考察（其中部级团组 3 批），并在尼日利亚举办了一次“南南合作”高层论坛。

二 “FAO + 中国 + 东道国”农业三方合作的运行模式

（一）中国—FAO—东道国三方合作项目的管理——三方共同参与

中国—FAO—东道国三方合作项目建立了中国—FAO—东道国三方合作机制，各方都要各司其职。三方合作项目的立项启动必须是由对该项目感兴趣的发展中国家向 FAO 提出正式申请，明确表达参加 FAO 南南合作计划的意愿。FAO 在收到东道国的项目意愿之后，要和中国相关管理部门商定，征得中国政府同意之后，才能安排项目的规划设计。这样的制度设计充分尊重了三方主体的主观意愿，为三方合作中各自承担自己的责任和义务奠定了基础。

在项目规划设计阶段，项目规划设计小组的成员包括中国、FAO 和东道国的三方人员。在马拉维的二期项目规划设计中，小组成员包括：中国农业部对外经济合作中心的两名人员、FAO 的两名人员和马拉维农业部的几名工作人员。该三方合作项目充分尊重东道国的需求，规划设计阶段考察的项目拟实施区域和实施机构均由马拉维农业部提出，规划设计小组成员共同对该实施区域和实施机构进行考察，考察的主要内容包括当地的农业生产现状，农业管理部门的配套实施能力，能否为项目实施提供必要的住房、办公、交通等其他条件以及农业技术需求和中国专家的匹配程度等。考察结束后，规划小组要形成项目方案书，在马拉维规划设计结束后，规划小组组织了项目方案书的交流反馈会议，邀请了马拉维农业部的官员以及项目拟实施区域和机构的管理人员参与，让项目各参与方充分了解即将开展的项目活动。项目方案形成以后，FAO 负责准备相关三方合作协议和谅解备忘录，三方共同签署。协议生效以后，开始实施项目。

项目的实施过程也是由三方共同参与，但东道国的参与性与主动性得到加强。在实施项目的过程中，中国农业部负责遴选外派人员，并安排行前培训，尤其是语言培训。中方外派人员通常要指定一名项目协调员，统一负责和中国农业部、FAO 驻东道国代表处和东道国政府之间沟通和协调工作，并且要定期向三方提交工作报告以及个人进度报告等；FAO 负责中方外派人员在东道国的管理、咨询、技术示范和推广以及日常生活等方面的具体管理，负责三方合作项目的监测和评价，每六个月提交一次进度报告，当项目结束时，由 FAO 编写项目终期报告。在通常情况下，项目周期为 2 年。东道国则要为中方外派人员安排合作伙伴以及准备相应的工作条件。

（二）中国—FAO—东道国三方合作项目的运行——专家选派和培训

在中国—FAO—东道国三方合作中，中国工作的重点是选派农业专家和技术员在东道国提供技术服务。为了能够选拔到合适的农业技术专家，中国政府采取了“以省包国”的人员选派模式，充分调动项目协作省的积极性，同时，还积极鼓励企业、科研机构参与合作。“以省包国”是中国援外工作的经验，也是国内推动东西部地区协调发展的一个重要的内部发展经验，通过“以省包国”的方式不仅为项目协作省提供了走出去的空间和平台，同时能够充分调动省级资源，根据非洲大陆不同的农业生产特点选拔合适的农业专家，还能通过省级行政管理力量加强对南南合作项目的管理，目前四川省对乌干达和湖南省对利比里亚等“以省包国”的南南合作项目都执行得非常顺利，效果良好。

农业专家派出机构非常重视派出援外农业专家，认真做好专家的推荐和选拔工作，并为农业专家保留工资和工作岗位，为援外专家提供其他力所能及的支持和帮助。调研发现，绝大部分援外专家表示其派出机构对其执行援外任务都是持支持态度的，并且按照国家的相关规定为其保留和发放了国内的工资和其他相关福利待遇，但也有少量专家表示国内机构并未为其发放工资和福利，这在一定程度上影响了援外农业专家在外工作的积极性。另外，一些项目管理机构还和援外专家家属保持密切联系，为援外专家家属遇到的困难提供及时、有效的帮助；一些机构还为援外专家提供了额外的培训；一些机构为中方专家在东道国开展农业技术服务提供必要的经费、物资和材料、技术等方面的支持。

从目前遴选的专家来看，大部分专家具有很强的技术针对性，具备年龄轻、农业技术好和实践工作经验丰富等特点，能快速适应东道国的生活和生产要求。笔者于2014年对南南合作专家进行了一次调查，此次调查的109位援非农业专家全部为男性，多为参加工作年限较长，并且年富力强，有着相对丰富的工作经验。最近一次派出时的年龄分布在30岁至59岁之间，其中，30岁至39岁的专家占24.1%，40岁至49岁的专家占64.8%，50岁至59岁的专家占11.1%；援非农业专家的整体受教育程度较高，拥有较高的学历水平，68.8%的专家为本科学历，24.8%的专家为专科学历，6.4%的专家为研究生学历，援非农业专家来自全国各地众多相关单位机构。援非农业专家外派执行任务前多工作在基层部门，其中，75%的专家派驻前在县级部门工作，20%的专家派驻前在地级/市级部门工作，5%的专家派驻前在省级部门工作，没有专家来自中央部门。基层部门的工作经验非常有利于援非农业项目的实地开展，有利于在非洲不同地区开展农业技术推广服务；从援非农业专家派驻前所在单位的性质来看，来自政府及相关公共部门的专家占很大比例。具体来看，55%的专家派驻前在行政单位及下属事业单位工作，36%的专家派驻前在农业推广机构工作，6%的专家派驻前在科研机构工作，1%的专家派驻前在企业工作，2%的专家派驻前在其他类型的单位工作；援非农业专家的专业技术类型及级别较为多样化。从级别来看，以高级、副高级职称为主，也有中级与初级职称，这说明各个选派机构在挑选农业援外专家时是非常认真和慎重的，选派的多是本机构高级农业技术人员，从而保证了农业援外专家队伍的整体素质；从援外农业专家专业技术类型来看，涉及了畜牧、农艺、兽医、农机/机械、渔业/水产、水利、农经、农技推广等众多领域，从农业专家技术背景来看，农业技术专家基本符合非洲国家农业技术发展的要求。

农业三方合作项目为派出专家提供了系统的行前培训。总体上，农业三方合作项目援非农业专家在通过选拔后，都会接受较长时间的相关培训，为赴外执行援助任务做好准备。根据调查，96.3%的专家都参加了相关单位组织的培训，平均每人每次参加培训历时38.2天，具体来看，每次时长为31—45天的培训占38%，时长为16—30天的培训占33%，46—60天的培训占14%，小于等于15天的培训占12%，超过

60 天的培训占 3%。援非农业专家在派出前所接受的培训内容丰富且多样，其中，外语是最普遍且重要的培训内容，在统计的 185 次培训中，有 87% 的培训都包含外语培训，并且外语培训是所有内容中安排培训时间最长的。其次是关于中国外交政策、安全、保密和外事的培训，以及东道国政治社会基本情况的培训，在 57.8% 和 33.6% 的培训中有这些方面的内容。而关于援外的财务纪律、礼仪、专业技能等方面的培训则少有涉及。从培训内容安排来看，基本满足了援外农业专家所需要具备的知识要求，外语培训内容所占比重大，也符合当前中国农业援外专家的技术水平结构；在培训形式上，有授课、讲座、小组讨论与展示、经验交流、专题讨论等多种，每次培训采用一种或多种形式；给援非农业专家开展培训的人员来自众多领域，大多数培训人员都具有与非洲工作相关的背景和知识。从此次调研结果来看，有 68% 的培训邀请了有援非经历的专家作为培训人员，有 29.1% 的培训中有国家外事工作人员作为培训人员，有 25.2% 的培训中有科研机构工作者作为培训人员。此外，还有众多的外语教师，只有 1.9% 的培训中有非洲国家驻华代表作为培训人员，有 1.9% 的培训中有非洲国家当地技术专家作为培训人员，以及少数的中国驻非洲当地企业人员和预选的专家技术员做培训人员。

（三）中国—FAO—东道国三方合作项目的工作内容和方式

农业三方合作项目均选在合作国或其他发展中国家被证明是经济实用、易学易懂的，适合东道国的发展国情而且能够可持续地应用农业技术。笔者在埃塞俄比亚作调研的时候，中国南南合作农业专家在当地推广的蔬菜自留种技术、作物的起垄种植技术、简易的玉米脱粒机以及青贮饲料铡草机等简单有效的技术受到当地农业管理官员、技术人员和农民的广泛欢迎，尤其是青贮饲料铡草机，当地的农业管理部门投入资金进行第一批生产制作，将其发放给当地农民合作组织和种植大户，并在当地农民中进行示范。一位拿到铡草机的妇女告诉笔者："这个铡草机太好了，过去我们只能用镰刀一根一根地砍这个玉米秸秆，速度慢，并且砍的秸秆还长，喂牛时会浪费很多，用这个铡草刀，不仅速度快，铡的秸秆又短又整齐，方便存储，还不会浪费。"表 1 展示了在不同国家的农业南南合作专家在东道国开展的农业技术推广和示范的内容，可以发现，大部分农业技术简单易学，中国农业技术推广均选在合作国或其他发展中国家被证明是经济实用、易学易懂的，适合东道国的发展国情而且能够可持续地应用农业技术。这些技术直接面对小农，简单易学，投入成本低；中国推广的农业技术多集中在粮食作物和畜牧产品上，以解决非洲粮食安全为核心，并且技术的使用者大部分都是非洲的小农户。

表 1　中国通过 FAO 南南合作项目派出农业技术专家的服务领域

国家	农业技术推广和示范内容
埃塞俄比亚	在 Wenchi 县 4 个农民培训中心开展蚕豆、小麦、大麦、灌溉农作、蔬菜育苗等技术示范 实施小鸡孵化项目 推广了馒头、包子蒸制加工技术 推广面条加工机和手摇式磨粉机
塞内加尔	开展水稻示范、蔬菜示范、有机肥发酵制作示范等活动 微型灌溉技术 开展了花生、玉米、小米、蔬菜高产栽培技术指导
乌干达	中国杂交水稻、玉米示范 木制鸡笼示范、秸秆氨化示范、饲料加工示范 开展番茄、洋葱、甘蓝等蔬菜育苗技术示范 示范了柑橘树整形修剪技术
利比里亚	水稻旱育抛秧栽培技术现场示范 动物疫病防治
塞拉利昂	水稻种植、蔬菜/粮食生产、水产、家畜养殖、农林业、灌溉

资料来源：根据农业部外经中心网站的南南合作工作简报整理。

大部分中国专家都是和当地农业管理人员和技术人员一起办公，一起工作，选择示范农户，或者和当地的农民组织进行合作，以促进当地农民参与到项目活动中来。根据调研情况，在援非期间，专家接触最多的是非洲国家技术人员和当地农民，他们与当地人有大量的沟通机会。三方合作项目强调直接面向农村、面向小农，进村入户，深入基层，保障最有需求的农户直接受益。中方专家和技术员生活、工作在基层和农村，直接与农民和基层农技人员打交道，随时随地提供技术咨询，解决农业技术问题。当地群众对于所开展的援助项目的态度：有 47% 的专家认为非常欢迎，33% 的专家认为比较欢迎，18% 的专家认为一般，2% 的专家认为不太欢迎。根据专家们的反馈，当地人对于其开展的援助工作的反应：54.9% 的当地人认为从项目中学到了经验，当地可以按照经验开展工作；39.6% 的当地人认为能够从项目中直接受益，非常感激；3.3% 的当地人认为由于现实状况复杂，没法开展工作，没有得到益处；只有个别当地人不太认可中国专家的技术。此外，和中国通过双边渠道派出农业技术专家不同的是，中国—FAO—东道国三方合作项目还通过支持微型项目等方式为专家提供必要的工作经费，使得专家开展农业技术试验和示范推广活动能够有必要的财政支持。

三 “FAO + 中国 + 东道国”农业三方合作模式的特点

从文献以及目前国际上已有的三方合作案例来看，三方合作主要可以分为两种模式：一是“传统发达援助国 + 多边发展机构 + 受援国”模式，这种模式主要是指发达援助国利用多边发展机构的技术、人员和管理来为受援国提供特定的援助支持，这种模式和发达援助国向多边发展机构提供资金的方式是不同的，其主要区别在于援助资金使用的特定性和非特定性。由于多边发展机构主要是发达国家发挥主导性作用，因此这样的三边合作模式并没有真正促进南北合作。二是“传统发达援助体 + 新兴援助体 + 受援国”模式，也就是传统发达援助国和新兴援助体共同向受援国提供发展援助支持，这种合作方式则是当前讨论和关注较多的一种方式，也正是构建全球发展伙伴和连接南北合作和南南合作之间关系的重要途径。在这种合作模式中，传统发展援助体不仅包括发达国家，也包括多边发展机构，通常由它们提供发展资金、发展经验和制度管理能力，新兴援助体则拥有更加适合发展中国家的发展技术、专家人才以及更一致的社会政治经济文化发展水平和相对较少的冲突。这种三方合作模式由于聚合了“南北合作”和“南南合作”的双重权力关系，被视为是重构和丰富国际发展合作体系的潜在力量。①

中国参与农业三方合作模式从本质上来说属于"多边援助体 + 新兴国家 + 东道国"这种模式，中国刚开始参与这种模式时，采取的是相对传统的方式，即不直接提供对外援助的资金，只负责选派农业专家和技术员，由 FAO 提供所有的援助资金，而 FAO 的资金来源于全球范围内的筹资。在这个行动框架下，也有部分资金来自于东道国本身，如中国派往尼日利亚的专家，其工作经费和人员报酬来自尼日利亚本身在 FAO 设立的单边信托基金。在这种模式中，中国的作用更多的是提供技术支持，为 FAO 提供农业技术专家，而对于项目合作国家的选择、项目活动内容的确定以及项目的管理，中方的参与程度相对较低。但是，由于在一线工作的专家来自中国，这种模式在东道国产生了非常积极的影响，尤其是派出人员最多、执行时间最长、产生影响最大的中国—尼日利亚南南合作一期项目被 FAO 誉为全球南南合作的样板。这种合作方式给中国很大的启发：第一，依托 FAO 在全球的管理平台，能够降低援助管理的成本，并且也能够弥补中国在东道国缺乏专门援外管理和协调机构的不足；第二，依托多边机构，可以降低双边谈判所带来的政治上的不确定性，并且作为联合国成员机构的 FAO 可以更好地协调不同主体之间的关系；第三，依托多边机构，能够更好地宣传中国的援外工作，由第三方对中国的援外工作做出一个很好的评价。但是，自从中国向 FAO 捐赠信托基金后，中国—FAO—东道国三方合作项目就变成了国际发展合作中三方合作模式的一种创新，其创新点体现在以下几个方面：

第一，中国扩展了新兴经济体在三方合作中的角色，在目前比较流行的三方合作模式中，新兴经济体通常提供技术支撑，包括人才和技术本身，很少直接提供资金，在中国—FAO—东道国三方合作模式中，中国通过设立信托基金的方式和 FAO 合作，为新兴经济体直接出资提供了可行的途径。这种信托基金的模式，对于多边援助机构来说，也扩大了筹资的渠道，目前，随着国际发展援助格局的变化，发达国家的发展

① McEwan & Mawdsley, "Trilateral Development Cooperation: Power and Politics in Emerging Aid Relationships," *Development and Change*, 2012, 43 (6): 1185 - 1209.

援助预算增长缓慢，越来越多地和非政府机构合作，对于多边机构的依赖程度在下降，多边援助机构的发展筹资面临困境，新兴经济体成为其未来发展筹资的重要来源。对于新兴经济体而言，和传统援助国相比，虽然有着和发展中国家相似的发展经历以及发展中国家所适应的发展经验和技术，但缺乏援助管理的完整的机构设置和管理技术，依托多边机构，可以利用多边机构遍布在全球发展中国家的管理机构和平台，利用多边机构的管理经验，提高援助资金使用的效率。

第二，三方合作模式中中方因为出资，对于项目活动设计的主动权增加。虽然在传统的合作模式中，技术提供主体也能够对项目活动设计提供建议，但是由于并不是出资者，建议的提出难以得到重视，一些专家也默认自己是为项目提供服务，按照出资方的要求提供服务，是否有效则往往不会考虑。在这种模式中，中方的管理责任加强了，对项目活动和效果的关注程度提高了。

第三，三方合作要求东道国承担一定的投入，提升了东道国的参与程度和主动性。在当前一些合作模式中，资金来自于发达国家和多边机构，项目实施的一线管理依托受援国的管理部门和人员，项目实施的技术专家来自于新兴经济体，这样的资金和责权的分离给项目实施与管理带来很多困难，尤其是技术专家往往会认为东道国没有提供任何投入，无权干预自己的技术服务。在中国—FAO—东道国三方合作模式中，作为受援国的东道国需要提供必要的配套资金，在项目的规划设计、考察和监测评估过程中，东道国需要安排人员参与和协助开展工作；东道国还需要为中方外派人员提供必要的办公、生活和安全条件，在通常情况下，东道国要为中方外派人员提供住房和必要的生活设施。在埃塞俄比亚，东道国为 Wilso 地区服务的 11 名专家提供了两套房屋，专家每人一个房间，住宿条件相对简单和简陋，并且是和当地的居民生活在一起，这样不会为东道国实施该项目增加太多的财务负担，保证东道国的参与积极性。让东道国提供必要的配套设施，可以增强东道国对项目的拥有感，能够提高东道国对项目实施过程的关注程度。在埃塞俄比亚的项目中，当地农业部门通过自己国家的“粮食增长计划”为中方专家提供技术试验和推广的必要工作经费，如当地农业管理部门通过政府农业发展专项资金生产了近 30 台中方专家设计的铡草机发放给当地的农民，购买优质种羊来配合中方专家在当地开展羊的人工授精技术培训和服务。这种方式是对《巴黎宣言》和《阿克拉宣言》中提出的要建立援助体和受援国之间的合作伙伴关系的一种比较有效的回应，改变了受援国单纯接受援助的被动性。

创新农业走出去促投资援助模式研究
——以中地海外和江西赣粮为例*

Research on the Innovation of the Aid Modes of Agriculture Going Global to Promote Investment
—With CGCOC and Jiangxi Ganliang as the Examples

尹燕飞　李　炎**

摘要：本文以中地海外和江西赣粮在非洲的发展阶段为例，分析其援助与投资的不同介入阶段、方式、特征，并借此提炼出投资和援助以当地农业发展和市场需求为导向，逐步建立农业综合服务平台、形成“示范中心＋合作社＋培训”模式，以及属地注重产业链衔接等启示。最后提出设立农业走出去援贷投结合的平台公司，创设农业基础设施援建与投资机制，形成多层次差异化农业援助方式，构建农业援外与产业项目的转换模式等创新构想。

关键词：农业援助；农业投资

Abstract: This paper take the CGCOC Agriculture Development CO. , LTD and Jiangxi Ganliang Industrial CO. , LTD as examples, we analyze the development phase, the different stages of intervention of the aid and invest-

* 感谢中地海外建设集团有限公司孟令强、刘娜，以及江西赣粮实业有限公司毕双同提供的宝贵资料，感谢厦门大学黄梅波教授对本文所提的宝贵意见。

** 尹燕飞，农业部对外经济合作中心研究所助理研究员。李炎，农业部对外经济合作中心投资促进处副处长。

ment. And we emphasize the important of local agricultural development and market demand, extracted the investment aid combined mode of "Demonstration Center, Cooperative and Training." Finally, we propose several initiative modes as follows: to establish "going abroad" agriculture platform combined with mortgage investment and aid; to create the mechanism of agricultural infrastructure reconstruction and investment; to form the multi-level and differentiated agricultural assistance system. to build the conversion mode of aid and agriculture projects.

Key words: Agricultural Aid; Agricultural Investment

农业是中国对外援助的重要领域，自 1953 年至今，中国已为数百个国家实施了农业生产项目，主要采取援建基础设施、援建农场、农业专家派遣、援建农业技术试验站、推广站和农业技术示范中心等方式。一方面，对受援国改进农业基础设施、提高农业生产水平、改善粮食安全状况做出了重要贡献；另一方面，促进了双方的农业合作，为双方农业生产资料的合理配置、农业技术的改良奠定了基础，有力地推动了中国农业走出去进程[①]。

在肯定援助促进双方农业共同发展的同时，中国农业对外援助和对外投资流向呈现高度相关。截至 2013 年底，中国对外投资存量为 39.56 亿美元[②]，其中对亚洲投资 14.33 亿美元，占比为 36.2%；对非洲投资 8.44 亿美元，占比为 21.3%，而 80% 以上的农业援外示范中心分布于亚洲和非洲。农业援助和投资是否能相互促进，如何根据已有经验提炼出可创新的发展模式是值得关注的问题。[③] 本文阐述中地海外和江西赣粮的投资发展历程，试图提出援助和投资结合的创新模式及相关政策建议。

---

① 陈岩、马利灵、钟昌标：《中国对非洲投资决定因素：整合资源与制度视角的经验分析》，《世界经济》2012 年第 10 期。

② 《中国农业对外投资合作报告（2014 年）》，农业部对外经济合作中心。

③ Asiedu, E., Jin, Y., Nandwa, B., "Does Foreign Aid Mitigate the Adverse Effect of Expropriation Risk on Foreign Direct Investment?" *Journal of International Economics*, 2009, 78 (2) 268 - 275.

一 对非农业合作案例进程与基本内容

（一）中地海外—尼日利亚种业农业合作案例

中地海外建设集团有限公司（以下简称“中地海外”）是由国内大型石油化工、矿业勘察、工程建设、投资基金共同投资组建的跨国集团，在20余个国家主要从事工程承包、贸易租赁、实业投资、代理咨询等业务。从2005年开始，中地海外开始逐步进行实业投资的企业转型尝试，提出了以“工程为基，多元发展”的思路，目前已形成包括种业、农机具及农产品加工成套设备销售，农技培训推广三位一体的农业综合服务体系雏形。

2006—2008年投资先行期：初步探索，确立种业开发经营方向。中地海外在尼日利亚开始投资兴建农场，同时在当地设立开发有限公司，开始农业领域的投资开发经营探索。2006年初，公司获取了尼日利亚Kebbi州Warra农场2000余公顷土地的99年经营权，当年即试播种水稻600公顷，但因草害几乎绝收；次年使用适合当地的种植技术并压缩了规模，随后与隆平高科合作，合资组建了“绿色农业西非有限公司”，确立了以Warra农场为基地进行以水稻种业为主的种业开发经营方向。

2009—2011年，基础设施建设和投资并行期：加强当地基础设施建设，种业经营渐入佳境。公司分析了尼日利亚农业整体发展状况和市场趋势，针对当地常规水稻种子开展提纯复壮、选育及杂交水稻种子研发等工作。2009年投资整修了农场道路等基础设施，兴建了约200公顷农田水利灌溉设施，并于2010年逐步探索出了适合当地的机械化水稻耕作技术，为水稻种子研发、生产和对外示范推广奠定了基础。2010年，尼日利亚农业部长为公司颁发种子经营许可证，次年成为尼日利亚联邦政府“增长强化支持（GES）计划”的水稻和玉米种子供应商。

2012年至今，投资和援助并行期：加快种子销售进度，构建综合服务体系，拓展农业产业链经营。2012年，除开始为尼日利亚国家GES项目提供一般商品种子外，还承担尼日利亚委托的300吨水稻原种生产任务（占当年水稻原种生产计划的三分之一）。2013年，保质保量地交付任务后还实现了2585吨商品种子销售，次年获得尼方650吨原种、6000吨水稻种子和2000吨玉米种子订单。公司逐步与世界银行资助的西非农业生产力项目合作，为其提供种子和农技培训服务，并逐步将业务向埃塞俄比亚、乍得、尼日尔等国家扩展。Warra农场则向原种生产、新品开发和肉牛育肥养殖、林业（辣木）等综合生态农场方向转型升级。

对当地的经济社会带来了积极的影响。第一，与当地建立农技示范中心和生产合作社。公司在尼日利亚首都建立了种子研发和农技示范中心、种子亲本及原种繁育基地，还与当地农业主管部门合作建立了6个种子生产合作社。种子生产面积合计达2000余公顷，具备年产万吨种子的生产能力，促进了生产合作社的共同发展，也为当地建设综合农资服务体系网络奠定了基础。

第二，网箱和沼气项目助脱贫，农技培训促推广。为了帮助尼日利亚农民脱贫致富，公司与西非农业生产力项目局合作开展了网箱养鱼和沼气池项目。网箱养鱼项目主要传授网箱制作安装及养鱼技术，2014年底顺利完成拉各斯、尼日尔州项目点的现场示范和技术培训。沼气池项目包括分布在尼日利亚全国的12个点，已经完成尼日尔州、阿布贾特区沼气池的建设并投入运行。通过课堂教授和现场“手把手”示范，培训人员近300人，这些人基本掌握了网箱养鱼和沼气池建设技术。

第三，积极参与捐助和扶持活动。为了帮助遭受博科圣地恐怖组织袭扰的所在地人民，2014年，公司向尼日利亚总统发起成立的受害者扶持基金捐款500万奈拉（约3万美元），向Warra农场附近的小学捐赠教师办公桌椅、体育设备、学习生活用品等7000余件。2015年，公司通过州政府向当地农民捐赠了100吨水稻和玉米种子。

（二）江西赣粮—赤道几内亚示范农场农业合作案例

江西赣粮实业有限公司（以下简称“赣粮公司”）成立于2005年，2013年，赣粮公司参与实施了商务部援助非洲赤道几内亚的示范农场项目。示范农场位于大陆巴塔市的杜玛斯农场，占地21公顷。该项目分为建设期、技术合作期和可持续发展期。该项目已进入为期4年的技术合作期，赣粮公司选派农业专家前往示范农场进行运营，结合赤道几内亚的实际，试验、示范和推广中国的先进实用农业技术和优良品种，重点推广木薯、甘薯等粮食作物和香蕉、蔬菜等经济作物的可持续高产高效生产技术。

运行管理机制：管理双方共同参与，技术以中方为主。为实现示范农场具备的试验研究与示范、技术培训以及推广和产业化运营三大功能，由中方派遣专家为赤道几内亚进行作物多样化培育、良种繁育、生产加工示范、技术推广、人员培训等。管理方面由中、赤双方各出一名负责人全面管理农场事务，普通技术管理人员全部来自中方，其他辅助技术人员和工人，则根据生产需要在当地聘用。

技术示范合作：示范中心与多个农业主体合作。主要利用示范中心培育出的优良品种和相配套的栽培技术体系，采用“示范中心+农场主”“示范中心+公司”“示范中心+优秀农户”等模式，示范适应性良好、农艺性状优良的农作物优良品种，良种与良法结合，示范、传授先进的实用技术，从而提高该国的农业生产技术。技术示范模式主要通过引进良种、技术组装、集成示范、重点培训、全面推广等形式，并引入产业化经营理念，帮助赤道几内亚发展农业，逐步实现其粮食安全的战略目标。

投资运营进程：在援助示范基础上寻求双方利益的可持续发展。赣粮公司多次派遣国家级农业专家团与赤道几内亚农业部专家进行考察论证，分析在赤道几内亚进行大型农业开发的可行性。下一步计划在援助示范的基础上推进农业对外投资，拟进行水稻加工示范项目和木薯示范种植园项目，建设周期均为3年。水稻项目将向赤道几内亚国内市场提供优质大米，并培养水稻种植技工，以保障当地粮食安全。2016年1月，在赤道几内亚农林部与江西农业厅见证下签订农业木薯合作备忘录，赤道几内亚农业示范农场将作为抱团出海的载体，提高企业抗风险能力，实现共赢。

对当地的经济社会带来了积极的影响。第一，主推粮食和经济作物以带动种植生产。示范农场将重点提高粮食作物单位面积产量，增效经济作物生产技术；结合赤道几内亚的地理生态特征与农业生产发展实际，试验、示范和推广中国先进的实用农业技术和优良品种，培训赤道几内亚农业技术推广人员，带动当地种植业生产，提高农民收入，促进赤道几内亚农业农村经济的可持续发展。

第二，为当地引进农产品新品种，并建立初级加工体系。木薯项目将为赤道几内亚提供优质高产的木薯新品种，将指导当地农户科学栽培，借此带动当地农户种植木薯，按国际市场价格敞开收购，增加其收入；带动当地企业投资木薯产业，获得投资回报；建立初级加工体系，出口木薯淀粉，增加该国外汇收入。

第三，根据当地需求培养专业技术人员。充分利用示范中心现有硬件设施，采取多种形式（课堂讲授、实验室实习、大田现场观摩、大田实际操作、农户田间指导等）培训赤道几内亚的农业管理人员、技术人员、院校学生、农场主、农民等，并且根据当地情况培训拖拉机驾驶、农田灌排水、木薯制种等技术工人。培训数十位赤道几内亚农业技术推广人员，带动当地种植业生产，提高农民收入，促进农业及农村经济可持续发展。

二　案例投资与援助的阶段和关系

中地海外：非农援助先行，中期投资农业，中后期以援助形式辅助投资顺利进行。

中地海外最初以实施中国政府援助尼日利亚打井项目进入其市场，并逐步发展成为业务涵盖打井供水、工程建设及物流贸易的多领域公司。中地海外根据当地特征和公司发展的需要投资农业，建设灌溉水利等基础设施，援助进入了投资初期建设阶段，发挥了公益性的援助作用。在中后期发展阶段，中地海外开展了网箱养鱼、沼气池项目培训及捐赠种子等工作，在帮助受援国的同时，以援助的方式促进在受援国投资的顺利开展。中地海外的援助和投资相辅相成，运行特征为在对外投资的不同阶段引入援助以理顺投资。

赣粮公司：初期以援助先行，中后期以投资促援助，获得可持续发展。

赣粮公司在赤道几内亚的项目，是援外示范中心发展的一个缩影。援非农业技术示范中心项目集农业技术试验示范、技术培训与推广、管理经验传授以及产业化经营等于一体，是帮助非洲提高农业发展能力的最有效途径之一。示范中心主要分为项目建设、技术合作及可持续发展三个阶段。其中项目建设阶段旨在建设基础设施，配备必要的设备和物资；在建设完成后的三年内，进入示范中心的技术合作阶段，中方向受援国提供无偿援助用于购置必要设备、生产资料及培训当地人员，并与当地农业部门、科研院所开展农业技术、装备及管理的合作。示范项目完成前两个阶段，在达到商务部验收标准和受援国认可的情况下，进入可持续发展阶段。这一阶段的投资，将援外示范的农业产业项目和投资项目进行对接，一方面共同促进农业合作与开发，另一方面盘活援外示范中心以投资促进援外的可持续发展。

三　案例启示

（一）结合企业优势，以当地农业发展和市场需求为导向

中地海外和赣粮公司与非洲的农业合作，始终以受援国的市场需求为导向，注重与受援国自身发展需求相结合，在深入了解当地社会和市场需求的基础上，进行中长期业务发展战略规划布局，并通过广泛的投资及业务合作来整合多方优势资源，共同发展。赣粮公司主要依靠其在农技试验和推广方面的经验，重点推广当地符合木薯、甘薯、香蕉、蔬菜作物的高产高效生产技术。中地海外确立了“抓两头、放中间、做服务”这一符合当地发展的思路，主攻当地重点急需的种业；立足所在国农业资源，面向两个市场开发农产品加工流通贸易业务。

（二）基于援助，逐步建立农业综合服务平台

赣粮公司在完成援外示范的基础上，逐步扩展到粮食种植，以及经济作物培育的综合服务方面，同时，水稻加工示范项目和木薯示范种植园也已提上日程。中地海外为非洲国家农业发展提供了规划咨询、农资农业装备供应、农业基础设施与工程设计建造运营管理、技术合作开发与培训等一揽子综合服务。在种业发展的基础上，中地海外逐步在尼日利亚建立了高科技农业产业示范园。园区集种子研发示范推广、农资农机农具销售及配套服务、农技培训、园艺养殖及休闲农业于一体，初步形成了综合农业产业园，从而推动了整个农业产业链在受援国的发展。

（三）初步形成“示范中心＋合作社＋培训”援助投资结合模式

中地海外将种业和加工业作为业务投资开发重点，与当地合作成

立种子生产合作社，扶持当地农户和社区，形成了具备一定规模的农户生产和加工基地，服务当地农业发展。江西赣粮集团以木薯和水稻种植为重点，培训当地农民、传播农业技术、提供原种和技术管理，综合利用当地土地、劳动力资源，在减少自身投资风险的同时，又带动了当地农业发展，受到当地社会的欢迎。两个企业在自身发展基础上，还引导其他中国企业参与非洲农产品加工物流贸易项目投资合作，在推进当地农业产业化与现代化进程的同时，促进国内企业“抱团”走出去。

（四）结合属地经营，注重技术创新和产业链环节衔接

在企业向新业务领域转型过程中，技术引进虽然是必不可少的，但因环境条件甚至操作习惯不同，单一的技术引进并不能发挥有效的作用，必须结合当地社会经济环境和自身优势进行技术创新。如中地海外在西非的机械化水稻种子生产，结合当地气候土壤环境以及农资供应条件，经过不断总结和创新，形成了独特的水稻旱直播耕作模式。此外，两个公司在发展过程中，生产原料和市场经营基本在属地完成，主要通过市场运作及与当地企业和产业链上不同环节的分工合作，将当地企业的优势吸纳到自己的业务链里来，形成自己在整个产业链上的综合竞争优势，最终形成核心竞争力。

四　以援助促投资的创新模式构想

（一）设立农业走出去援贷投结合的平台公司

中国的对外农业援助已取得较好的成效，对于优化投资环境所产生的作用明显。而且部分援助项目的基础设施可以作为投资项目的重要资源，需灵活使用援外资金和政策，探索国家援助、基金投资、银行贷款间的协作与结合，以期更好地发挥援外项目对农业走出去的促进作用，并提升援助项目的可持续发展能力。

建设模式：借鉴中国改革开放以来吸引外资和建立合资公司的经验，构建援贷投结合的平台公司。推动援外道路交通、港口码头、农田水利工程等基础设施建设项目与企业对外农业合作项目的配套。具体来

说，中方企业与当地共同设立“农业对外投资平台公司”[①]，将有投资意向的企业、所在国企业或政府形成一个利益共同体。以示范中心为例，在其度过建设期和运营期，达到可移交受援国的条件下，将示范中心所有权作为所在国资产入股平台公司。在中方项目的试养、试种阶段，援外项目发挥公益性质的同时，平台公司则获得盈利，盘活援外示范项目。这种合作方式符合对外投资平台建设的大趋势，可推进中国与发展中国家农业合作的战略性、公司化、市场化建设。平台公司在推进中方企业对投资国农业项目共建基础上，发展至较成熟阶段，可延伸到全球项目对此国的投资管理公司。

管理和运作模式：借鉴中国与新加坡合作推进苏州工业园、吉林中新食品区的管理模式，引入多级政府协调机制，从政府层面就资源抵押及授权开发、基础设施规划及委托代建、财税优惠政策、信用增级等难点问题通过协商机制达成共识，并由作为执行层的“农业对外投资平台公司”负责资源开发、设施建设、融资及还款等，实现“借、用、管、还”一体化运作。

（二）创设农业基础设施援建与投资机制

在构建各类基金直接投资农业基础设施外，可探索发挥现有援助资金、投资公司资金混用等方式。可发挥现有投资公司的作用，进行相关模式构建：第一步，由外汇管理局向投资公司注入外储或部分援外资金。第二步，由投资公司经尽职调查和风险收益分析后，将部分外储资金注入央企或大型民营企业，再由央企或民企向“平台公司”注资并获得其股权，通过此途径解决中国企业海外股本投资的外汇资金来源及构建风险控制问题。第三步，投资公司通过两种方式注资金融机构，主要解决国内金融机构向平台公司提供大额外汇融资的资金来源问题。一是根据资本金补充需要，直接向金融机构注入适量资金（增持股本），再由金融机构将其用于向平台公司发放贷款；二是由中资公司委托银行向投资对象国平台公司发放贷款，投资公司直接持有债权、获得相应收益，并支付管理费，银行以机构整体信用提供还款保障。

---

① 黄剑辉：《探索走出去新机制——构建促进亚非拉国家基础设施发展的战略性公司化投融资平台》，《第一财经日报》2013 年第 5 期。

风控机制：通过将高收益的资源产业与低收益的基础设施建设整合成公司化的同一法人，并将政府明确抵押给金融机构的资源授权平台公司开发后获得还款现金流，从而突破由于政府负债高、偿还能力弱及基础设施项目建设自身周期长、回报低、还款现金流不足所导致的融资难瓶颈。

保障机制：通过对外投资地区的多边机构或有关国家议会以法律法规确认的方式，授权设立公司并授权将有关资产抵押给中资金融机构，从而避免政党更迭所导致的风险。

（三）形成多层次差异化的农业援助方式

非洲国家的援助诉求在逐步转变。[①] 其一，当前非洲国家对国际社会的援助诉求已经由直接粮食援助为特征的依赖型，发展转变为以开发自身潜能为特征的自主型。[②] 非洲国家需求最为紧迫的援助方式为农业技术示范、农民技术培训，其次为农用机械、农田水利等基础设施建设、农用生产资料等。其二，非洲国家开始逐渐重视农业发展规划对农业生产的指导作用。其三，非洲国家农业发展开始有产业链条延长的趋势。其四，中西非地区的大部分国家，有农业产业化深化发展的趋势与要求。

根据受援国的特点采用不同的援助方式。对于农业资源匮乏的国家，主要以无偿援助为主，以成套设备与技术输出、人员培训等形式提供技术援助。对于农业资源丰富且合作前景较为广阔的国家，主要开展农业基础设施、推动中国设备引进等，以优惠贷款带动商业投资为主，撬动对农业的投资。对于接受国际组织援助较多的国家，应以小而精的援助方式，如在主要港口与人口密集区，开展农业援助以扩大援助的连带效应。可逐步加大农业机械化援助，为非洲农业增加加工能力，提高产品附加值，从机械化角度升级援助方式。

（四）构建农业援外与产业项目的转换模式

借鉴中地海外和赣粮的运作模式，在非洲重点合作国家推动建立农

① 杨易、祝自冬、陈瑞剑、尹燕飞等：《创新农业走出去金融支持模式研究》，《新金融评论》2015 年第 10 期。

② 胡兵、丁祥平、邓富华：《中国对非援助能否推动对非投资》，《当代经济研究》2015 年第 1 期。

业合作园区。由政府牵头对农业合作园区进行组织领导、与所在国政府协调争取优惠政策以及水、电、路等基础设施建设，协助中方企业办理投资、税收、海关、签证等相关事宜。同时，通过配套建设加工、仓储、物流等设施，吸引国内有实力、有意愿的企业到合作园区从事农业投资开发活动，把境外农业合作园区打造成为对非农业援助和境外农业合作的航母基地。

在非洲的农业示范中心，在实现社会效益的同时，须实现双方可持续的经济利益。[①] 在已运营和在建的援外项目基础上，积极引导中资企业开发、培育大型农业产业化项目，实现援外向产业项目的转化，开拓农业走出去的快通道和新方式。对于在境外获得国内金融机构支持、成功实施走出去的企业，可优先承建援外项目，利用企业走出去的经验与成果，支撑援外项目长期可持续发展，实现援外工作与农业走出去相辅相成的新格局。

五 政策建议

（一）关注受援国能力建设，开展多元化、集成化援助

落实“平等互利、形式多样、注意实效、共同发展”的总原则，既要满足政治利益的诉求，又要满足经济意义的诉求。其一，引入多种援助方式和主体。除了提供无偿援助、无息贷款外，还要积极推行政府贴息优惠贷款方式。在援外项目上，通过招投标方式，使企业、公司和科研院所等更多的法人单位与国外企业直接进行经济技术合作，进一步扩大参与援助的主体和对外援助资金来源多元化。其二，开展集成化援助。根据受援国和中国的比较优势，融合农业、能源、基础建设等综合援助发展；积极推动受援国的能力建设和人才培养。

（二）建立农业援助协调机制，支持重点援助项目

建议成立由农业、商务、外交、财政、税务、海关、金融、保险等部门共同组成的中非农业援助领导小组，建立主管部门、行业组织、科

---

① 陈岩、马利灵、钟昌标：《中国对非洲投资决定因素：整合资源与制度视角的经验分析》，《世界经济》2012 年第 10 期。

研机构和农业企业间的协调机制，对中国参与非洲农业资源援助和投资工作进行指导、协调和监督。围绕优良品种选育推广、高产粮食和经济作物种植、农产品加工以及农产品仓储物流设施建设等优先领域，对已确定的重点援建项目给予支持与鼓励。

（三）完善国内国际合作机制，提供援助服务保障

充分利用现有“对外农业合作部际工作机制”平台，进一步加强各部门间的协作。推动部际工作机制有步骤、有计划、分批次地专题研究，主要针对重点区域农业合作所面临的关键问题和解决措施。设置专职工作班子，负责协调和督促已确定的重要行动部署的落实。在国际层面，通过建立中非政府间的外交磋商机制，加强与合作国相关部门的沟通，对中国境外农业开发合作项目所需的农资、农机设备、农业人才等提供通关便利，为中国开展对非农业合作提供强有力的外交支撑和保障服务。

（四）加强政府与金融机构合作，拓宽援助融资渠道

围绕促进粮食安全和总体外交战略目标，结合国内大型走出去企业对非农业投资发展战略，制定对非农业援助与投资合作金融支持总体规划。构造商务部、农业部等行政部门同进出口银行、开发银行等金融机构的战略合作框架，全力推动规划的实施。积极创新优惠信贷产品，适当放宽融资条件；鼓励具备条件的企业，在境外发行股票、债券，直接进行国际资本市场的融资。培养由农业、科教、银行、保险和法律等有关机构组成的服务团体，为农业境外援助项目提供全方位咨询服务。

“援助＋投资”：中国农业援非规模化路径分析

——中国农业企业在莫桑比克的农业技术推广实践*

“Aid ＋Investment”: Sustainable Development Approach to China’s Agricultural Aid to Africa

—Technology Transfer Practice of Chinese Agricultural Enterprises in Mozambique

张传红**

摘要：作为世界上最大的发展中国家和南南合作提供者，中国一直遵循“平等合作、互利共赢”的原则，着眼于实际问题，向其他发展中国家提供援助。农业因其明显的减贫效果和中国自身的发展经验，一直是中国开展南南合作的重点领域。自20世纪50年代以来，中国政府一直致力于通过传授技术知识、经营理念和管理经验来帮助非洲国家发展农业，帮助其解决粮食安全问题，消除贫困。自中非合作论坛机制建立以来，中国援非农业技术示范中心成为中国对非农业援助的主要方式之一，也成为国内外学者研究中国对外援助特色的重要内容和关注点。随着第一批中国援非农业技术示范中心结束技术合作期，进入可持续发展阶段，围绕其可持续发展的讨论也进入白热化阶段。中莫农业技术示范中心，利用自身知识经验和资源优势，在很短的一段时间内探索出了

---

* 本文研究受到英国国际发展部“中国国际发展研究网络”子课题项目资助。本文发表于《非洲经济评论》2016年第5期。略有改动。

** 张传红，博士，中国农业大学人文与发展学院副教授。

一条通过引导中国企业到莫桑比克投资农业，进行农业技术传递并将其规模化的可持续发展道路。本文通过长期的实地调研，对中国企业在莫桑比克所从事的农业技术传递工作实践进行了深入的研究和分析，探讨了"援助 + 投资"这种典型的南南合作模式在实地的表现、对当地的影响及可能面临的问题，以期对南南合作进一步的完善提供案例支撑和理论依据。

关键词：援助 + 投资；中国对非农业援助；可持续发展

Abstract: As the largest developing country and South-South Cooperation provider, China has been providing foreign assistance to other developing countries to help them solve practical problems based on the principles of equality and mutual-benefit. Agriculture, due to its obvious poverty reduction effect and China's own development achievements and successful experience, has been one of the key areas of China's aid to Africa. Since the 1950s, the Chinese government has committed to helping African countries solve food security and poverty problems through transfer of agricultural technology, managerial philosophy and experience. China's efforts in agricultural technology transfer in Africa since FOCAC Beijing Summit in 2006 has great been strengthened with the construction of quite a number of Agricultural Technology Demonstration Centers (ATDCs) in African countries. Along with the ending of the first batch of ATDCs' technical cooperation period, and the beginning of the stage of sustainable development, how ATDCs should operate to achieve the goal of sustainable development has become an imperative issue for China's foreign aid practitioners and policy-makers, which also aroused heated discussion academically both at home and abroad. ATDC in Mozambique, one of the first batch of ATDCs in Africa, has explored an approach to the scale-up of agricultural technology transfer through introducing private and public investment from Chinese enterprises to Mozambican agricultural sector based on its advantages in knowledge, experience and resources within a very short period of time. In this study, based on the long-term field study on the agricultural technology transfer practices carried out by the Chinese enterprises in Mozambique, the author analyzed the representations, impact and problems of the "aid + investment" mode of South-South Cooperation from the local perspective with the expectation of providing data-based case evidence and theoretical basis for the perfection of South-South Cooperation in the future.

Key words: Aid + Investment; China's Agricultural Aid to Africa; Sustainable Development

时至今日，粮食安全仍然严重困扰着非洲大陆。非洲国家和国际社会一直致力于促进非洲农业稳定、可持续发展方案的探索，但这些研究和随之产生的援助干预支持措施，非但未能实现其初衷，反而一次次陷入了低效的“绿色革命”的“技术困境”里，甚至引发了新的经济、社会乃至政治问题。中国用世界9%左右的耕地和6%的淡水资源，成功地养育了世界20%的人口，粮食自给率超过了95%。中国农业发展的经验引起了非洲国家和国际社会的广泛关注。

自20世纪50年代以来，中国政府一直致力于通过传授技术知识、经营理念和管理经验来帮助非洲国家发展农业，帮助其解决粮食安全问题，消除贫困。通过派遣农业专家，开展农业技术示范类项目等在受援国开展农业技术试验、示范、培训、推广等援助活动，与受援国分享中国的农业发展经验和技术，提升受援国的农业生产能力和粮食安全水平。50多年来，中国面向亚非拉等发展中国家援建了许多农业示范项目，仅非洲区域就有90多个农业示范农场（中心、站）。特别是2006年中非合作论坛北京峰会召开后，中非农业合作进入一个全新的阶段。在这次峰会上，胡锦涛主席宣布了中国政府支持对非洲合作的八项重要举措，其中包括建立10个有特色的农业技术示范中心。2009年11月，温家宝总理在中非合作论坛第四届部长级会议上宣布新的对非援助八项举措，明确未来3年内将为非洲国家援建的农业示范中心增加到20个；2010年9月，温家宝总理在联合国千年发展目标高级别会议上宣布，中国政府将在未来5年内为发展中国家建立30个农业技术示范中心。

截至2015年，已建成的和在建的农业技术示范中心数量已经达到26个，其中援助赞比亚、坦桑尼亚、喀麦隆、刚果（布）、卢旺达、贝宁、多哥、利比里亚、埃塞俄比亚、苏丹、莫桑比克、乌干达、南非、津巴布韦和马达加斯加 15 个农业技术示范中心已建成并进入项目的技术合作阶段，另有 11 个农业技术示范中心正在建设之中。

在 2015 年 9 月召开的联合国峰会上强调了公平、开放、全面、创新的发展理念，并宣布中国将设立“南南合作援助基金”，首期提供 20 亿美元，支持发展中国家落实 2015 年后发展议程，并继续增加对最不发达国家的投资，力争 2030 年达到 120 亿美元。并接着在随后主持的“南南合作圆桌会”上表示，为帮助发展中国家发展经济、改善民生，在未来 5 年里，中国将向发展中国家提供“6 个 100”的项目支持，其中包括 100 个农业合作项目。在 2015 年 12 月南非约翰内斯堡举行的中非合作论坛上，中国提出中非“十大合作计划”，承诺为此提供总额 600 亿美元的资金支持。根据其中的中非农业现代化合作计划，中方将在非洲 100 个乡村实施“农业富民工程”，派遣 30 批农业专家组赴非洲，建立中非农业科研机构“10 + 10”合作机制，助力非洲实现农业现代化。

可见，在未来 5 年里，农业将是中非合作的重点领域，农业示范中心作为重要的中非农业合作项目，其数量可能会继续增加。随着第一批建成的农业技术示范中心结束 3 年的技术合作期，进入可持续发展阶段，围绕各示范中心可持续发展的讨论也已进入白热化阶段。在最早的 14 家示范中心里，不乏勇敢的探索者。其中，中国援助莫桑比克的示范中心就探索出了一条通过引进多家中国农业企业（包括国有和私有企业）到中心或其他地区进行农业投资，帮助莫桑比克解决粮食生产困难的问题，推广中国农业发展经验和农业技术，并通过将中心进行试验示范的农产品向当地市场销售等方式，试图探索出一条公私合作，实现技术推广规模化和可持续发展之路。

本文研究试图对中莫农业技术示范中心在实现可持续发展方面所做的努力进行全面分析，以探索通过公私合作这一方式进行中国农业技术推广规模化的可行性及可能存在的问题，并进一步剖析以“互利共赢”为目标的南南合作对国际发展合作架构在实地项目实践中的体现。笔者自 2013 年起对中莫农业技术示范中心进行调研，先后于 2013 年 8 月、2014 年 8 月和 2015 年 5 月到中莫农业技术示范中心进行参与式观察和访谈，走访其引领走出去的企业和国有农场，并对当地利益相关者（包括政府官员、项目协调人、接受培训学员及当地农户等）进行深度访谈，并分别于2014年4月和2015年10月到湖北联丰公司总部、禾丰公司和走出去的农场进行调研，主要研究方式为关键人物访谈与观察。

一 项目概况

莫桑比克是典型的农业国。农业人口占总人口的85%，农业对国家GDP的贡献率大约为34%。其土地资源丰富，且属于国有，共有3600万公顷农业可耕地，只有390万公顷得到耕种，在这些被耕种的土地中，只有11.8万公顷有灌溉设施。受长期内战的影响，莫桑比克不仅缺乏农业基础设施，而且农业生产技术落后，农业市场发育不良，导致农民没有足够的耕作热情，莫桑比克仍然处于严重缺粮状态，年缺粮300万吨左右，粮食严重依赖进口。为解决粮食危机，实现粮食安全，莫桑比克政府十分重视农业发展与合作，积极吸引外资，根据非洲联盟确认的《非洲发展新伙伴计划》及莫桑比克经济发展规划，莫桑比克政府将农业与农村发展确定为其经济发展和吸引外资的最优先领域。

（一）农业援助阶段

早在2005年，时任湖北省委书记的俞正声受莫桑比克执政党的邀请，到莫桑比克进行访问，了解到莫方希望中国对其提供农业技术援助的需求。随后，在其敦促下，湖北省与莫桑比克加扎省结为友谊省份，加扎省承诺在其省会赛赛市为中国免费提供300公顷的土地，让湖北省在莫桑比克建立农场，主要从事中国农业技术的实验示范和推广工作。2007年，该农场建成，被命名为“湖北—加扎友谊农场”（下文简称“友谊农场”）。负责建设农场的中方单位为湖北省农垦局，具体项目实施方为湖北省联丰海外农业开发有限责任公司（下文简称“联丰公司”），该公司是由湖北省农垦局下属19家农场共同出资注册的一家国有外向型农业企业，主要从事境外土地租赁经营，农产品开发及农业技术合作，农业生产资料经营，农业建筑工程承包、施工，对外援助项目承建、配套服务等。友谊农场借助湖北农垦的人力资源优势，从其下属农场中选拔出一批优秀的人才，包括来自周矶农场的建材工人，三湖农场的土木工程设计师，军垦农场的农业机械师，以及湖北省种粮能手等。2007年加扎省政府无偿将1000公顷土地赠送给友谊农场进行开发。

2006年9月，在中非合作论坛北京峰会上，胡锦涛主席做出支援非洲发展农业生产的承诺，在非洲14个国家分别援建农业技术示范中心，负责为非洲国家试验、示范和推广农业种植技术、培训农技人才，解决粮食安全问题。为了迅速兑现这一承诺，在友谊农场的基础上，商务部很快就确定了莫桑比克农技示范中心援建计划，2007年2月9日，国家主席胡锦涛访问莫桑比克，为"中—莫农业技术示范中心"揭牌，这是中国在非洲确立的第一个农业技术示范中心。湖北联丰公司成为中国在莫桑比克示范中心的承建单位，建立友谊农场的建设和设计人员在完成友谊农场的基础设施建设后都继续参加了示范中心的建设。

2008年10月，时任湖北省委书记的罗清泉在访问莫桑比克期间，同莫桑比克科技部部长、农业部部长及中国驻莫大使、商务参赞等为示范中心奠基，并提出了"高水平建设一流示范中心"的指示精神，强调一定要把示范中心建成湖北优质农产品的展示基地，建成湖北先进农业技术推广的平台，建成莫桑比克农业技术的培训学校，要树立中国的形象，树立湖北的形象。2010年5月12日，湖北省委常委、常务副省长李宪生到莫桑比克检查指导示范中心项目建设和运行计划。中心于2009年7月正式开工，2010年11月通过商务部的竣工验收。示范中心位于莫桑比克首都马普托市西南23公里博阿莫县农业科学院南部研究所内，总面积52公顷。

（二）公私合作引进农业投资阶段

友谊农场建成后，由于投资规模较小，友谊农场只是根据当地农户的需求，向农户实施一些小规模的农业技术的示范和传授。尽管规模小，但当地农户却亲眼看到了中国农业技术的先进性，一些中国的优良品种在当地实验后，产量和品质与国内相比都具有明显优势，莫桑比克的土地资源优势得以显现。2011年，在莫桑比克政府的要求下，中方决定扩大在加扎省的农业投资，将友谊农场的规模扩大，且将农场实验中表现最好的水稻确定为大规模生产的作物，期待通过大规模的生产，来帮助莫桑比克实现粮食安全。万宝粮油公司，一家位于湖北省襄樊市的个人独资民营企业，也是农业产业化的国家重点龙头企业，经湖北农垦和国家开发银行牵线搭桥，决定到莫桑比克投资水稻生产加工，一方面是为了响应国家企业“走出去”的号召，另一方面是为了实现在国内无法实现的全产业链生产经营梦想。为了帮助企业尽快扩大规模，中国政府通过中国驻莫大使馆，尤其是经商处，对万宝公司提供了大量的人财物支持，在其协助下，莫桑比克政府同意给万宝公司租赁2万公顷的土地，每年按每公顷1美元的价格收取租金，并给予税收和其他一些物资进口与人员管理等方面的便利。为了给万宝充分的自主经营权，联丰公司将所有的农场技术和管理人员都转到万宝公司，成为万宝公司的员工，为万宝公司负责在莫桑比克当地的经营和管理事务，示范中心也为万宝公司提供了相应的水稻种植试验和优质的水稻种植品种与技术。为了解决万宝公司的资金问题，国开行通过中非发展基金和中葡发展基金为万宝注资，其资金量占万宝公司总投资额的49%。

根据万宝公司对莫桑比克政府的承诺，3年内万宝公司要完成2万公顷土地的开发和种植，除保留原先友谊农场的所有人员、机械和基础设施外，在示范中心承建单位湖北联丰公司的协调帮助下，万宝公司还引进四家国有农场（黑龙江双鸭山农场、黑龙江江川农场、湖北军垦农场、湖北运粮湖农场）负责水稻种植和管理，中国化学建筑第六公司负责其所有的基础设施建设，雇用当地农业大学毕业的学生和国内农业推广人员进行农业技术示范和推广。估计总投资额为2.5亿美元，截至2014年8月，实际投资额已达8亿人民币。

以示范中心为平台，湖北农垦还将湖北省另外一家农业民营企业——湖北禾丰粮油集团（下文简称“禾丰公司”）引进了莫桑比克，该公司也是农业产业化国家重点龙头企业和湖北省粮油食品工业十强龙头企业之一。联丰公司于2011年与禾丰公司在非洲共同注册成立联禾非洲农业开发有限公司，目前在莫桑比克索法拉省从事水稻种植、收购、加工和销售。

此外，示范中心还先后引进两家企业：一家为在斯威士兰注册的中国公司，另一家为湖北小港农场下属的鱼米乡公司，到示范中心从事养猪技术的示范和生产。到 2014 年 8 月，每年可生产种猪 2000 头，既可以进行示范，又为投资企业带来了一定的利润，并了解当地生猪生产及市场需求状况，为今后的进一步投资和扩大规模奠定了基础。

二 项目分析——三家主要公司在莫桑比克传递农业技术的实践及效果

（一）湖北联丰公司

1. 公司简介

湖北联丰公司全称为湖北省联丰海外农业开发有限责任公司，是 2006 年 6 月由湖北省农垦事业管理局发起，与 19 家国有农场共同出资成立的一家外向型农业企业，主要从事境外土地租赁经营，农产品开发及农业技术合作，农业生产资料经营，农业建筑工程承包、施工，对外援助项目承建、配套服务等。

截至 2015 年 10 月，联丰公司在海外设立了莫桑比克联丰农业发展有限责任公司、联丰建材公司，津巴布韦联丰有限责任公司，澳大利亚龙佑联丰开发有限公司，从事境外开发建设的项目共有 7 个，其中公司承建的中—莫农业技术示范中心项目是中国在非洲确立的第一个农业技术示范中心。

作为中莫农业技术示范中心的运营单位，联丰公司以示范中心为平台，以"整合资源，优势互补，市场运作，合作共赢"为原则，积极引导、支持和鼓励湖北的国有农场和农业产业化重点企业"走出去"。通过这个平台，到海外开发的农场和公司有：潜江周矶农场、荆州三湖农场、黄石军垦农场、襄阳万宝粮油公司、湖北禾丰粮油集团等。公司项目开发的成效与建设，受到了东道国政府和人民的高度称赞，得到中国商务部、农业部、驻外使馆和湖北省委、省政府的充分肯定。公司被省委、省政府表彰为"对外经济合作先进单位""全省扩大开放先进单位"。

自 2007 年到莫桑比克建设和经营湖北—加扎友谊农场以来，湖北联丰公司在莫桑比克的主要任务就是向莫桑比克传递中国农业技术。具体来说，联丰公司在莫桑比克的农业技术示范和推广可以分为两个部分，一个是在友谊农场的技术示范和推广，另一个就是其所负责的中莫农业技术示范中心。

2. 联丰公司在友谊农场的技术示范和推广

（1）主要做法

联丰公司在友谊农场的技术示范和推广分为两个步骤：首先是对中国的品种进行试验和示范；然后按照当地政府的要求对当地农户进行有偿性技术指导和推广。

友谊农场建成后，按照“从小到大，先试验，后示范，再推广”的思路，农场开展了水稻、蔬菜等作物的种植试验。试验的品种包括玉米、水稻和蔬菜等。其中，水稻种植相当成功，试种结果表明，当地的气候和土壤非常适宜水稻生长，当年农场试种的40亩水稻，平均亩产达580公斤。他们根据当地的土质和气候条件，经过反复筛选确定了优良稻种，并采用稻田直播技术进行生产，加强对水稻科学的田间管理，确保了农场水稻的稳定高产。几年来，农场的水稻种植规模不断扩大，亩产一直保持在600公斤以上，部分稻田的亩产突破700公斤，是当地平均亩产量的2倍以上，远远打破了过去葡萄牙人在这里创造的纪录。对玉米和蔬菜的种植除了试验示范外，主要是满足农场工作人员的需要，而水稻的种植除了试验示范，农场还可以经加工后向市场销售。中国大米的产量和品质得到了莫桑比克人民的认可和欢迎。此外，农场还跟中国科学院倪志福教授进行合作，在盖茨基金会的资助下进行绿色超级稻的试验。后来主选两个中国品种进行大规模种植，一个是湖北的黄花粘，另一个是粤金丝苗。

（2）技术传递的效果及限制因素

友谊农场水稻稳产高产引起当地民众、农场经营者以及莫桑比克各级政府的高度关注。为了学习中国的农业技术，莫桑比克政府于2008年成立了一个名为ARPONE的协会，并在当地报纸上发布了公开招募信息，希望招募一些有农事经验并愿意学习先进农业技术的人员，接受中国的农业技术传授服务，且可以带动当地农户。ARPONE的主席Manjate先生说：“当初有150人想报名，但他们经过认真考虑和选拔，最后只有47人成为ARPONE的成员。政府拨了500公顷土地给ARPONE，但因为灌溉系统不够完善，截至2013年8月，利用的土地只有362公顷，其他的土地仍然处于闲置状态。截至2013年，因为有些人让出了自己的部分土地，有4个原来耕种20公顷的人每人让出了10公顷，3位原来耕种10公顷的让出了5公顷，因为他们没有能力耕种这么多土地，ARPONE成员扩展到58人。”而这些人大部分来自于当地一个叫Gaza Agraria的农民协会，接受过当地政府的培训。农场为协会提供种子供应、技术指导、订单种植等有偿性服务。

一个ARPONE的成员告诉我们，从2008年起，他们开始跟湖北友谊农场的中国人合作，但对大部分ARPONE成员来说，没有从中国的农业技术中获益，因为中国人只教给他们整理灌溉渠道，没有为他们开垦荒地，也没有教给他们种植水稻的技术。从这个项目中受益的只有5户ARPONE成员。中国人帮助他们把地整平，给他们种子，还教他们施肥、除草、打药等。他们的产量很高，曾经有一位成员在一次会议上提到利用中国的技术，他们的产量可以达到15吨/公顷。[①] 但这5户之外的人只能用传统的莫桑比克方法，我们的产量只有3吨。只有这5户接受了中国技术的好处。

当我们问他这5户是如何被挑选出来的时，他说，他们开过一个会议，挑选出5户有农业种植经验且田地位置方便的成员，这5个成员中有1户是加扎省省长夫人，1户是灌区（加扎省负责水利设施建设和土地使用的政府机构）的工程师，1户是残联主席，还有两户也是政府要员。他很羡慕这5户，如果有机会被选中，他会向银行申请贷款，投入前期成本，虽然申请贷款的手续非常复杂，且耗费时间很长。

根据友谊农场罗总的介绍，农场对这些人员的服务都是有偿性的，他们要提前交付一半的服务费（包括种子、机械、化肥、技术、农药等），等收货后，他们要将所收获的稻谷交给农场，农场帮忙加工后，用稻谷折算其余一半的服务费和加工成本，其余的稻谷可以按市场价从农户中收购，也可以让农户按照自己的需求决定卖给农场的数量。接受服务的农户的选择，农场完全按照当地政府的安排。由于大部分当地农户没有能力支付一半的服务费用，或者从银行贷款后拒绝还贷，再加上

① 这一产量有些夸大，后来研究组对所提及的成员Mrs. Manjate本人进行访谈，她仍然坚持这个产量，但中方技术推广人员说，实际上的产量也就9吨左右。

自然灾害等原因，还有中方人员及资金方面的短缺，使得这种农业技术推广方式很难扩大规模，产生影响。另外，当地的农业基础设施极为落后，如果不改善当地的灌溉条件，单靠目前的水稻种植技术在莫桑比克仍然不能改变人们靠天吃饭的情况。到2011年初，友谊农场在莫桑比克所开发的水稻种植面积只有300公顷。

3. 联丰公司在示范中心的技术示范和推广及效果

(1) 联丰公司在示范中心的技术示范和推广

与在友谊农场的农业技术推广方式不同，示范中心因其充足的投资和优越的基础设施建设，其管理和所展示的状况也有很大区别。中心建成后，为了确保正常运转，充分发挥作用，按照中国商务部的统一要求，以中莫两国政府签订的《关于中国援助莫桑比克建设农业技术示范中心合作议定书》《技术合作项目文件》等有关条款为依据，湖北省联丰海外农业开发有限责任公司规划编制了示范中心的运营管理方案。

首先从建设时就对示范中心进行了规划，划分出三大功能区：办公培训区，试验研究示范区和产业化发展区。示范中心占地总面积约为52公顷，其中，办公生活区3.17公顷；试验示范区（种植区）41.46公顷；产业发展区（展示区）6.97公顷。其中，试验示范区中，盐碱地面积占据20公顷，可耕地面积21.46公顷。

办公综合大楼是办公、培训与生活场所。主要包括办公室、会议室、实验室等，其中教室二间（20人/间、50人/间），实验室三间，可以进行动植物的相关试验；培训场所主要包括专家公寓、学员宿舍、餐厅等，能够满足50人左右的住宿和进餐；其他辅助场所：主要是种子加工车间、车库、农机具仓库、物资仓库、采后处理车间及晒场等。

试验与示范区包括水稻试验示范区，玉米试验示范区、蔬菜试验示范区、棉花试验示范区，农业机械示范区和生猪养殖试验示范区。区内灌溉设施先进，有水泥硬化的灌溉渠，也有田间喷灌和滴灌系统，遮阳板，塑料大棚等。

产业发展区是根据市场需求进行多种经营的产业化发展。繁育抗逆强、高产、优质、适应当地需求的水稻、玉米、蔬菜品种，供应市场及周边国家。对购买良种的周边用户提供技术服务，在示范中心以外形成大规模的原料生产基地，通过产业化经营每年逐步扩大周边生产基地范围，把水稻、玉米、蔬菜、畜禽养殖等产业做大做强。展示适应当地种植环境的中国农业技术、农机具，把中国的相关农业产品引进莫桑比克。

根据中—莫农业技术示范中心规划方案，建成后的示范中心的目标是提高莫桑比克农业的自主发展能力。通过对农业、畜牧业技术的培训和推广，实现莫桑比克农业增效、农民增收和农业的可持续发展；通过项目的组织实施，使莫桑比克农民的种植水平、养殖水平得到提高，以增强莫桑比克农民依靠科技增产增收的能力，提高造血能力，实现自主发展。

自2011年开始运营以来，示范中心共引进国内农作物品种127种，并进行了旱稻、水稻、棉花、玉米、蔬菜种植试验和示范、生猪养殖试验示范。还打算规划畜禽养殖和水产养殖实验。并积极推进技术交流和合作，与国际水稻研究所、中国农科院、华中农业大学、湖北农科院及比尔盖茨基金会等都有合作与交流，收集种子资源900份。经过近3年的试验示范，以及原先友谊农场所积累的经验，示范中心充分展示了中国农业机械、农业设施的先进性，了解了当地的自然环境和气候条件，掌握了当地种植条件、病虫害防治、田间管理等相关技术，具备了为所试验品种在当地扩大种植、养殖规模提供技术保障的条件。

（2）效果及限制因素

示范中心在莫桑比克很好地展示了中国先进的农业技术和中国人的高效率。有一位退休的将军，拥有250公顷的土地，在科技部工作人员的推荐下，来到中心参观。参观后他立刻提出想把其农场的一部分建成像示范中心一样的模式。他邀请示范中心的主任到其农场参观，并提出要示范中心帮忙规划，并从中国雇佣员工来帮他设计和管理农场等要求。他说："我自20世纪60年代就认识中国人，我相信如果有两个中国人到我的农场来待上两个月，农场一定会发生翻天覆地的变化。"

而示范中心由于受其自身规模和专家人数及经费的限制，所采用的农业技术推广的手段就是对当地农业官员、农业技术人员以及相关的农业生产者进行技术培训，培训内容包括农作物育种、栽培、水肥管理、病虫草害防治、机械化耕作、农产品加工存储及种猪养殖技术等。培训的手段主要为课堂讲授、田间试验和视频教学。培训的组织由当地政府负责，示范中心只负责培训，提供教室，对食宿及旅行费用及学员因参加培训所产生的其他费用等都由莫桑比克政府提供，这就使得莫方组织培训的积极性不高，尤其是与其他非洲国家示范中心不同的是，中莫农业技术示范中心隶属于莫桑比克科技部，其本身经常面临经费不足的问题，且农业推广并不是其工作任务和重点，因此培训所产生的影响并不大。

有一位曾经在示范中心接受过二周培训的学员确实将所学的农业技术应用到自己的小规模农场上，我们有幸参观了他的农场，除了韭菜外，里面种的其他大部分蔬菜品种几乎跟示范中心的一样，而且还添加了示范中心没有的紫甘蓝和菠萝。该学员向我们展示了中国农业技术的优越性，并讲述了他在培训中所学到的知识。与示范中心的技术专家一样，他只是偶尔到田间给雇佣的员工进行技术指导。因为靠近河流，所以该农场使用的是水泵抽水等简单的水利设施，农场内有一台大的挖土机。

但这种情况在示范中心的周围并不多见，因为莫桑比克大部分土地都没有水利基础设施，而且莫桑比克没有像中国这样的农耕文明，大部分农户看到中国的技术后，认为没有机械设备，根本就不能把地整平，如果地不平整，就不能解决雨季储水和排涝的问题，因此在大部分小农户的眼中，中国高大上的农业技术，莫桑比克人根本用不了。一位在示范中心工作 4 年多的莫桑比克人，在我看来，他几乎掌握了所有的示范中心展示的中国农业技术知识，中国专家的一个眼神，他就知道该干什么，关于田间知识的中文、英文、葡语都能听懂。他说："我们买不起机器，也不能建设像这里这样的水利和灌溉条件，所以即使我有一片自己的土地，也不能将我所学的知识用到实践中。中国的农业技术太棒了，但是莫桑比克的农户太穷了，莫桑比克政府见鬼去吧……"

为了克服这一弊端及探讨农业技术示范中心的可持续发展模式，联丰公司依托示范中心这一平台，近年来一直为引导中国企业到莫桑比克进行农业合作与开发进行了不懈努力。作为以 18 家农场为股东的联丰公司，在管理和经营示范中心方面体现了它的优势和特长，很好地发挥了示范中心在当地对中国农业技术的示范功能，同时在引导企业走出去，依靠与私营公司合作进行技术传递方面也开创了一个独特的模式，为开发莫桑比克农业资源，拓展湖北农业发展空间做出了积极的贡献。首先与斯威士兰一家公司合作，将南非的种猪引进到莫桑比克，在示范中心设立种猪培育基地，进行种猪培育和养殖试验。另外，联丰公司还先后将两家湖北省私营粮食加工企业，万宝公司和禾丰公司，以及3家湖北国有农场（其股东单位为运粮湖农场、军垦农场和周矶农场）引进莫桑比克，鼓励企业从事农业投资，改善莫桑比克农业基础设施（尤其是灌溉系统），进行水稻大规模种植及中国农业技术的推广工作。

（二）万宝非洲农业开发公司的技术推广

1. 公司简介

万宝非洲农业开发公司在国内的母公司为万宝粮油有限公司，始建于1952年，总部在湖北襄阳，是一家集粮油收购、储藏、加工、销售、物流于一体的大型综合性粮油企业，是首批农业产业化国家重点龙头企业之一。2011年，在湖北农垦及国家开发银行的牵线搭桥下，公司决定到莫桑比克投资种植业，逐步拓展海外市场。2011年11月开始接管"湖北—加扎友谊农场"，并完成标准示范农田试种育种5000亩的建设，并出资改造莫桑比克农业基础设施，与湖北两家国有农场、黑龙江两家国有农场合作开发土地，进行大面积水稻种植。莫桑比克政府以1美元/公顷的价格给予该公司2万公顷的土地承包权，承包期限为50年。公司计划三年内将种植规模扩大到30万亩，截至2014年8月，已经开垦的土地达1.1万公顷。相应的加工仓储设备还在建设当中。

2. 万宝公司在当地进行技术推广的原因

作为国内私营农业企业，万宝公司投资莫桑比克的目的无疑是盈利。但作为中国政府在莫桑比克政府要求下来到莫桑比克投资的农业企业，万宝公司于公首先接管了原友谊农场所有的设施、土地和工作人员，同时也继承了友谊农场在本地技术传递的公益性责任。于私，从公司长远发展来看，万宝公司在莫桑比克进行大规模的水稻种植，向当地农民进行农业技术推广是企业实现本地化全产业链经营的一个非常重要的环节。主要原因在于以下几个方面：（1）当地政府要求中国农业投资企业必须向当地农户传递农业技术，根据万宝公司跟当地的协议，万宝公司必须将开发出来的土地的至少1/10完全交由当地农户来耕种；（2）农业生产为季节性劳动，大量的田间管理和田间劳动必须依赖当地人来做；（3）中国员工在莫桑比克的劳动成本高；（4）莫桑比克劳动法规定，公司每雇用一个中国员工，就必须雇用至少10个莫桑比克工人；（5）万宝公司作为一个粮油加工企业，其产业链中最大的附加值应该在加工和销售领域，而不是在生产领域；（6）依靠当地人来种植，可以避免一些政治风险，不给国际上及莫桑比克国内一些人士散播中国企业在莫桑比克掠夺土地的证据和口实。

3. 万宝公司的技术推广方式

鉴于以上原因，万宝公司自进入莫桑比克投资时，就高度重视其对当地农民水稻种植技术的推广和传播。自2011年以来，万宝公司除了继续联丰公司在友谊农场与ARPONE成员的合作外，还专门设立项目对当地小农户进行水稻种植技术培训。具体做法为：（1）在其项目地内，选择一块土地，对土地进行平整，改进基础设施建设（灌溉条件、道路等），使土地处于可耕种状态。（2）当地政府从当地种植户中挑选农户，每户从万宝公司所选择的项目地中获得1—2公顷的土地；（3）万宝公司向农户提供机械服务、水稻种子、肥料、除草剂等农业生产资料；（4）派专门的技术人员到田间进行指导（1名中国农技师，4名当地农业院校大学毕业生），传递从种植、施肥、病虫害防治以及详细的田间管理和收获技术；（5）农户收获后按每斤1元的价格将稻谷卖给万宝公司进行加工，公司扣除上面第三步中所提到的生产资料费用，不收培训费。农户可根据自己的需求保留一些大米供自家消费，但要向万宝公司缴纳加工费用。（6）本季接受培训且产量合格的农户下季可以分到另一片项目内5公顷的土地，万宝公司继续有偿向他们提供农业生产资料，但需要他们提前支付一半的费用，另外一半可以在收获后支付。因接受过培训，他们可以不用万宝公司的技术指导，自己耕种，最后同样要将所收稻谷按1元/斤的价格卖给万宝公司。

为了避免有些农户没有足够的资金投入，在当地政府的协调下，万宝公司与当地银行达成协议，对那些跟万宝公司签订协议的农户，万宝公司可以为他们向银行提供担保，银行为这些农户提供贷款，收获后农户可以偿还贷款。莫桑比克并没有本国的开发银行，其贷款利率非常高，与政府合作的这些银行的资金有很大部分来自于国外捐助或优惠贷款，其利率要低于一般商业银行的市场利率。

为了快速实现种植的规模化，万宝除了对当地农户进行培训外，还引进大型中国农场，利用农场的专业技术人员，以雇佣的形式对当地员工进行技术培训和转移。如 2013 年引进的运粮湖农场，农场内只有 26 名中国员工，包括农业机械师、种粮能手、技术修理师等，农场共负责 3 万多亩土地的种植，大量的田间工作需要当地人来完成。而中国的员工，承担的更多的是培训和管理工作。这样的培训所涉及的不仅是田间的农业技术，还有农业机械操作和修理，以及农业生产资料的运输和管理等，也为莫桑比克的农业技术人员的培养和能力建设起到了非常重要的作用。

4. 技术推广的效果及限制因素

然而，技术推广是否成功除了与技术推广者的意愿和合理设计有关外，还有很多其他条件的限制，如当地的自然条件，当地合作方的组织能力，当地人对技术的认可度，当地人的风俗习惯及勤劳程度，项目实施效果等。农业生产，尤其是农业种植，是季节性很强，劳动强度较大的活动。因为这些原因，万宝公司在莫桑比克的技术推广之路历经坎坷。

有一位曾经与友谊农场合作的当地人告诉我们，他还没有跟万宝公司合作，因为万宝公司来后就发生了洪水。而且他认为，联丰公司与万宝公司有很大的不同，联丰公司不用大机器，所传授的技术可能更适合他们。虽然工作人员没有变，但他还是能够感觉到万宝公司与联丰公司的不同。

在 2012—2013 年种植季，万宝公司在当地政府的帮助下，选择了 25 户小农种植户参加培训项目，选择标准为有农事经历，具有责任感且家庭比较稳定的农户。其中有一户中途退出，另外一户为政府公务员，因不符合规定条件而被淘汰，其余 23 户大部分坚持了全过程，但在临近收获的最后一个环节，一场洪水淹没了所有的水稻，在水里浸泡一个礼拜的水稻几乎全部绝产，大部分参与培训的农户颗粒无收。其中一位参加培训的妇女这样向我们描述她的培训经历：跟中国人相处是一个非常愉快的经历，尽管有时候我们不懂彼此的语言，但身体语言可以克服这些障碍。水稻长势一直都很好，大家都期待有一个好的收成，但谁知天公不作美。虽然这不是万宝公司的错，后来为了补偿我们，万宝公司给了我们每人 20 公斤大米，但这相对于我们的付出来说实在是太微不足道了！另外一位妇女提出了对项目不满意的地方，认为跟中国人一起工作太辛苦，忙的时候，根本没有节假日，有时候周末还要去田里，她们没有时间去教堂参加礼拜。而且，项目地离她们的家都很远，每天要花费很多的时间在路上。因为语言沟通不畅，她们根本学不到技术的精髓，只知道要这么做，但不知道为什么要这么做，且因为莫桑比克鸟灾严重，她们必须花钱雇人帮她们赶鸟，付出的成本太高。

在 2013—2014 年种植季，万宝公司想扩大培训规模，招募更多的农户加入培训项目，在政府的动员大会上，好多农户因听说太辛苦，不愿意参加。万宝公司为了扩大项目的影响，特地加大了对项目的投入，从国内高薪聘请了具有丰富水稻种植经验的，有大学本科学位的高级农艺师到田间进行指导，并将莫桑比克当地一所著名农业大学毕业的四位本科毕业生招聘到公司，专门负责为项目做翻译，并与农民一起学习中国技术，为项目培训后备人才。但项目培训的效果并不理想，亩产没有达到预期的 7.5 吨/公顷，而平均亩产只有 3.5 吨/公顷。根据万宝公司负责种植的罗总介绍，当年产量低的原因主要有以下几个方面：（1）由于当地政府将名单报上来的时间太晚，使得播种晚于往年，错过了最佳播种时间；（2）当地人并没有将全部精力投入田地里，错过了最佳除草机会及其他的关键环节；（3）新来的中国技术员还没有完全了解和掌握当地的情况，完全靠书本上的知识是行不通的。

但整体产量低下并不能阻碍那些获得满意收获的参加培训农户的热情。一位新参加培训的女士说，她的产量达到了 4.5 吨/公顷，她很满意，以前她的产量只有 1—2 吨/公顷。对明年转到 5 公顷的土地规模的耕作，她很有信心。她和她的儿子可以轮流去教堂，也可以跟其他农户合伙雇一辆三轮车每天拉她们到田间。至于鸟灾的问题，她说因为她年轻时跟她父亲学过种植水稻，她有自己的赶鸟方法。只要在田间敲锣，弄出噪音，鸟儿就可以被赶跑。土地规模大，不会造成赶鸟成本的增加，因为只要管住田地的三个边就可以。

而另外一位产量特别低的成员，说他怀疑万宝公司给他们的是坏的种子，或者是假的除草剂，他们用的效果跟别人不一样。也有人说，万宝公司这种以大机械种植为主的农业种植技术，不适合莫桑比克的小农生产，其所传授的技术只能让农户对其技术服务形成依赖，农户因买不起大型机械，就会长期接受万宝公司的机械和种子化肥服务，是公司为自己谋利的一种手段。

可见，在一个文化风俗、社会制度和气候条件完全陌生的国家里，农业技术的推广是一件极为复杂的事情，接受技术的农民需要看到技术给他们带来实实在在的收益，才会心甘情愿付出，而在此之前，公司需要付出相当大的成本并承担相应的风险，逐渐摸索，才能让农户看到效果。稍有不慎，公司就有可能被扣上"坑农害农"的帽子，有损企业形象和国家尊严，干出力不讨好的事情。因此，当地政府的配合和及时与当地农户沟通就显得非常重要，中国政府的支持和风险补偿或补助也可以缓解企业的压力，让企业在盈利的同时树立好自己的企业形象，促进农业技术推广的可持续发展。

（三）禾丰公司在莫桑比克的技术扩散

与万宝公司的农业技术推广模式不同，禾丰公司因其在国内拥有自己的农场，是湖北省土地流转后农业规模化经营的龙头企业，在国内采用的是"公司+家庭农场"的模式，也就是公司将从农民那里流转的土地，按照每户负责250亩的规模，分给一个家庭，公司提供农业机械、种子、化肥及相关的技术，每年按照年薪给农户支付工资。非农忙时节农户还可以外出打工。

到莫桑比克后，禾丰公司跟联丰公司合作，共同在莫桑比克注册联禾非洲农业开发公司。原先联丰公司的规划是，希望公司能够在非洲从事棉花种植。将公司地址选择在靠近纳卡拉农业走廊的索法拉省的贝拉市，贝拉市位于莫桑比克中部，其气候条件要优于马普托和赛赛市，地理位置方便，是港口城市，有利于棉花出口。为此，联丰公司专门派自己的员工到中莫农业技术示范中心学习棉花种植技术及农业管理经验，并在示范中心培育棉花种子，希望能够开展大规模棉花种植。但因为莫桑比克对棉花实行许可经营制度，索法拉省已经有中非棉业在经营，所以联禾公司一直在寻求其他的投资开发机会。

2013年开始，为了更好地了解当地情况，应当地政府要求，联禾公司在贝拉市下面的布济县跟一位农场主合作开发了近600公顷的土地种植水稻，农场主为台湾人，水稻种植技术和种子一开始也来源于示范中心。与赛赛市相比，这里有原先葡萄牙人留下的水利设施，且当地人有种植水稻的习惯。与国内生产经营模式相似，联禾公司将中国的家庭农场引进到莫桑比克，给每户750亩土地，公司提供农业机械、种子、化肥等其他农业生产资料，大量的田间工作雇用当地人来做，公司雇佣当地酋长作为当地员工的经理，在选择当地员工时，要征询酋长的意见，便于对当地员工的管理和沟通。同时，公司还从当地农户那里收购稻谷，带动当地农户种粮的积极性。因为公司还处于起步阶段，规模较小，并没有跟当地农户签订协议，农户自愿将自己的稻谷卖给公司。公司不承担大规模种植的风险。

当地农户非常愿意将自己的稻谷卖给中国企业，根据我们2014年8月在当地的调研，一位拥有100公顷土地的种粮大户告诉我们，以前，因为他生产的稻谷没有销路，所以他的大部分土地都没有种植，虽然本季节他只耕种了15公顷，但因为将稻谷卖给中国公司，所以取得了很可观的收入。2015年，他打算扩大种植面积，并考虑采用中国先进的农业种植技术，因为他看到当地种植与中国种植方式及产量的差别。

也有农户对中国的农业技术持保留态度，有一位到公司来卖粮的农户告诉我们，他的田地紧挨着农场，他目睹了中国农场雇佣的工人因为不是耕种自己的土地，上班时间偷懒不负责任的状况，而且大机械的收割造成稻谷流失，与当地的水稻品种相比，中国的水稻尽管产量高，但存在抗旱力差及不抗倒伏等缺陷。

联禾公司的合作方式与万宝公司的模式相比，存在成本低，风险小的优势，且尊重当地农户的意愿，不涉及占用农户土地等问题。目前，联禾公司因雇用较多当地工人，并提高了当地农户的种粮热情，颇受当地政府的欢迎。2014年，莫桑比克全国农业会议在贝拉举行，其中一项议程就是安排各省的农业部长到联禾公司的布济农场参观。

三　案例效应及评价

非洲与中国在农业方面存在着互补性，这是毋庸置疑的，鼓励中国企业到非洲进行农业开发，对非洲来说，可以帮助非洲解决粮食安全问题，可以为减少全人类的饥饿和贫困问题做出贡献，同时也为非洲创造了大量的就业机会，向非洲人民展示了中国农业发展的经验和中国人民吃苦耐劳的精神，传递了中国文化，得到非洲当地政府和农户的大力支持，建立了深厚的民间友谊。而对中国来说，则可以提升中国的国际形象，对解决中国的农业资源困境，平稳国际粮食价格，保证中国的粮食安全有重大意义。

但是农业作为一个基础型产业，其投资时间长、见效慢的特点决定了其部分公共产品的特性。而私营企业因其资金充足度方面的问题及对专业技术和知识掌握的局限性，单靠自己的力量很难做好农业生产方面的管理和经营。尤其是在非洲这样一个基础设施和自然灾害比较频发的地方，如何处理好与当地的关系，选择合适的投资机会以及如何将国内看似成熟的农业技术转移到非洲当地，都是非常大的挑战。在这些方面，尤其需要中国政府及中国在非洲的相关部门及在非企业的大力支持。如果没有这些支持，私营企业很难在非洲发展并实现其盈利目标。

与在国内农业投资不同，除面临自然灾害与基础设施发展方面的瓶颈外，中国企业到非洲进行农业投资也有一定的政治敏感性，如规模化种植所涉及的土地问题，与当地劳动者的关系问题，与当地政府及政党的关系问题及环境保护问题，等等，都会受到全世界的关注。纯粹的国有资本投资如果稍微涉及这些问题，就会对中国的国际形象及企业形象造成影响。公私合作可以在一定程度上避免这一问题，避免西方国家给中国扣上“国家资本主义”的帽子。

目前，利用公私合作的方式，发挥私营部门的作用成为国际发展中一个非常重要的概念，很多机构和个人将其看作是实现国际发展干预项目可持续发展的一个有效路径。而且国际发展的概念本身也超出了传统的范畴，既包括原先的国际援助，也包括为实现互利共赢的国际贸易和投资。本文中三家公司都来自湖北省，虽经营模式各异，但所用的技术都是一致的，友谊农场的前期技术试验和推广经验为示范中心的建设和规划设计提供了经验，示范中心的种子试验和示范种植又为万宝公司和禾丰公司的大规模种植提供了技术支持。没有它们之间的合作，湖北—加扎友谊农场不可能走上规模化的道路，马普托示范中心展示的中国农业技术也不可能推广到莫桑比克中部省份。三者的合作，更离不开莫桑比克当地政府和中国政府对它们的支持和促进。

联丰公司作为一家国有企业，其农垦背景赋予其优厚的人力资源优势，但长期以来，由于公司隶属于湖北农垦局，没有独立的财权及决策权，造成公司在莫桑比克加扎友谊农场的业务因投资不足而不能做大。同时，由于其本身的政府背景，公司在莫桑比克过于依赖当地政府，更注重政府的需求，忽视了普通民众对农业技术的需求，因此，其农业技术推广工作和企业本身的发展（争取更大的盈利空间）都没有取得明显的成效。但其所积累的中国农业技术本地化的知识及其人脉关系，为后来其在示范中心的运营、引进中国企业、万宝公司到莫桑比克进行大规模投资都起到了重要的作用。万宝公司私营资本的介入，使得原先友谊农场的项目得以持续并规模化。

万宝公司作为一个民营企业，其快速的规模化发展离不开联丰公司多年在莫桑比克经验的积累，包括比较成熟的水稻种植技术、初步的办公条件以及具有当地丰富工作经验的人力资源。同时，其农业技术推广工作的开展让我们看到，中国在非洲的技术推广并不是一件简单的事情，不仅需要付出成本，还要经受技术本地化的考验，当地的自然灾害、当地政府的工作效率、当地的风俗习惯、中国技术推广者本身的能力和业务水平及公司的技术推广目标等都可能成为农业技术推广的障碍，而这些完全由企业，尤其是一个私营企业来承担是不公平的。农业技术推广本身的半公共物品的属性也决定了莫桑比克当地政府需要为企业的技术推广提供更加积极的配合和服务。从长远来看，万宝公司作为一个经中国政府平台引进到莫桑比克进行大规模投资的农业私营企业，其成功与否可能不仅关系到企业自己本身，还与中国在非洲国家的形象密切相关。万宝公司在接手项目时就已经承担了2万公顷项目地的水利基础设施建设，前期投资数额巨大。对于这种企业，在其发展的关键阶段，政府有必要对其进行扶持，尤其是在2013年和2014年加扎省连续出现大规模洪水的情况下，帮助企业渡过难关，分担企业为取得当地认可所承担的公益功能，是当前中国政府应该做的。

禾丰公司尽管规模很小，但作为示范中心引进的另外一家企业，它克服了很多在非洲农业投资企业的弊端，开拓了一个完全不同于万宝公司的农业推广和公司经营模式。首先是选了一块好地，避免了大规模投资基础设施所带来的负担；其次是该公司将中国示范的农业技术扩展到莫桑比克中部，但由当地农户自愿决定是否采用中国农业技术，这让我们明白技术推广可以是双向的，是一个相互学习的过程；最后就是为当地农户提供了市场机会，使当地农户可以将收获的粮食拿到市场上出售，获得可支配收入，让这个缺乏农耕文明的国度的农民深切体会到种粮不仅仅可以解决自家的口粮问题，还可以增加家庭收入，解决其实际问题，增加了当地农户的种粮积极性。

联丰公司作为一家国有企业，国家援助项目——农业技术示范中心的承担者，有责任和义务为中国企业走出去提供相应的技术服务和咨询。中国作为发展中国家，南南合作的提供者，其所提供的援助跟南北合作有很大差异。一方面，为实现中国在非援助项目的可持续发展，中国不仅将援助项目委托给中国企业来承担，并鼓励援助项目的承担者进行商业化运作和经营。这一点虽然跟传统援助国的做法有很大差异，但从客观上看，却在一定程度上提高了援助的有效性，避免了"人走技术无"的后果。另一方面，作为中国在非的农业投资企业，非洲本地政府及中国政府设定条件或鼓励其在非洲进行农业技术转移和推广工作，承担了援助项目的公益性职能，为援助项目的可持续发展及影响的扩大提供了一条可行的道路。

尽管如此，如何理顺公私合作中政府和私营部门的关系应该是公私合作模式所面临的最大的挑战。目前，国家鼓励示范中心项目的承担者以示范中心为平台，引进中国企业到其他发展中国家投资并为其提供相应的咨询服务及技术支持，但引进企业本身的资质及合作经营模式对合作效果起着决定性的作用。在本文中，万宝公司接管了原先湖北联丰公司在友谊农场的所有工作人员，并承诺每年向联丰公司原先拥有的土地和建筑等支付租金，与联禾公司之间也只是人员流动和简单的技术支持合作。但是，更实质性的合作应该是国有资金和私营企业之间的合作。相比较来看，万宝公司与其合作出资方中非基金、中葡基金以及国开行的合作并不是特别顺利。从万宝公司来看，国有基金决策太慢，导致公司资金链时有断裂，这是其面临的最头疼的事情。而从国有公司来看，私营公司的经营可能存在好多问题，如公司内部人员的招聘和管理问题，对当地知识的掌握和与当地沟通问题，资金预算及使用问题和风险评估问题等，再加上连续两年的洪水灾害，万宝公司在2015年就出现了资金断裂的情况。

同时，如何规范企业的行为，处理好盈利和公益责任之间的关系，并提升中国企业在外的形象，这也是目前亟须解决的问题。与当地政府和民间组织合作，加强对援助项目执行者及走出去企业的监管与评价，对其承担的公益性职能进行物质或精神上的奖励和支持，应该是有效的办法。

赞比亚—中国经济贸易合作区建设与南南合作

The Construction of Zambia-China Economic & Trade Cooperation Zone And South-South Cooperation

黄梅波　张晓倩*

摘要：赞比亚—中国经济贸易合作区是中国政府在境外设立的第一个经贸合作区，也是赞比亚政府设立的第一个多功能经济开发区。由功能定位分别为以“有色金属工业为主，延伸有色金属加工产业链”和“自由贸易区”的谦比希园区和卢萨卡园区构成。自2007年正式成立以来，赞—中经贸合作区在基础设施、功能设施等园区建设及招商引资等方面取得了显著成效，这离不开双边政府对合作区的政策支持和合作区自身的努力。合作区自身层面也施行了一系列措施：采取与当地企业合资的方式进行投资建设；准确的产业定位；对入园企业提供“一站式”专业化服务；落实生产节能措施，保护当地生态环境；积极履行社会责任，坚持“回报社会，推动发展”。与此同时，“互利双赢、共同发展”的南南合作理念也始终贯穿赞—中经贸合作区的发展进程，作为将“援助+贸易+投资”三者有机结合的新型经济合作方式，赞—中经贸合作区的设立不仅为中国企业“走出去”开拓海外市场提供了便利，而且有助于推进赞比亚工业基础体系的早日建成，为赞比亚带

* 黄梅波，厦门大学中国国际发展研究中心主任、经济学院教授、博士生导师；张晓倩，厦门大学经济学院博士研究生。

来发展所需资金及与其需求相匹配的先进管理经验；提升赞比亚当地劳工的生产技能；为赞比亚创造更多的就业和增加税收；改善赞比亚对外贸易结构进而促进其实现国际收支平衡。

关键词：赞—中经贸合作区；南南合作

Abstract:The Zambia-China Economic & Trade Cooperation Zone (ZCCZ) is not only the first Chinese overseas economic & trade cooperation zone established in Africa, but also the first Multi-Facility Economic Zone declared by the Zambian government. Established in 2007, ZCCZ is composed of two Multi-Facility Economic Zones: the Chambishi Multi-Facility economic zone & the Lusaka East Multi-Facility economic zone. The Chambishi Zone mainly focuses on the development of the non-ferrous metal industry, extension of industrial chains, and promotion of the supporting service industry. The Lusaka East Zone is dedicated to developing commercial enterprises and logistic. ZCCZ has made significant achievements in its zone construction and attracting investments since its establishment. Series of factors make contribution to its success such as the supporting policies implemented by both country's governments, taking the mode of joint venture with local companies, accurate industry positioning, offering professional "one-stop" services for investors, paying attention to protecting the local ecological environment, fulfilling social responsibility actively and adhering to the idea of "returning to society" as well. As a new economic cooperation way between China and Zambia, ZCCZ combines international aid, international trade and investment together rather than only international aid like before, fully reflecting the idea of South-South cooperation "mutual benefit and win-win development." To be specific, the establishment of ZCCZ not only benefits Chinese enterprises by providing them a larger overseas platform to explode, but also benefits Zambia by accelerating its industrial base system construction, bringing in amounts of funds and advanced management experience in need, enhancing local workers productivity, creating more jobs and tax revenue for local government, improving Zambia's trade structure and balance of payments as well.

Key words: Zambia-China Economic & Trade Cooperation Zone; South-South Cooperation

从本质上讲，境外经贸合作区是投资国与东道国之间在有关限定区域内开展的一种更加紧密的双边经济贸易联系。其中，东道国政府负责在协议限定的地域范围内提供良好的投资环境并对投资者给予相关激励，投资国牵头企业负责将园区建设成基础设施较为完善、产业链较为完整、辐射和带动能力强的加工区、工业园区或科技产业园等。赞比亚—中国经济贸易合作区是中国在新形势下探索对外投资合作新模式的一个成果，是南南合作的创新模式，具有深远的示范性意义。

一　赞—中经贸合作区的设立和开发建设

（一）赞—中经贸合作区的设立

赞比亚—中国经济贸易合作区的设立最早可追溯到1996年赞比亚政府将该国已停产10年的谦比希铜矿向全世界进行投资招标；中国有色集团参与投标并于1998年6月28日与赞比亚签署合资组建中色非洲矿业有限公司及合作开发谦比希铜矿的协议，自此中色非洲矿业有限公司正式成立；同年，中国有色集团又出资2000万美元购得期限为99年的谦比希铜矿所属41平方公里的地表使用权和85平方公里的地下勘探开采权；2000年7月28日，中国境外第一座有色金属矿山谦比希铜矿复产建设正式开始；随着谦比希铜矿生产与运营工作的进一步开展，2003年中国有色集团以谦比希铜矿为核心着手筹建中国有色工业园。在此期间，适逢2006年11月中非合作论坛北京峰会召开，时任中国国家主席胡锦涛提出要在非洲建立2—5个经济贸易合作区。在此背景下，2007年2月，中国有色工业园成功中标商务部首批境外经贸合作区的园区并正式更名为“赞比亚—中国经济贸易合作区”。

此后，中国有色集团积极落实中国政府关于加强对非工作的重要指示，大力促进赞—中经贸合作区的开发建设并取得显著成果，赞中经贸合作区成为继“坦赞铁路”之后，中赞两国友谊的新标志；成为21世纪中赞两国经济合作的新范例；成为中国国家“境外经济贸易合作区”

的示范；成为辐射坦赞铁路和非洲中部的战略基地。

表 1　**赞—中经贸合作的简要发展历程**

发展阶段	标志性事件
酝酿期 （1998—2003）	1998 年，中色集团购得赞比亚谦比希铜矿 85% 的股权，初涉国际矿业开发领域 2000 年，谦比希铜矿复产建设正式开工 2003 年，谦比希铜矿投产，成为中非合作标志性项目
萌芽期 （2003—2007）	2005 年，赞中签订《关于建立赞比亚—中国有色工业园项目意向书》 2006 年，中色集团中标境外中国经贸合作区项目，建立赞—中经贸合作区
初创期 （2007 年至今）	2007 年，赞—中经贸合作区谦比希园区揭牌，开发建设正式启动；赞比亚宣布赞—中经贸合作区为该国多功能经济区 2008 年，赞中签署《赞比亚中国经济贸易合作期投资促进与保护协议》 2009 年，赞—中经贸合作区卢萨卡园区揭牌 2012 年，赞—中经贸合作区入区企业中色非洲矿业有限公司、谦比希湿法冶炼有限公司等组成中国有色矿业有限公司在香港成功上市 2013 年，赞比亚总统萨塔出席中有色举办的赞比亚—中国经贸论坛

赞比亚—中国经济贸易合作区的规划建设是在借鉴中国开发区与其他国家工业园区发展经验的基础上，结合赞比亚国情和市场实际，立足于技术先进性和实用性相结合、出口导向和进口鼓励相结合、环保生产和资源综合集约利用相结合的原则，在中赞两国政府的大力倡导下，按照“总体规划，分期开发，建成一片，循环收益”策略建立起的经济贸易合作区。合作区包含谦比希园区和卢萨卡园区两个多功能经济区，总规划面积为 17. 19 平方公里。

其中，谦比希园区于 2007 年正式成立，位于赞比亚铜带省中部，距赞比亚首都卢萨卡 360 公里，距赞比亚第二大城市恩多拉 70 公里，距赞比亚第三大城市基特韦 28 公里，一期规划面积为 11. 49 平方公里。充分考虑到谦比希园区毗邻丰富的铜资源产区的区位优势，中国有色集团将其定位为“以有色金属工业为主，延伸有色金属加工产业链，适当发展配套产业和服务业，建设具有辐射和示范效应的以有色金属工业为主的综合性园区”。准确的定位有利于打造赞比亚铜资源采选冶完整产业链，提升赞比亚铜工业现代化水平，带动赞比亚当地经济的发展。

卢萨卡园区于2009年正式成立，位于赞比亚首都卢萨卡东北部，距离城市中心25公里，毗邻卢萨卡国际机场（卡翁达国际机场），总规划面积为5.7平方公里。立足于赞比亚地处南部非洲"心脏地带"的战略区位以及紧邻卢萨卡国际机场的区位优势，卢萨卡园区重点发展商贸、物流、加工、房地产等产业，并致力于在2030年之前发展成为基础设施完善，生态环境优美，以自由贸易区为主要功能的现代空港产业园区。

（二）赞—中经贸合作区的建设进展

在赞中两国政府的积极支持和中国有色集团的全力建设下，赞—中经贸合作区近年来发展迅速。在园区建设方面，截至2008年，中国有色集团对赞—中经贸合作区基础设施和功能设施投资额为8.09千万美元，此后一直保持增长态势，到2015年7月，赞—中经贸合作区发展有限公司累计对园区基础设施及功能设施投资额达到1.8亿美元，其中，新建园区卢萨卡园区占2000万美元，赞—中经贸合作区成为中国在境外设立并取得实质性进展的为数不多的境外合作区之一。

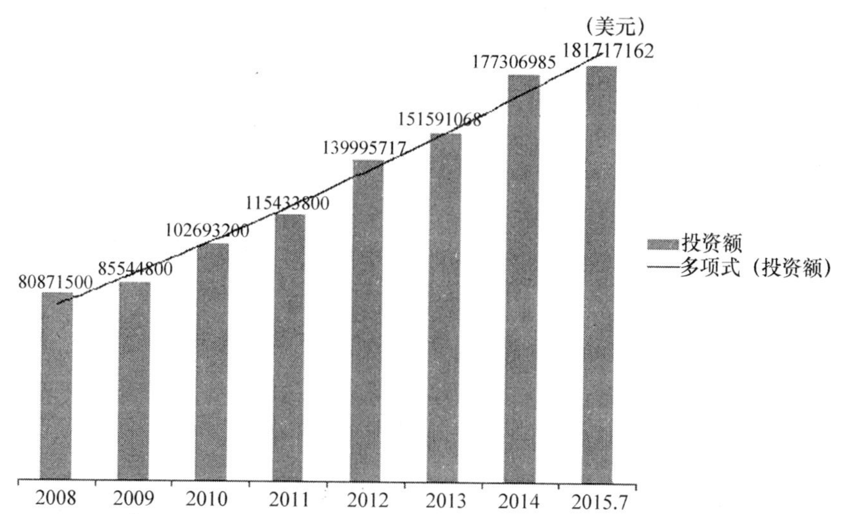

图1　赞—中经贸合作区发展有限公司累计基础设施及功能设施投资额（截至2015.7）

在基础设施建设方面，赞—中经贸合作区发展有限公司在道路建设、供水、供电等方面均取得了实质性进展。截至2015年7月，经贸合作区发展有限公司已经在谦比希园区、卢萨卡园区和GARNETON生活区修建了超过20公里的道路；为谦比希园区配有330KV变电站、66KV和10KV输电线路，为卢萨卡园区配有10KV变压器；在谦比希园区已完成给水、雨水排水、污水排水等设施建设，在卢萨卡园区修建了地下水井并配有240吨的钢结构水塔。

在功能设施建设方面，截至2015年7月，赞—中经贸合作区已建成超过6000平方米的办公设施、40000平方米的标准厂房、11000平方米的住宿设施和酒店服务区；于2009年11月正式由中色非洲矿业有限公司移交给赞—中经贸合作区的中赞友谊医院不仅在消除人民对疾病的恐惧、稳定员工情绪进而为中国在赞比亚各企业的发展保驾护航方面发挥了积极作用，而且，医院在秉承“中赞合作，共同发展”的原则下，以良好的医疗条件、优质的服务和高超的医疗水平吸引了来自四面八方的赞比亚居民前来就诊，成为中赞两国人民友谊的真实写照。

表2　**赞—中经贸合作区基础设施及功能设施建设成果**

基础设施		
谦比希园区		
编号	项目	概述
1	道路	已修建超过14公里的道路
2	电力供应	配有330KV变电站、66KV和10KV输电线路
3	水供应	已完成给水、雨水排水、污水排水等设施
4	通信设施	因特网
卢萨卡园区		
1	道路	已修建超过10公里的道路
2	电力供应	配有10KV的变压器
3	水供应	修建了地下水井、配有240吨的钢结构水塔
4	其他	安全围网

续表

功能设施		
谦比希园区		
编号	项目	概述
办公设施		
1	综合服务楼	建筑面积 5000 平方米的综合服务楼是经贸合作区办公区，同时也提供优质的会议室、展览厅、网络及银行服务
生产设施		
1	标准厂房	规格为 1550 平方米和 1080 平方米的标准厂房，目前建成 13 栋，第 14 栋即将建成
服务设施		
1	综合服务区	设有加油站、餐厅、超市和汽修厂
卢萨卡园区		
编号	项目	概述
生产设施		
1	标准厂房	规格为 1550 平方米和 1080 平方米的标准厂房，目前建成 11 栋
服务设施		
1	多功能气膜馆	面积为 30 米 ×50 米的多功能气膜馆，可以承办会议、体育比赛等活动
住宿设施		
1	住宅（类型一）	4 栋住宅楼（共 32 个房间），房间面积 30 平方米，配有卫生间和淋浴室
2	住宅（类型二）	2 栋住宅楼（共 26 个房间），房间面积 30 平方米，配有卫生间和淋浴室
3	别墅样板间	建筑面积为 280 平方米的二层别墅，用轻钢结构搭建而成，它采用了最新的建筑材料及技术，整个搭建过程仅耗时 45 天
GARNETON 生活区		
编号	项目	概述
住宿设施		
1	住宅（类型一）	3 栋住宅楼（共 36 个房间），房间面积 30 平方米
2	住宅（类型二）	1 栋住宅楼（共 8 个房间），房间面积 40 平方米
3	住宅（类型三）	1 栋住宅楼（共 4 个房间），房间面积 60 平方米

续表

GARNETON 生活区		
编号	项目	概述
住宿设施		
4	住宅（类型四）	2 栋住宅楼（共 8 个房间），房间面积 100 平方米
娱乐设施		
1	篮球场和网球场	地面由人造塑胶铺成、提供舒适和安全的运动环境
2	酒店服务区	包括酒店、餐厅、游泳池和体育馆等设施
中赞友谊医院		
中赞友谊医院为市民提供综合性医疗服务，目前有医务人员 111 名，分布在医院及下属的 4 个诊所，担负着 37000 人的医疗保障救治工作。医院配有核磁共振、腹腔镜等先进医疗设备和经验丰富的医疗团队		

（三）赞—中经贸合作区的招商引资

在赞中两国政府相继出台的一系列鼓励企业入驻合作区的政策支持下，在合作区自身日益完善的园区建设等硬件设施和为入驻企业提供的“一条龙”审批服务等软件设施的吸引下，越来越多的企业选择到赞—中经贸合作区投资办厂。截至 2015 年 7 月，共有 52 家企业（包含租用厂房等设施的项目）入驻赞—中经贸合作区，比 2008 年增加了 42 家，涉及的行业包括湿法冶炼、铜冶炼、建筑、物流、采选矿、农业、制酒业、制药业等。其中，持有多功能经济区许可①的企业由 2008 年仅 7 家增加到 2015 年 7 月的 16 家，表明合作区在招商引资方面实现了数量和质量的同步提升。

按照赞比亚政府颁布的“赞—中经贸合作区入驻门槛不低于 50 万

---

① 多功能经济开发区的优先行业是指：（1）信息和通信技术：计算机软件开发、信息和通信技术设备装备和制造；（2）医疗卫生：药品生产、医疗设备修理和维护、为医疗机构提供清洗服务、救护车服务、医学化验服务、诊断服务、其他医疗服务；（3）教育和技能培训；（4）制造业：设备和设备零件，钢铁产品，电气电子产品及其零部件，化工和石油化工，药品和相关产品，木材和木制品，棕榈油产品及其衍生品，纸浆、纸和纸板，纺织和纺织产品，运输设施、零配件，基于黏土、沙子和其他非金属矿物质的产品，塑料产品，专业医疗，科学和测量设备或配件，橡胶产品，皮革和皮革产品，包装和印刷材料，化肥，水泥；（5）旅游；（6）下列产品的加工：农产品、林木产品、有色金属及其制品、宝石。

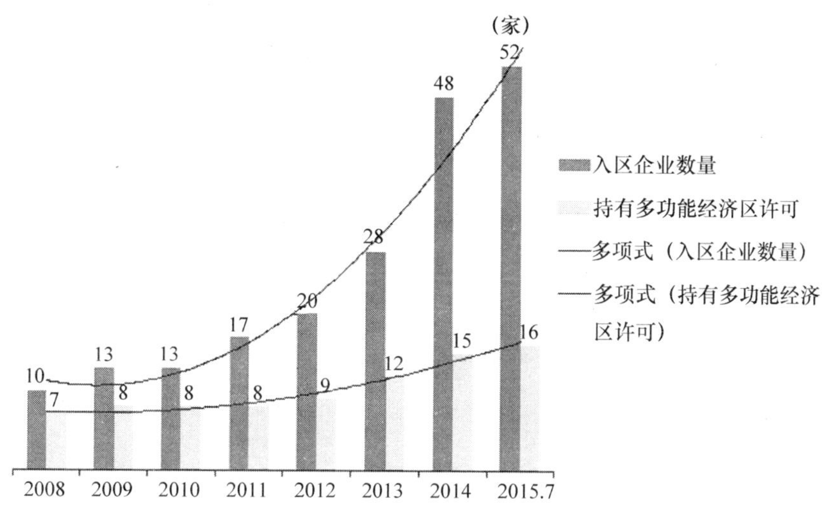

图 2　赞—中经贸合作区入区企业数量（2008—2015. 7）

美元”的《发展署法》相关规定，近年来，中国有色集团通过多种渠道大力吸引国内外企业到合作区投资发展，合作区吸引投资规模逐年扩大，到 2015 年 7 月，合作区累计完成投资额超过 15 亿美元，累计销售收入超过 90 亿美元，企业的生产经营活动不仅以缴纳税收的方式为东道国赞比亚政府增加了财政收入，也对当地经济与社会发展产生了重要影响。而且，合作区开发建设企业与入区企业在从事生产经营过程中还严格遵守赞比亚劳动用工法律法规、坚持属地化经营战略、积极推进员工本土化。2008 年，合作区共雇用赞中双方雇员 2930 人，其中赞比亚当地员工为 2647 人。此后，合作区不断为当地居民创造新的就业机会，即使在 2012 年全球金融危机的影响下，赞—中经贸合作区也没有出现大幅裁员现象。截至 2015 年 7 月，合作区累计为赞比亚当地居民提供 8380 个就业岗位，实现自 2008 年以来 11. 67% 的年均增长率，员工本地化率达到 86. 7%。由于企业在运营过程中非常尊重当地员工的传统文化并积极倡导多文化融合，开放、多元、互助、平等的企业文化氛围已初步形成。

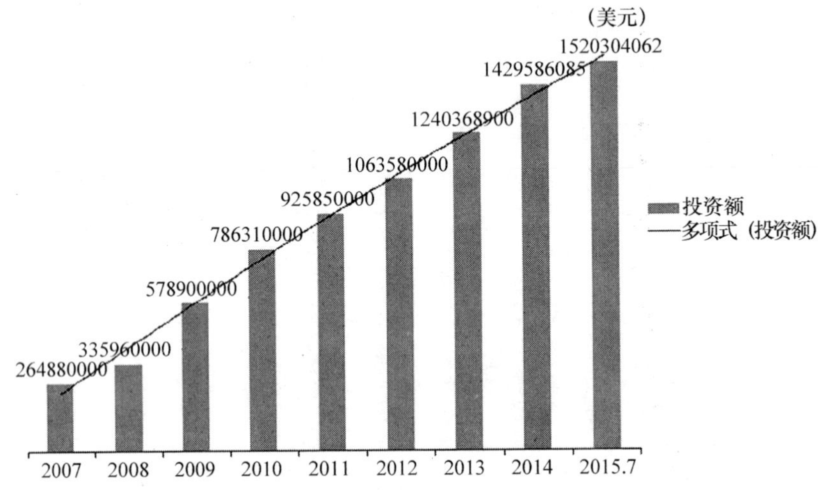

图3　赞—中经贸合作区累计投资额（截至2015.7）

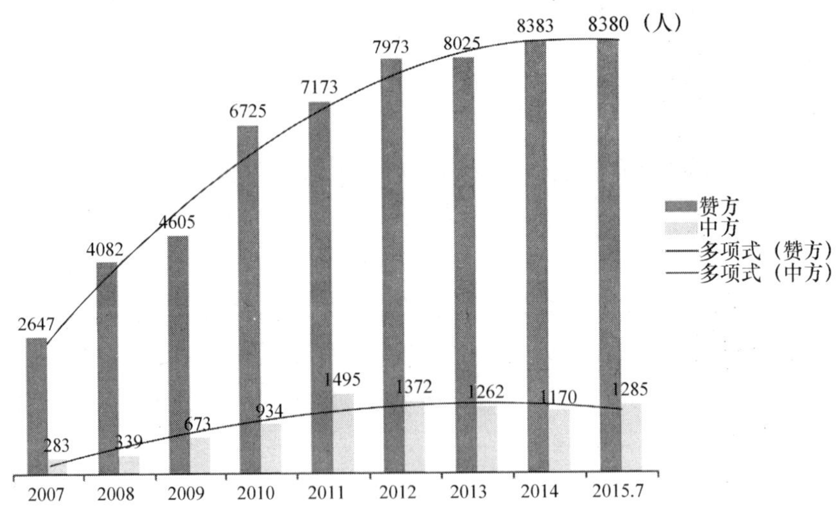

图4　赞—中经贸合作区累计雇佣员工数（截至2015.7）

二　赞—中经贸合作区的做法和经验

（一）双边政府支持及优惠政策的施行

合作区建立的主要目的是使赞比亚丰富的铜钴矿产资源得以更有效

的开发利用，并延展基础资源的加工深度，进入国际市场，促进赞比亚的经济发展。合作区享有的双边政府支持及优惠政策是近年来赞—中经贸合作区取得良好发展的关键因素。

从东道国角度讲，为支持赞比亚—中国经贸合作区建设，2008 年 9 月，中国有色集团与赞比亚政府签署了《赞比亚中国经济贸易合作区投资促进和保护协议》（IPPA），协议包含了开发企业承担的开发建设任务、合作区建设目标、当地商业发展、员工计划和技能培训等责任以及赞比亚政府提供给开发企业以及入区企业的税收优惠政策和工作许可办理等政府便利措施（见表 3）。

从投资国角度讲，作为中国实施“走出去”战略的一种全新对外投资方式，赞—中经贸合作区一直以来得到中国政府的大力支持。在资金方面，每一个审核通过的对外经贸合作区都将得到 2 亿—3 亿人民币的财政支持，中长期人民币贷款最多可达 20 亿。在政策方面，为贯彻落实国务院关于推进境外经贸合作区建设的有关精神和《国务院办公厅关于金融支持经济结构调整和转型升级的指导意见》，中国商务部和国家开发银行共同建立合作区项目协调和信息共享等联合工作机制，为符合条件的合作区实施企业、入区企业提供投融资等方面的政策支持，包括“国家开发银行根据国家对外发展战略的需要，支持国内产业集群‘走出去’，为合作区建设提供投融资等服务”；国家开发银行依据商务部、财政部《境外经济贸易合作区确认考核和年度考核管理办法》的要求，针对合作区的特点和需求对合作区提供一系列融资服务，包括国家开发银行及其下属的中非发展基金通过投贷结合的方式为非洲地区合作区提供投融资服务，并为入园企业提供非洲中小企业专项贷款服务等。为进一步做好境外经贸合作区建设工作，推动合作区发挥其境外产业集聚和平台效应，中国商务部还制定了《境外经贸合作区服务指南范本》，内容涉及提供包括政策咨询、法律服务、产品推介在内的信息咨询服务；包括企业注册、财税事务、海关申报、人力资源、金融服务、物流服务在内的运营管理服务；包括租赁服务、厂房建造、生产配套、生活配套、维修服务、医疗服务在内的物业管理服务以及突发事件应急服务等。不仅如此，中国国家政府还承担一切费用出版了针对不同国家和地区的投资促进报告，免费提供给所有企业和社会人员，以增强企业对投资国的了解。

表3 **赞—中经贸合作区属于赞比亚优先行业①的入区企业可享有的税收优惠政策**

	税种	适用范围
1.	公司所得税	
	入区企业自经营之日起5年内免征企业所得税 第6—8年，企业所得税按应纳税额的50%征收 第9—10年，企业所得税按应纳税额的75%征收 自企业正式运营之日起，5年内免缴红利部分的所得税	开发者及投资者适用
2.	关税	
	对于入区企业的资本性货物、机器设备，5年内免征进口关税	开发者及投资者适用
3.	增值税	
	对多功能经济区的开发者或投资者进口的资本性货物、机器设备免征增值税	开发者或投资者用于基础设施建设的物资适用

（二）采取与当地企业合资的方式进行投资建设

为得到当地政府的支持并规避风险，赞—中经贸合作区选择与当地企业合资的方式进行投资建设。其中，赞比亚—中国经贸合作区谦比希铜矿区由中国有色集团与中色非洲矿业有限公司共同出资成立的赞比亚—中国经济贸易合作区发展有限公司负责投资、运营和管理。中国有色集团承担全部投融资义务，占合作区发展公司股份的85%，中色非洲矿业有限公司将谦比希铜矿区41平方公里的地表土地使用权提供给合作区无偿使用，占合作区发展公司股份的15%。

---

① 在多功能经济区和/或在《发展署法》规定的某个优先行业或产品投资不低于50万美元的投资者，除了享受一般激励政策处，还有权享受上述激励政策。其中《发展署法》规定的优先行业或产品包括：（1）花艺栽培（鲜花和干花）；（2）园艺行业（新鲜和干燥蔬菜）；（3）食品加工（面粉及其他食品加工）；（4）饮料及提神品（茶和茶产品、咖啡和咖啡产品）；（5）下列纺织行业产品的生产和加工：棉花、棉纱、织物、服装；（6）下列工程产品的制造：铜产品、铁矿石和钢、钴、其他工程产品；（7）将磷酸盐和相关产品转化成化肥；（8）将石类物质加工成水泥；（9）将原木加工成木制品；（10）皮革行业产品的生产和加工（牛皮、碎屑皮革、皮革制品）；（11）建设微型水电站；（12）教育和技能培训。

（三）赞—中经贸合作区准确的产业定位

境外经贸合作区成功运营的关键是拥有体现自身特色的比较优势并以此为发展基础，其中的比较优势包括地理、资源、产业等方面。如中国最初设立的经济技术开发区都位于沿海城市，这就充分突出了海外航运便利的地理优势。

准确的产业定位也是赞—中经贸合作区能切实发挥实质性作用的关键所在。基于谦比希铜矿发展铜钴采选冶加工制造服务等产业链，从而形成有色金属的冶炼以及配套辅助衍生的产业集群，资源优势和开发企业的投资项目是谦比希分区具备的最大优势。而将赞—中经贸合作区卢萨卡分区定位为重点发展商贸、物流、加工、房地产等产业则是充分考虑到卢萨卡地处南部非洲“心脏地带”的战略区位以及紧邻卢萨卡国际机场的区位优势。由此可见，赞—中经贸合作区的产业定位既符合所在国的资源、经济和产业发展条件，也符合当地产业发展政策。同时，对于作为合作区内核心企业的投资主体，赞—中经贸合作区在产业定位上也与中国有色集团企业自身业务紧密结合，立足赞比亚市场现状和前景，结合赞比亚及经贸合作区的资源优势，根据经贸合作区谦比希园区和卢萨卡分区的产业和发展定位，可以预见以下项目（表4）具有广阔的发展空间和较高的投资价值。

表4　**赞—中经贸合作区具有发展前景的产业**

谦比希园区	
电线、电缆生产项目	建材生产项目
重型设备机修厂项目	仓储运输项目
矿山设备组装项目	勘探设备项目
商业、生活配套项目	汽车旅馆项目
卢萨卡园区	
国际展览中心项目	国际物流中心项目
商务度假酒店项目	粮油批发市场项目
食品加工项目	购物中心项目
家电组装项目	建材产业城
房地产项目	药品生产加工项目

（四）大力招商引资，对入园企业提供“一站式”专业化服务

由于大多数国家与赞比亚距离遥远且在文化上存在很大差异，信息的不对称使很多国外投资者出于对各类投资风险的担忧而对进驻赞比亚存在疑虑。针对这种情况，赞—中经贸合作区一方面通过参加中国政府部门组织的招商推介会、委托中国投资促进协会、中国开发区协会等专业咨询及招商机构有针对性地对合作区进行推介等多种方式增强潜在投资者对其的认知，消除潜在投资者的投资顾虑。另一方面赞—中经贸合作区充分利用大众传媒的巨大社会影响力，积极依托发布会、研讨会、广告媒体及宣传报道等方式对合作区进行宣传，如及时对外公布经贸区在园区建设、吸引外资、促进当地经济发展以及在增加就业等方面所取得的进展，以增强投资者的信心，达到招商引资的目的。

不仅如此，赞—中经贸合作区还为拟入驻的企业提供“一站式”专业化服务，其中包括政策法律咨询、投资和工作许可、企业注册和有关登记、报关报税、商检、仓储运输、商务会展、与当地政府和机构协调中介服务以及安全保卫等一系列全方位服务。具体来说，赞—中经贸合作区服务内容包括：为拟入驻企业提供赞比亚的法律法规、产业规划和市场信息的咨询服务；受托或协助拟入驻企业办理企业注册阶段的各种手续，如公司登记、银行开户、税务登记；受托或协助拟入驻企业办理企业建设阶段的各种手续，如环境影响评估、规划设计审批、进出口设备清关；受托或协助拟入驻企业办理生产经营过程中所需要的各种执照和许可证等申请事宜；为入区企业提供与赞比亚政府部门和相关机构沟通和协调的服务；组织入区企业参加赞比亚境内外相关展销会、展览会；协助投资者融资贷款，等等。“一站式”专业化服务的提供降低了因入驻企业对当地政策环境不熟悉而产生的大量交易成本，使赞—中经贸合作区对外吸引力大大提升。

（五）落实生产节能措施，保护当地生态环境

构建资源节约型、环境友好型企业是中国有色集团在赞比亚能够实现长期可持续发展的内在要求。为此，赞比亚—中国经济贸易合作区发展有限公司主要采取了以下几方面措施：其一，依据《赞比亚环境保护和污染控制法》的相关规定设置环境管理专门机构——安全环保部，

负责管理环境工作。其二，在各个环节通过技术创新提高资源利用率，最大限度地挖掘矿产中的资源。例如，铜冶炼公司将铜的回收率从96%提高到98%；中色湿法冶炼厂将铜矿山尾矿作为生产原料之一；经贸合作区建设时，部分建筑材料采用矿山废石渣，以减少废物排放量，形成循环产业链条。其三，栽培树木，绿化环境。为尽早恢复土地平整时去除的植被，经贸合作区自建占地10公顷的苗木基地，既满足合作区绿化需要，又符合当地环评环保的要求。其四，加大对当地环保项目的物资和资金支持力度。例如，合作区区内企业中色非矿在2010年向位于卢萨卡的“绿色环境监督组织”捐款100万克瓦查，助其举办与环境变化主题相关的大会。

（六）积极履行社会责任，坚持“回报社会，推动发展”

在促进赞比亚经济和企业自身可持续发展的同时，中国有色集团积极参与当地公益事业。这表现在：其一，通过捐资或捐助医疗设备等方式改善赞比亚落后的医疗条件。2007年，中国有色集团捐赠价值4万多美元的计算机等办公设备用于非洲第一夫人防治艾滋病组织开展防治艾滋病活动；2011年，中国有色集团出资110万元人民币资助“非洲光明行”活动。其二，通过资助教育与科研机构等方式支持赞比亚当地教育发展。2011年，中色非矿有限公司向铜带省大学捐助3万美元作为奖学金；投资近10万美元帮助谦比希高中扩建教室。其三，关切妇女权益，支持妇女发展。2013年4月，经贸合作区向“赞比亚第一夫人幸福之家基金会”捐款27万克瓦查用于资助当地妇女、儿童等弱势群体。中色非矿与当地谦比希村妇女针对养鸡活动建立长期合作关系，为当地妇女创造收入来源。其四，捐资改善当地基础设施建设。中国有色集团投资2780万美元与赞比亚国家电力公司共同建设谦比希东330KV/66KV变电站，使周边居民的照明条件得到极大改善；中色非矿投资50万美元修建谦比希村和基特韦市5公里长的道路。

三 赞—中经贸合作区所体现的南南合作理念——互利共赢、共同发展

南南合作是广大发展中国家基于共同的历史遭遇和独立后面临的共

同任务而开展的相互之间的合作，旨在促进发展中国家之间传播人类活动所有领域内的知识或经验，从而实现“互利共赢、共同发展”。作为新时期南南合作的核心理念，“互利共赢、共同发展”在赞比亚中国经济贸易合作区得到了充分体现。

（一）经贸合作区属于“援助＋贸易＋投资”的一揽子经济合作方式

以往中国与赞比亚的经济合作更多地采取单一援助的方式，这种援助行为属于“南南合作”的范畴，且与其他西方国家相比，中国对于赞比亚的援助不掺杂任何的附加条件，并以不干涉赞比亚国家政治、不损害赞比亚国家利益为前提，这不仅促进了中赞两国之间的团结和合作，还在一定程度上维护了世界和平。但历史经验表明，这种单一的援助通常是以两国政府的意向为导向的，而非市场选择，以致带有很大的“计划经济”色彩，同时，大部分援助项目由于没有足够的本地人才，运营情况多数不佳，结果往往是花了巨额金钱却未能有效带动当地经济的发展。相比之下，经贸合作区借鉴中国改革开放初期的发展经验，改变以往单一采用援助的经济合作方式，将援助、贸易、投资三者有机结合起来，通过引导中国企业到赞比亚投资设厂，使中国的资金、技术、经验在赞比亚落地生根并发挥实质性作用，这将从根本上帮助赞比亚将自身的资源优势转化为比较优势进而向竞争优势转变，使其早日实现经济的自主可持续发展。

（二）经贸合作区充分体现了南南合作原则：互利共赢、共同发展

赞—中经贸合作区的建设对中国企业“走出去”具有重要意义。一方面，赞中经贸合作区的设立为中国企业“走出去”开拓海外市场提供了更为广阔的平台。这是因为境外经济贸易合作区的特殊性质使在该区域投资的企业可以利用投资国和东道国在税收、出入境、金融、保险等方面的双边优惠政策和良好的商务环境以及多方面保障，降低投资风险和生产经营成本，提高境外投资的成功率。此外，赞—中经贸合作区的建立不仅有利于生产同类产品的企业相互之间在信息、设施、市场等方面的资源共享，降低经营成本，而且提高了企业对外投资的集中度，促使相关产业在境外尽快地形成产业链或产业群，便于发挥协同效应和产业集群效应，更快地形成产业合力和产业竞争力，减少无序投资

的资金资源浪费。

赞—中经贸合作区的成立对赞比亚经济的发展同样意义重大。

其一，有助于推进赞比亚工业基础体系的早日建成。虽然进入21世纪以来赞比亚实现了经济的高速增长，但认真分析其经济增长背后的推动因素不难发现，当前这种建立在单一经济结构基础之上，通过大量出口初级矿产资源为依托的经济增长模式是不具有可持续性的，贫穷和失业仍是赞比亚亟待解决的问题，为此，赞比亚政府大力推进发展工业化。为带动当地经济和产业发展，赞—中经贸合作区谦比希分区立足于赞比亚自身的资源优势，结合赞比亚自身的发展需求，从最初立足于开发矿山，到后来不断加大投资力度，先后建立湿法冶炼厂和火法冶炼厂并引进国际先进的铜冶炼生产技术延伸矿产资源产业链，赞比亚谦比希园区已形成“以采矿、选矿和冶炼为龙头，带动并形成加工、贸易、服务的完整产业链”。中国有色集团还成功收购了赞比亚卢安夏铜矿，并完成了“碎矿、磨浮、精矿过滤、尾矿、除尘、工业水及回水、电控及自动化7大系统共30个恢复和技改项目”，使“卢安夏公司的选矿技术水平跃升了30年”。不仅如此，赞—中经贸合作区还通过加大本地采购比例、扶持当地供应商的方式搭建提升当地冶金、机械、机电、建材等相关产业水平的平台。赞—中经贸合作区的以上举措均有利于赞比亚工业基础体系的构建，进而从源头上帮助赞比亚经济实现自主发展，这与南南合作“互利共赢”的利益观高度吻合。

其二，为赞比亚带来了发展所需的资金。赞比亚工业化的一大障碍是产业资本积累不足，很多项目因资本不足而不能正常施工。相比之下，改革开放以来，中国通过引进外资、大力发展劳动密集型加工业积累了大量资本，据国际货币基金组织统计，中国固定资本投资于2011年达到4.35万亿美元，高于同年美国3.17万亿美元；中国国民储蓄总额到2012年达到4.6万亿美元，远高于同期美国国民储蓄总额2.8万亿美元；中国外汇储备余额截止到2014年底达到3.84亿美元，居世界首位，坚实的产业基础和雄厚的资金储备与赞比亚苦寻合作资本高度契合。近年来“中非发展基金”“非洲中小企业发展专项贷款”的设立使越来越多的中国企业将投资目标转向非洲国家，转向赞比亚。随着更多的中国企业以集群方式入驻赞—中经贸合作区，赞比亚发展经济所需的资金也将大量涌入。不仅如此，由中国国家开发银行于2014年8月和2015年6月先后对赞—中经贸合作区提供的数额为5800万美元的贷款也将有助于促使合作区进一步加快基础设施建设，吸引国内及赞比亚当地优秀企业入园兴业，最终带动当地经济发展，促进中赞两国友好关系的发展。

其三，为赞比亚带来与其需求相匹配的先进管理经验。虽然赞比亚自然资源比较丰富，但其将资源优势转变为经济优势的能力不强，以致赞比亚在参与世界经济活动中一直处于不利地位。在此背景下，通过引入外资而引进国外先进生产技术和管理经验进而促进本国经济发展成为赞比亚经济发展的诉求之一。看到曾经同为经济落后国家的中国，自改革开放以来经济所取得的举世瞩目的成就，赞比亚政府迫切需要来自中国的发展经验，这也是赞—中经贸合作区设立的初衷之一。赞—中经贸合作区借鉴中国开发区的成功经验，集群式地引入中国企业进行投资，形成产业链条，带动赞比亚地区资源的深加工，随之而来的更多适合赞比亚国家使用的生产技术和先进管理经验将有助于从根本上帮助赞比亚国家实现经济自主发展，为赞比亚实现经济“腾飞”做铺垫，而这正是对新时期“南南合作”内涵的有力诠释。

其四，提升赞比亚当地劳工的生产技能。赞比亚经济长期停滞不前的一个重要原因就是缺少人力资源开发，其落后的教育与贫困经济形成恶性循环。相比之下，赞—中经贸合作区企业在运营过程中非常注重本土化经营及提升当地员工的技能水平。如中国有色集团通过短期培训、手把手传授、高级进修、学历教育和选派员工赴中国学习等多种方式积极为当地员工提供各类教育与培训机会以提升赞比亚当地员工的专业技能。不仅如此，中国有色集团还注重从当地员工中选拔、培养、任用管理人员和高级专业技术人员，以此拓展员工的职业发展通道。上述举措不仅有利于提高赞比亚当地人经济活动参与度的质与量，也有利于赞比亚推进当地人力资源的全面开发，而这必将给赞比亚经济复兴带来创新性的活力。

其五，为赞比亚创造更多的就业和增加税收。建立在开发初级矿产资源基础之上的单一落后的产业结构使失业问题成为赞比亚政府不能忽视的问题。且随着当地人口的持续增长，这一问题将更加突出。近年来，赞—中经贸合作区企业对本土化经营给予高度重视，截至2015年

7月，员工本土化率已高于85%，吸纳当地就业8000多人。随着赞—中经贸合作的不断深化，会有更多中国企业以集群方式入驻赞比亚，这些企业不仅包括资源开发型企业，也将包括部分劳动密集型制造型企业，中国企业的陆续进入将会给赞比亚创造大量的就业机会，而且，考虑到产业发展的关联性，将会有更多的当地人口通过随之发展起来的上下游相关产业得到就业机会。除了为赞比亚创造更多的就业外，赞—中经贸合作区企业在从事生产经营活动的同时，也会向当地政府缴税，这有助于赞比亚政府财政收入的增加和产业资本的积累。

其六，改善赞比亚对外贸易结构，促进国际收支平衡。金融危机之前，伴随着近年来发展中国家工业化进程加快所引发的对原材料需求的不断上升，国际市场上原材料价格大幅上升，这为资源丰富的赞比亚带来了实现经济高速增长的机会。但这种严重依赖资源出口的经济增长方式无法成为赞比亚经济发展的内动力，且对国际市场原材料价格波动高度敏感也使赞比亚经济抵御外在风险的能力减弱。随着赞—中经贸合作区的不断发展，体现当地比较优势的铜采选冶及精深加工体系将逐步建成，届时，深加工高附加值的矿产品将取代初级矿产资源，并在其出口贸易中比重不断提升，这不仅有助于提升赞比亚的国际市场地位，而且，伴随着对外贸易结构的改善，赞比亚当前巨额贸易赤字（2014年为3.87亿美元）[①] 也将得到相应减小。

---

① 联合国贸发会议数据库，http://unctadstat.unctad.org/wds/TableViewer/tableView.aspx.

下　编

南南发展合作的概念框架*

（工作文件）

2015 年 9 月

汇编者：Neissan Alessandro Besharati，Matshediso Moilwa，Kelebogile Khunou & Ornela Garelli Rios，均来自南非国际事务研究所（South Africa Institute of International Affairs）

译者：上海对外经贸大学法学院国际关系学系 崔文星助理教授

摘要：2015 年 3 月，25 名来自南方国家的著名学者和发展合作专家相聚在南非米德兰，讨论南南合作的共同分析框架。这就是“南方智库网络”（the Network of Southern Think-Tanks，NeST）第一次技术研讨会。围绕 NeST 的概念性工作有着范围更广的磋商，作为这一磋商的一部分，多方利益相关者就“非洲发展中的新兴合作伙伴”①（Emerging Partners in Africa's Development）这一主题进行了政策对话，以讨论南南合作在国际发展中的角色与贡献以及适当的南南合作监督和问责制框架。后来，技术工作组于 2015 年 9 月初在约翰内斯堡所做的工作使这些会议的成果得到进一步丰富，他们制定了用来衡量南南伙伴关系与过程质量的指标。

---

* 该概念框架为 NeST 专家组成员 2015 年 3 月［会议地点：米德兰（Midland）、约翰内斯堡（Johannesburg）］及 9 月［会议地点：约翰内斯保（Johannesburg）］会议的成果。

① 有关“在非洲的新兴援助国”（Emerging Donors in Africa）多方利益相关者对话的更多信息、图片、会议记录报告及其他资源请参见南非国际事务研究所（South African Institute of International Affairs）网站（http：//www. saiia. org. za/events/emerging-partners-in-africas-development-measuring-the-impact-of-south-southcooperation-nest）。

这份文件尝试对 NeST 专家与学者举行的各种技术研讨会所得出的结论、达成的共识和存在的分歧进行总结。这些会议受益于来自巴西、中国、哥伦比亚、印度、肯尼亚、马拉维、墨西哥、莫桑比克、纳米比亚、南非、土耳其、乌干达和津巴布韦代表的贡献。该文件正在拟订中，但仍然为国际发展事业中对南南合作规模、质量和影响进行衡量的概念与方法提供了重要的洞见。

2015 年 3 月 4—5 日 NeST 技术研讨会与会者

缩略语清单

CICETC：China International Centre for Economic and Technical Cooperation（中国经济与技术合作国际中心）

CRS：OECD-DAC Creditor Reporting System（经合组织发展援助委员会债权人报告系统）

CSO：civil society organization（民间组织）

DAC：（OECD）Development Assistance Committee（发展援助委员会）

DC：development cooperation（发展合作）

GPEDC：Global Partnership for Effective Development Cooperation（有效发展合作的全球伙伴关系）

HLM：high-level meeting（高级别会议）

M&E：monitoring and evaluation（监测与评估）

NSC：North-South cooperation（北南合作）

ODA：official development assistance（官方发展援助）

OECD：Organization for Economic Cooperation and Development（经济合作与发展组织）

RBM：results-based management（基于结果的管理）

SADPA：South African Development Partnership Agency（南非发展伙伴关系局）

SEGIB：Ibero-American General Secretariat（Latin American advancement of political, economicand cultural co-operation）（伊比利亚美洲总秘书处）（推进拉丁美洲的政治、经济与文化合作）

SSC：South-South cooperation（南南合作）

SSDC：South-South development cooperation（南南发展合作）

UNDCF：UN Development Cooperation Forum（联合国发展合作论坛）

UNDESA：UN Department of Economic and Social Affairs（联合国经济与社会事务部）

UNCTAD：UN Conference on Trade and Development（联合国贸易与发展会议）

UNDP：UN Development Programme（联合国开发计划署）

UNOSSC：UN Organisation for South-South Cooperation（联合国南南合作组织）

引　言

南南合作的演变趋势

南南合作起源于不结盟运动（Non-Allignment Movement）以及在万隆（1955）、布宜诺斯艾利斯（1979）和内罗毕（2009）举行的几次具有历史意义的会议，这些会议规定了发展中国家之间进行经济和技术合作的原则。南南合作从此成为国际发展领域的一个重要特征。南南合作在全球贸易、金融、投资和治理中正在发挥日益重要的作用。这些变化已为南方国家之间进一步的合作伙伴关系带来了机遇，这已为旨在促进政治、经济与社会关系的众多新举措所证明。在政治层面上，用来促进南南伙伴关系的举措正在增加，这些举措通常被认为比以前的南北援助关系更为经济、有效和令人满意。许多受援国承认，新兴发展伙伴有着与其相似的现实，并有它们可以学习的更具相关性的发展经验、技术能力和实用的技术诀窍。因此，南南合作日益获得更多的助力，特别是在非洲，支持区域基础设施建设、知识转让和引进消除贫困的不同模式与方法。

由于规模的增加、地理范围的扩展及发展伙伴关系形式和方法的多样性，在过去的15年中南南合作已经变得日益重要。这在很大程度上是由国际形势的新变化造成的，全球金融危机使北南援助下降，因而传统援助者希望新兴经济体在国际发展领域分担更多责任。根据经济合作与发展组织（OECD）2013年的报告，继2011年下降2%后，2012年按实际价值计算的发展援助下降了4%。金融危机和欧元区动荡已经导致一些国家政府预算的紧缩。这反过来又对官方发展援助流动的总量产生了影响。[①]

尽管北方援助者一直试图将新发展伙伴纳入经合组织发展援助委员会主导的国际发展合作体系，但这一尝试遭到南方伙伴的抵制，它们不愿遵守并非由它们创造的全球体制，认为其对它们特定类型的发展合作并不适用。[②]

然而，一个不断增长的共识是，我们对南南合作往往知之甚少。对南南合作流动的统计和报告往往很薄弱且缺乏一致性，这在很大程度上是由于缺少关于南方伙伴关系的统一定义和概念框架。这也由大多数新兴发展伙伴的数据限制和信息管理系统薄弱所导致，尽管它们在对其发展合作数据汇总方面付出了很大的努力。此外，在南南合作双方伙伴国中，公民、纳税人和民间社会日益对问责制和更具冲击力的发展规划提出了更高的要求。[③]

---

① OECD (Organization for Economic Cooperation and Development), *Aid to Poor Countries Slips Further as GovernmentsTighten Budgets*, 3 Aprill 2013, http://www.oecd.org/dac/stats/aid-topoorcountriesslipsfurtherasgovernmentstightenbudgets.htm, 13 August 2015.

② *NeST Inception Document*, Beijing, October 2014.

③ Ibid.

虽然北南合作已经有50年的发展历程并形成了完备的话语体系，但南南合作需要进行交流和知识系统化的空间，并在南南合作伙伴之间形成共同的话语。这样一个交流平台有助于发展中国家在各种全球发展论坛上形成共同立场，从而更好地与居主导地位的经合组织发展援助委员会的话语体系进行互动。

2013年4月，在德里举办的“南方提供者会议”（Delhi Conference of Southern Providers）旨在对上述一些问题进行探讨。这次会议对南南合作的一些基本原则与合作方式进行了讨论，并对久已存在的差距进行了评估。[①] 这次会议具有影响力，它不仅在联合国发展合作论坛（UN Development Cooperation Forum，UNDCF）[②] 内建立起“南方提供者核心小组”（the Core Group of Southern Providers）的政治论坛，而且促进了学术/技术小组的建立，该小组有助于南方发展机构提供证据、知识和对南南合作的理解——它的方法、方式和手段。

南方智库网络

2014年4月，“有效发展合作的全球伙伴关系”（the Global Partnership for Effective Development Cooperation，GPEDC）第一次高级别会议（High Level Meeting，HLM）在墨西哥举行，“南方智库网络”是作为这次会议的副产品（sidelines）而建立的，而且也是在对2013年4月德里“南方提供者会议”（the Conference of Southern Providers）的跟进中产生的。该网络一直致力于“南南发展合作知识的形成、系统化、巩固与共享”。作为一个由南方发起也为了南方的合作倡议，“南方智库网络”主要是一个智库与学术论坛，为南南合作提供政策输入。“南方智库网络”欢迎多元南方利益相关者的输入，通过政府、民间社会组织、私营部门机构以及各种南方从业者的开放式参与，为南南合作创造一个统一的认识与辩论框架做出贡献。[③]

---

① *Conference on Southern Providers South-South Cooperation*: *Issues and Emerging Challenges*. (2013). Retrieved May 1, 2015, from Research and Information System for Developing Countries: http: //ris. org. in/publications/reportsbooks/662.

② For more information on the UNDCF conference for the Core Group of Southern Providers outcome http: //www. un. org/en/ecosoc/newfunct/dcfdelhi. shtml.

③ See *NeST Inception Document*, Beijing, October 2014.

关于本文件

下面的南南合作概念框架对定义、标准、指标和方法方面的讨论进行总结，以对南南合作的数量、质量和影响进行评估。它是基于2015年3月2—5日在南非米德兰举行的NeST技术研讨会和2015年3月3—4日在约翰内斯堡举行的关于南南合作指标的技术工作组所进行的辩论。这两个技术研讨会将众多专家聚集在一起，这些专家有着对南南合作的丰富知识，在统计学、经济学、监测和评估以及指标制定方面具有技术专长，并与南方国家的政策制定者有着密切的联系。这些专家所代表的国家包括巴西、中国、哥伦比亚、印度、肯尼亚、马拉维、墨西哥、莫桑比克、南非、泰国、土耳其、乌干达和津巴布韦。南方专家的多样性使得对南南合作在全球与地区发展中的目标、方式和意义的辩论非常丰富，论坛为对南南合作问题取得更具共识性的理解提供了重要平台。附录4列出了米德兰和约翰内斯堡技术研讨会的参与者及对其做出贡献的人。

在米德兰技术研讨会之前的多方利益相关者政策对话包括来自非洲和新兴经济体政府与民间社会的代表。这引发了热烈的讨论，并为随后围绕南南合作框架（由南方学术界制定）所进行的技术讨论提供了有益的输入。该文件还受益于南非专家和利益相关者所收到的意见输入，他们在2015年9月2日于约翰内斯堡举行的第二次NeST南非咨询小组（reference group）会议上对框架草案进行了审议。该文件分成几个部分，这些部分的构成与NeST技术研讨会讨论的结构相同，并整合了各南方专家在这些会议准备过程中所提供的书面意见和建议。

为了建立一个共同的核算框架，文件第一部分讨论了南南合作的定义，考查了组织合作的手段和方式。第二部分考查信息管理平台和机构中枢（institutional hub）的建立，南南合作的流量数据可以在这样的机构中枢得到收集、分析和传播。第三部分提供了一些方式、手段来衡量南南合作的影响。第四部分着眼于通过首次提出的一套南南合作指标如何对南南合作的质量和效果进行评估。文件最后提出了NeST在南南合作研究、培训和政策支持方面接下来所要采取的步骤。

目前该草案仍是一份在不断接受输入、编辑、更新和修订的工作文件，这一过程涉及NeST成员及其国家和地区分会、国际专家以及与南南合作分析相关的广大民众。该文件对NeST的讨论结果进行系统化，以便各国家和地区分会能够进一步对其进行审核、完善与检验。这一分析框架主要是一个研究工具，但是南方政府、民间社会、私营部门和发展机构可以对其中的部分元素进行调整并用于对南南合作活动进行监测与评估。

欢迎对此工作文件提出意见和反馈，请将相关信息直接发送到NESTAFRICA@ saiia. org. za.

南南合作的定义

在过去的40年中，经合组织发展援助委员会对官方发展援助①的定义一直是对发展合作进行核算与量化的主要参数。

表1　经合组织发展援助委员会对官方发展援助的定义

经合组织统计指示（directives）第35段对官方发展援助定义如下： ……流向发展援助委员会官方发展援助受援者名单中的国家和地区以及多边发展机构的具有下列特征的援助： a）由官方机构（包括国家和地方政府）或它们的执行机构提供； b）以促进发展中国家的经济发展与福利作为主要目标； c）具有优惠性质，至少包含25%的赠款（以10%的贴现率计算）。

即便是在发展援助委员会内部，上述定义目前也处于辩论之中，②同时南方提供者也对该定义给予猛烈批评，认为该定义过于狭窄，未能涵盖它们发展合作活动的特殊性与全景。经合组织发展援助委员会援助国，甚至是南方合作伙伴之间都对“发展援助”有着不同的解释、理解和概念。

例如，南南合作涵盖了为官方发展援助定义所排除的很多活动，如信贷额度、削减关税、促进投资（特别是在基础设施领域）、贸易、债务减免、学生奖学金、降低汇款成本、支持私营部门发展和某些形式的开发贷款（发展援助委员会认为这些贷款不具优惠性）。发展中国家一

① OECD DAC Statistics, Official Development Assistance-definition and coverage: http: //www. oecd. org/dac/stats/officialdevelopmentassistancedefinitionandcoverage. htm.

② see DAC HLM, 2013, HLM 2014 http: //www. oecd. org/dac/Outcomes% 20of% 20the% 202014% 20OECD% 20DAC% 20HLM. pdf.

直令人信服地争辩说，作为促进发展的强有力工具，其他合作形式却被传统的经合组织发展援助委员会的定义排除在外，发展援助委员会定义更为狭窄，主要是指赠款和优惠贷款。此外，维和及人道主义与难民支持的某些方面也被排除在官方发展援助之外，很显然，发展不可能出现在没有安全、和平与稳定的国家里。

南南合作被广泛理解为资源、技术、技能和技术诀窍在南方国家之间的交流，以及用来促进社会、经济、文化、政治和科学发展与改变全球治理权力平衡的同盟建设。[①] 它的根源是非洲、亚洲和拉丁美洲新独立国家的团结政治与联盟，这些国家于 1955 年在万隆会议上走到一起，其所设定的议程为之后几十年的协调行动奠定了基础。[②] 南南合作的指导原则包括尊重国家主权、国家所有权和独立、平等、不附带条件、不干涉内政与互惠互利。[③] 南南合作并非要取代北南合作，而是对它的补充，旨在建立互惠互利的横向合作。[④]

过去，南南合作是以国家对国家的关系为主，但自从 2009 年“内罗毕成果文件”（the Nairobi Outcome Document）发布以来，南南合作日益促进多方利益相关者的参与，包括非政府组织、私营部门、民间社会、学术界和其他有助于发展的行为体。[⑤] 有一些南南合作是发生在议会之间、省或州之间、市或地方政府之间以及社会运动之间，因此南南合作的指导框架应考虑发展中国家之间合作活动不断发展的亚国家和多方利益相关者的性质。

为了对政策和研究有用，“南南‘发展’合作”（South-South‘development’cooperation, SSDC）的定义必须与传统的北南援助和其他发展中国家之间更具一般性的合作区分开来。

制定南南发展合作的共同定义和概念框架是至关重要的，这为后续

① Buenos Aires Plan of Action, 1978.

② Besharati, N.,“Common Goals and Differential Commitments, the Role of Emerging Economies in Global Development”, German Development Institute Discussion Paper 26/2013. Johannesburg 2013.

③ U. N. General Assembly (2010). *Nairobi Outcome Document of the High-Level United Nations Conference on South-South Cooperation* 2009. Resolution Adopted by the General Assembly.

④ Ibid., p. 3.

⑤ Ibid.

的核算、报告、信息管理、监督和评估工作（本文后面会讨论）奠定了基础。

南南发展合作的界定

南方合作伙伴在语言和概念方面面临着挑战，需要从20世纪南南合作的辩论中继续前行，对南南合作的概念进行界定，以适应当前的时代。南方内部的学术界，包括NeST目前的讨论，继续对发展合作（development cooperation，DC）与南南合作（SSC）之间的关系进行辩论。一些人认为，南南合作是发展合作这一更广泛领域的一种合作形式，而其他人则认为，发展合作在本质上是更大的南南合作框架的一部分。

有些人认为，“南南合作”过于宽泛，从而提出“南南发展合作”这一术语，以对来自其他南方合作伙伴的特定“发展合作”进行界定。其他人则反对“南南发展合作”这一术语，因为它产生于经合组织发展援助委员会和“有效发展合作全球伙伴关系”（GPEDC）的辩论，这些辩论与合作的官方发展援助概念相联系，而南方合作伙伴对这一概念感到不舒服。

1978年的“布宜诺斯艾利斯行动计划”（the Buenos Aires Plan of Action）事实上对南南合作进行了勾勒，认为其包括发展中国家之间的技术与经济合作。因此，南南合作是多方面的，包括贸易、投资、援助、贷款和债务减免、能力建设、技术和知识转移。所有这些元素结合在一起为南南合作的“发展合同”（development compact）做出贡献。①

正如在官方发展援助②中一样，“南南发展合作”定义后面的驱动因素是提供合作后面的“动机”，即促进发展中国家的经济和社会福利。但是，一些人认为，所有南南合作都有发展的目的。在联合国讨论中（联合国经济和社会事务部、联合国发展合作论坛、联合国开发计划署），优惠使“南南发展合作”区别于“南南合作”，包含了所有类型的南方联系，包括贸易和投资。在南南合作开始的万隆会议时代，“合作”一词更多地用在政治领域，但今天南方国家使用的“南南合

① Terms and Concepts Put Forth by Various Participants of the NeST Technical Workshop in Midrand, 4 March 2015.

② See, for instance, http://devpolicy.org/oda-what-counts-as-aid20110506/.

作”一词涵盖了它们之间的许多经济关系。[①]

南南合作演变的另一个方面是包容性和利益相关者参与这一元素。此前，很多南南合作发生在高层政治圈，主要体现在总统互访和诸如“非洲南美”（Africa South America）、“印度巴西南非”（India Brazil South Africa）、“中非合作论坛”（Forum for China Africa Cooperation）和“金砖国家”（BRICs）这样的首脑会议。然而，民间社会、学术界和企业日益参与到南南合作过程中来，这有利于这些伙伴关系发展成果的透明度和问责制。因此，最近南方会议（内罗毕 2009，波哥大 2010）所肯定的广泛参与原则需要被应用于南南发展关系的现代概念中。

在 NeST 技术研讨会上提出的关于“南南发展合作”的几个有用定义包括：

• Articulação SUL（巴西）将南南发展合作定义为：国际发展合作与南南合作的交集，包含发展中国家之间的技术合作、金融或实物捐赠和优惠贷款，旨在解决主要的发展问题（然而，该中心还告诫不要将南南发展合作从南南合作关系网中分离出来，因为这可能会造成无法全面理解利益、相互的收益和这些举措的结果和影响）。

• 南非政府之前在提及“发展合作”时指“国家间在援助、贸易、安全和政治领域为促进发展中国家的经济与社会福祉而进行的合作”[②]。这些可能包括双边援助以及对区域和多边发展机构提供的支持。它不仅是官方政府机构（国家和地方）之间的合作，而且还包括诸如议会、学术界、民间社会和私营部门之间的合作。[③]

尽管仍然是一个具有高度争议性的话题，但 NeST 技术工作组还是得出了下列结论：

1. 南南合作、发展合作、南南发展合作和官方发展援助是四个不

---

① Brach, G., “In Search of a Narrative for Southern Providers: The Challenge of the Emerging Economices to the Development Cooperation Agenda,” German Development Institute, 2015.

② DIRCO (Department of International Relations and Cooperation), ‘Establishment of SADPA’, Presentation to the NCOP Select Committee on Trade and International Relations, 3 August 2011, http://www.safpi.org/sites/default/files/110803sadpa-edit.pdf.

③ See Report of NeST South Africa Launch Meeting, 28 January 2015, available at http://www.saiia.org.za/events/launching-of-nest-south-africa-reference-group.

同的概念，每个都覆盖了国际合作的特定领域，虽然它们之间存在着若干重叠（见图1）。

2. “南南发展合作”是“南南合作”的一个子集，后者指的是更广泛的南南关系，这些关系不一定都立足于推动发展目标（如南南军火贸易、语言和文化交流等）。

3. “南南发展合作”比经合组织发展援助委员会“官方发展援助”（见下文）的定义范围更广，包括维和、减免债务、学生奖学金、人道主义/难民支持，可能还有一些贸易便利化和投资促进措施（待进一步界定）。

4. 南南合作应该不仅包括政府之间的“官方”合作，还应包括发展中国家人民之间与民间社会组织之间的合作。

5. 在包含“南南发展合作”定义之前，需要对南方贷款的优惠程度进一步界定（unpack）和审议。

在努力构建南南合作共同框架的过程中需要保持灵活性，以允许各国适应它们自身的特异性和背景。南南合作的定义应该足够广泛，以承认不同南方伙伴的不同方法，同时允许创新并与核心的南南合作价值与原则相符。

NeST 承认，与南南合作有关的三边合作的作用越来越大，但网络需要在未来的会议中对此进行更为深入的探讨。

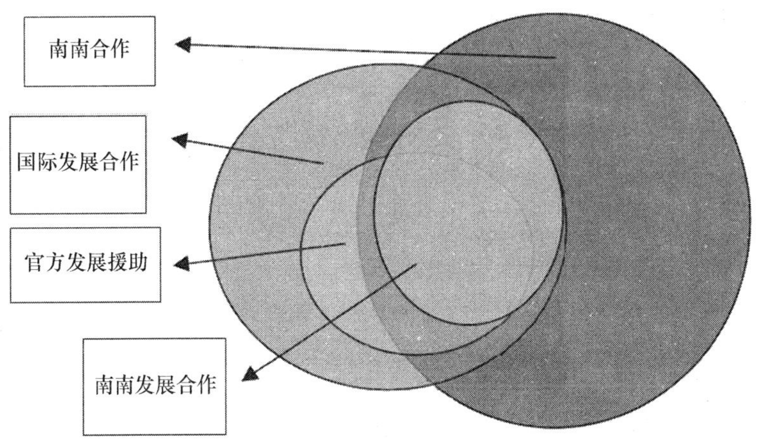

图 1　南南合作、国际发展合作、南南发展合作和官方发展援助之间的关系

南南合作的核算

在南方伙伴间尚不存在关于南南合作的共同定义和报告参数，这使得对南南合作的核算十分困难。南南合作的量化与核算存在问题有以下几个原因：

• 南方国家间对南南合作的记录方式尚未形成一致。

• 各国负责开展发展合作的机构往往高度分散，缺乏一个中央协调机构和标准的报告框架，以及/或在大量执行机构之间没有有效的沟通系统。

• 数据常常是不可靠与不完整的。

• 透明度与问责制薄弱。

• 缺乏一个对数据收集、分析和报告的共同方法。

• 很多南南合作包括技术合作和知识转让，这些无形资产常常难以用货币价值来衡量。

• 从不同国家南南合作与交流中借调的专家与官员的价值没有标准的衡量方法。

但是，为了填补当前在南南合作中的巨大信息差距，允许给予发展中国家（双方伙伴国）公民更多的透明度和实施问责制，以及提供标准化的数据以在南方伙伴之间和南方伙伴与传统经合组织发展委员会援助国之间对南南合作流动量进行比较，非常重要的工作是在发展中国家之间制定南南合作量化与核算的共同概念框架。

确定和测量那些在不同南方合作伙伴中相似和不同的因素有助于形成对南南发展合作的共同概念。这一过程可从南南发展合作中明确、可衡量和没有争议的构成要素开始。某些形式的南南发展合作太难测量和存在更多争议，这些要素可以在分析的未来阶段里做进一步讨论。

尽管承认这一名单还不全面，但 NeST 技术工作组确定并一致同意下列手段（instruments）和方式（modalities）可以被包含于南南合作的量化之中。标有星号的要素更为复杂和更具争议性，因此需要在未来的 NeST 讨论中对其加以进一步界定（unpacking）。

表 2　**南南发展合作的手段与方式**

手段（如何?）	方式（什么?）
赠款	文化与教育合作
贷款（优惠和非优惠）*	和平建设和冲突后重建
技术合作（技术转让；能力建设；知识交流）	人道主义援助与难民支持*
实物贡献——商品，产品，专家	基础设施发展
直接预算支持	向多边发展机构的捐款
债务减免/取消	贸易*
信贷额度*	投资*
公私合作伙伴关系*	科学技术合作
奖学金	

尚需讨论的问题

• 不同的南方合作伙伴提供很多不同类型的贷款与信贷额度，因此在将此类流动视为发展合作之前需要明确贷款的优惠水平（以及如何对其测量）。

• 尽管一些与会者主张将出口信贷、公私伙伴关系、优惠的贸易和投资包括进来，但其他 NeST 成员不太赞成在南南发展合作的核算中将此类流动包含进来，因为它们是发展性的还是商业目的是值得商榷的。

→后续行动：NeST 成立南南贸易、投资和公私伙伴关系特别工作组对这一复杂问题做进一步讨论。

• 需要对防务合作和安全支出进行更仔细的评估，它们是否有效地促进发展以及如何促进。同样，人道主义援助和难民支持在传统上一直限定在官方发展援助定义中，因此当涉及南南发展合作时需要对其进行同样的推敲。

• 人们普遍认为，将技术合作、知识转移和向发展中国家部署专家予以货币化永远是一项具有挑战性的工作。将南南合作货币化不仅在方法上具有挑战性，也具有政治敏感性。南南合作不能被简化为发展筹资机制，而是一个有利于共同发展的知识交流的过程。因此，在对发展中国家间技术合作进行货币化方面可能会存在政治阻力。

→后续行动：建立一个关于南南合作量化与核算的 NeST 特别工作组，完成这一讨论并制定一个南南合作报告的通用系统，各南方合作伙伴可以作为参考使用。

南南合作信息管理

> 建立一个全球中心，对来自南方的发展合作信息进行收集、整理、加工、分析和发布是一项姗姗来迟的任务。南南发展合作活动带来资本流动上升而且预期流动规模在未来会进一步增长，建立自己的信息和统计管理系统应该是将来的一个重要议程。[①]

在原则上每个人都同意透明度和问责制应成为南南合作的重要特征。透明度对参与南南合作伙伴国的纳税人和公民都很重要。在南南合作的合法性方面，问责制和透明度应得到认真考虑，然而，信息的透明度与公开程度在南方合作伙伴中存在着显著的差异。南南合作不应该只是政府间的活动，来自南方的民间社会组织也应参与其中。这在南方合作伙伴如何建立包括各种国内外利益相关者的参与架构，以及它们如何使南南合作信息可以公开获取方面具有政治意义。

南南合作信息通常可以分为两个主要类别：

- 定性信息

通常为案例研究，是从不同国家的评估与比较研究中得出的经验教训，考察在不同地理区域、部门（农业、卫生、基础设施等）中的南南合作项目，使用不同的方法、方式和手段。

---

① Statement made by one of SSC data specialist at the NeST technical workshop in Midrand, 4 March 2015.

• 统计信息

南南合作流动（金融或实物）汇总和分类的定量数据，这些数据可以用来对规模和分配进行测量，并预示各南南合作伙伴的未来趋势。

第一类信息常被用于具有类似挑战和环境的发展中国家相互间进行知识交流和相互学习。南南合作的一个显著特点是交流那些先前面临相似发展挑战的国家检验过的经验、知识和公共政策。这种定性信息允许对南方合作伙伴所采用过的方法、方式和手段进行深入分析。在这个领域已经存在很多信息库，其中起主导作用的包括联合国系统［联合国开发计划署（UNDP）、联合国南南合作组织（UNOSCC）、联合国发展合作论坛（UNDCF）］、世界银行（知识银行）、区域机构［非洲发展新伙伴计划（NEPAD）、伊比利亚美洲总秘书处（SEGIB）等］和其他网络［如南方声音（Southern Voices）、亚洲基金会（Asia Foundation）、南方合作构建模块（Building Block on SSC）等］。

另一方面，关于南南合作资金流动的统计信息则要有限得多。联合国经社部（UNDESA）在2008年和2010年的发展合作报告曾做出早期的尝试，但是这一进程被中断。经合组织发展援助委员会复杂的援助数据报告系统对北南合作的信息进行统计，与此相比，南南合作的定量数据则要落后得多。正如上一节所讨论的，南南合作统计数据方面的知识差距在很大程度上是由于缺少关于什么是南南发展合作的共同定义。

一旦形成南南合作的概念框架，接下来则需要有对数据进行收集、分析、报告和发布的标准化程序。这是一项艰巨的任务，它需要在南方合作伙伴的发展合作报告中有共同商定的关于频率、质量和详细程度的标准。如果有一个通用的模板和系统对不同国家的南南合作数据进行收集，那么这些信息就能够通过相关多边机构的信息管理系统在地区和全球层面上得到巩固。建立南南合作中央数据库的事业将促进对南南合作的研究和对比分析，并为所有合作伙伴和参与南南合作的利益相关者提高透明度和问责制。这种努力将需要强大的政治、技术和统计专业知识，这可能会从NeST内部产生。

鉴于南南合作的复杂性和多层性，南南合作的核算不能仅限于货币流动。技术和教育合作、和平建设和其他人道主义努力、债务减免和优惠贷款也应加以量化并为数据管理系统所捕捉（capture）。因此，这个过程的起点是在南南合作的定义和概念上达成共识的。

国家信息系统

对南南合作进行报告的现有机制与努力集中于对常常是临时与短期南南合作项目的投入、活动与直接产出上。南方合作伙伴的报告通常显示的是诸如花了多少钱、国家访问/代表团的数量、举办的会议/研讨会之类的基本信息。报告很少涉及南南合作活动的长期成果和所带来的增值。这些信息不能有效满足南南合作决策者和从业者对知识和发展解决方案的定期需求。

在信息和统计管理方面，并非所有的南南合作伙伴都处于相同的水平上。一些较为先进的国家已经有相关机构对信息进行收集、汇编、处理、分析和向民众发布。其他较小的国家则缺乏体制框架和人员能力对北南合作和南南合作流动进行基本的报告。因此，任何解决南南合作信息差距的努力都需要认识到参与这一过程的国家所处的不同阶段，并做出相应的反应。

原始数据必须由有关国家（既包括援助国也包括受援国）进行定期和系统的收集与汇编。而处理和分析不仅需要统计能力，也需要学术支持。

如何通过最新的信息管理技术对数据和知识进行具有成本效益和高效的转移，这一巨大潜力在很大程度上仍未得到开发。南南合作信息管理的系统化和标准化系统将有助于对南南合作进行更高效的测量、处理、分析和报告。

全球信息管理平台

南方合作伙伴可以从传统援助国的援助信息系统学到很多东西。例如，经合组织发展援助委员会“债权人报告系统”（Creditor Reporting System，CRS）是记录布雷顿发展融资机构、发展援助委员会成员和一些非发展援助委员会援助国发展合作流动的最全面的资料库。不同的发展伙伴定期和系统地向“债权人报告系统”进行报告，经合组织在该系统中对发展融资信息进行收集和分析并公之于众。南方国家可以从CRS系统中学到很多经验和良好做法。

由于政治和技术原因，许多主要新兴南方合作伙伴不愿将其发展合作活动向经合组织发展援助委员会报告。因此，南方合作伙伴可能需要创建自己的并行信息管理系统，对发展中世界的南南合作流动数据进行统计、分析和比较。为此需要有一个南方发展合作的共同概念框架和共同报告模板。

开展这一工作需要有合适的多边机构负责南南合作数据管理系统的运作。作为一个具有普遍代表性的国际机构，联合国具有充当潜在的南南合作信息中心的政治合法性。然而，有多个联合国机构和部门可以与 NeST 协同主持这一平台。每个都有自己的长处和比较优势。

• 开发计划署（UNDP）在其总部和区域中心有专门的南南合作单位（unit），而且有着广泛的地理覆盖并在大多数发展中国家有分支机构，这有助于数据收集工作。

• 贸发会议（UNCTAD）在历史上曾领导了许多南南合作进程；它目前有来自全球南方的强大统计信息，尤其是在贸易和经济合作方面。

• 联合国经社部（UNDESA）在政治上有着有利地位，它与联合国大会、77 国集团、秘书长办公室和各成员国有着很强的联系。它也一直在为联合国发展合作论坛（UNDCF）的发展合作报告收集南南合作信息。

• 联合国南南合作办公室（UNOSSC）是一个跨机构的办公室，专注于南南合作并得到促进和报告南南合作的授权。①

南南合作区域信息中心

在实施建立南南合作全球数据库这一雄心勃勃计划的同时，可以在区域层面采取初步措施，有很多诸如伊比利亚美洲总秘书处（SEGIB）、非洲发展新伙伴关系（NEPAD）和亚洲开发银行之类的机构在其各自区域内对南南合作的信息进行管理。使南南合作成为区域进程的主流将确保南南合作更具协调性并在每个区域有利于整体的发展规划。与区域和国家层面的自我评估工具进行合作将会带来更大的收益和政治支持，

---

① For more on the UNDP Global South-South Development Policies and list of all available documents; http: //ssc. undp. org/content/ssc/services/policy/documents_ reports/main_ reports. html.

这将加强南南合作在区域发展方面的相互承诺。

拉丁美洲有先进的南南合作报告系统之一，我们可以从该地区学到很多经验教训。SEGIB 平台是 2010 年由伊比利亚美洲地区提出的，用来加强关于南南合作的信息与知识。SEGIB 一直在进行对南南合作数据系统化的重要工作，并得到该地区很多国家政府强有力的政治支持。尽管只具有基本的形式，但 SEGIB 报告包含了成员国通过不同的方式提供给不同国家和部门的资源之类的南南合作信息。SEGIB 勾画了一套通用的评估标准；它突出了良好做法，并为政策对话和知识交流提供了空间。SEGIB 报告已经制定出在国家和区域层面进行数据收集的基本方法、统计分析和用来对南南合作进行评估的各种指标。NeST 当然可以学习和利用拉丁美洲这些最初的努力。

在非洲，非洲发展新伙伴计划也可以扮演类似的角色，在非洲地区对南南合作的信息发挥类似的协调作用，并帮助非洲国家提高南南合作和伙伴关系信息收集和统计的能力。

NeST 在机构能力建设中的作用

在全球和区域层面开展进一步工作之前，需要在国家层面从制度、手段和能力方面做一些基础性工作。每一个南方国家都需要强有力的单位对国际发展合作活动的输入和输出数据与统计进行管理。

虽然 NeST 是一个全球性倡议，但它的地区和国家分会决心支持各自的南方政府和区域组织，解决一些它们在数据管理方面所面临的挑战。NeST 可以为进行有效数据收集、分析和发布所需的能力、体系和工具建设做出贡献。与 2015 年后“数据革命”（data revolution）相配合，NeST 国家分会可以为它们各自的政府提供技术支持并在国家一级加强统计能力。

很多 NeST 成员是与其各自政府有着良好联系的智库和院所。因此，它们在为有效的国家、区域和国际南南合作政策所需的数据、证据和知识的产生提供技术与分析支持的同时，还能够促进必要的政治参与。

为了实现上述的一些功能，NeST 也需要得到加强并拥有适当的资源，如秘书处，专门的工作人员，以及在全球、地区和国家层面上进行良好沟通、协调和知识共享的机制。

南南合作影响的评估

正如前面部分所提到的，缺乏一个明确的定义框架使南南合作的核算非常具有挑战性。其结果是，对南南合作影响的评估就更为困难。这种情况因为证据差距和南南合作数据的低质量而进一步恶化，由于所有南方伙伴国的监测和评估系统以及综合信息管理都很薄弱，其数据在很大程度上是不完全和不可靠的。南方伙伴国的发展机构相对较新，仍然缺乏传统援助国发展机构所拥有的丰富的监测和评估经验。

整体而言，与北南合作项目相比，南南合作举措规模要小得多，因此它们的效果更加难以分离和量化。考虑到南南合作项目有效的规模和范围，当进行影响评估时，样本大小（sample size）就成为问题，因为不管是内部还是外部效力（validity）都变得更加难以确定。

本节的目的是要探讨以下问题：

- 注重发展成果和使用基于结果的管理方式对南南合作适用吗？
- 什么样的定性和定量的方法与技术适合对南南合作的评估？
- 我们如何解决因果关系、归属问题，并将南南合作项目的影响从发展中国家其他内部和外部力量的干预中隔离出来？
- 哪些评估方法是严谨与科学的，但实用、性价比高且易于为南方决策者所使用？

基于结果的管理

经合组织将“基于结果的管理”（Results-Based Management，RBM）定义为注重绩效与产出、结果和影响成就的管理战略。① 基于结果的管理已经被传统的双边与多边发展伙伴使用了几十年，现在新兴的南南合作伙伴也在将其作为评估发展计划和干预措施影响的框

① Kusek，J. & R. Rist，*Ten Steps to a Results-Based Monitoring and Evaluation System*. Washington DC：The World Bank，2004.

架。例如，南非国家监测和评价体系完全是以基于结果的方法为基础的。

虽然基于结果的管理得到广泛应用，但它也受到严厉的批评。它被认为是一个简化主义的和烦冗的体系，鼓励设定那些很少实现的不切实际的目标。它被认为不适合复杂的系统变化和在快速变化的环境中进行规划。基于结果的管理是技术统治论的，鼓励机械的规划和报告，没有为创新和实验留出空间。此外，它有时被国际融资机构作为一种服从与控制机制而滥用，它通常成为一个目的，而不是实现目的的手段。①

2008 年，在联合国系统内对“基于结果的管理”的外部审查得出结论，尽管有众多的批评，但“基于结果的管理仍然会保留”。它仍然是大多数双边与多边发展机构的“工作方法”，并因此可能被纳入新兴发展伙伴的规划与监测和评估体系之中。

南方智库网络讨论中的一个主要见解是，虽然基于结果的管理也可能对南南合作有用，但它需要与南方互惠互利的概念结合起来。这与北南援助模式拉开了距离，在北南援助模式中，一方是给与者，另一方是接受者。因为在南南合作中两个伙伴都要受益于合作——合作的结果需要在合作双方都得到反映。这要求在南南合作倡议中透明与公开承认各方的利益、好处与目标。承认南南合作的这一特点，就要为南南合作项目的双方制定出双面的结果链。虽然经合组织发展援助委员会援助者所使用的现有评估模式只考虑发展干预对受援国的影响，但南南合作干预的影响评估应该考虑合作活动对双方（不论是提供者还是接受者）的影响。

这可以下面的方式来说明：

---

① See more in Ramalingam, B. , ‘Why the Results Agenda Doesn’t Need Results, and what to do about it’, Aid on the Edge of Chaos, http: //aidontheedge. info/2011/01/31/why-the-results-agenda-doesnt-need-results-and-what-to-do-about-it/, accessed 5 October 2011; Bester A, *Results-Based Management in the United Nations Development System: Progress and Challenges.* Retrieved from United Nations Department of Economic and Social Affairs, Quadrennial Comprehensive Policy Review, 2012 http: //www. un. org/esa/coordination/pdf/rbm_ report_ 10_ july. pdf.

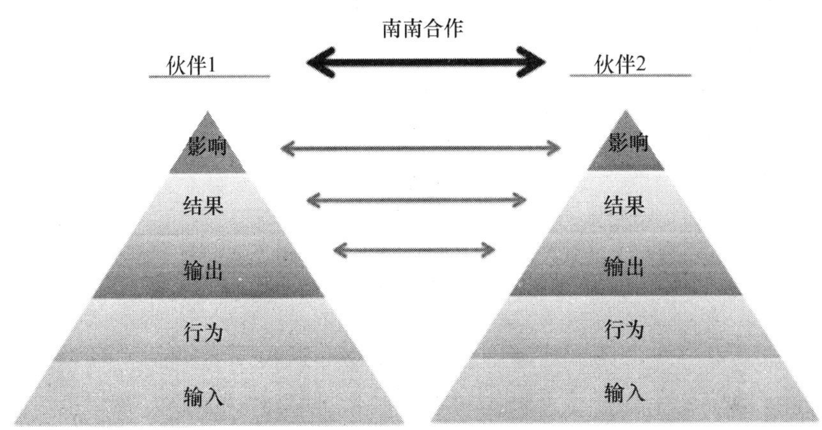

图 2　南南水平伙伴关系中基于结果的管理

南南合作评估标准

经合组织发展援助委员会援助者已经在以下五个用于评估发展援助项目的标准上达成一致：

- 相关性（relevance）——援助活动与目标群体和受援国的优先事项与政策相适合的程度。
- 有效性（effectiveness）——衡量援助互动在多大程度上实现了其目标。
- 效率（efficiency）——衡量相对于输入的输出。
- 影响（impact）——发展干预所产生的积极与消极变化，不管是直接或间接、有意或无意。
- 可持续性（sustainability）——衡量活动所带来的好处在援助者资金被撤回后是否可能会继续。

考虑到南南合作与北南合作具有根本性的差异，同样的标准对南南合作的评估是否有用和相关？

来自印度的一项提案建议选用这些标准中的一些同时再加上一些更适合于南南合作的元素。这些新的评价标准建议包括：

- 社区、公民和伙伴国的赋权（empowerment）；

- 在社区、公民和伙伴国之间建立信任（trust-building）；
- 公民、社区和伙伴国之间的互惠互利（mutual benefits）；
- 对社区、公民和伙伴国的影响（impact）；
- 伙伴国社会、政治、人类、自然与环境资源的可持续性（sustainability）。

南南合作评估方法

一方面，一些 NeST 成员主张使用更为严格的定量方法对南南合作进行评估，以提高南南合作举措的经验证据。另一方面，其他人则认为，定量方法很难在南南合作项目中应用，因为这些项目往往规模很小且更为关注关系和过程，而不是结果。在使用定量还是定性方法对南南合作进行评估方面存在着很多辩论，然而人们也指出，两种方法都有各自的优点与缺点。当根据背景和情况选择与采用特定的影响评估方法时，混合使用定量与定性的方法可能会提供更多的灵活性和互补性。

参与式方法（participatory methods）也非常适合于南南合作的评估，因为它为互惠的南南合作所有参与方对发展成果、战略结果和制度过程进行联合评估提供了空间。应尽可能使南南合作活动的各利益相关者参与南南合作的研究与评估。NeST 将来可以对南南合作的参与式分析方法做进一步讨论和解析。

考虑到南南合作的数据局限，在大多数对南南合作的研究与评估中，最简单也最常用的方法之一是案例研究法。这提供了对背景和干预的更深入了解。它还允许对国家与案例做一定程度的定性比较，鼓励良好实践与经验教训的交流。然而，案例研究往往深受定性方法的驱动，从而以所涉及受访者和评估者的主观意见为基础。通过使用混合方法、提供深入分析和鼓励不同信息源的三角测量（triangulation），实施良好的案例研究可以对此进行平衡。

以下是一些其他的评估方法，被视为是对南南合作进行经验评估的潜在选择。这些方法的详细说明见附录 2。

表 3　　南南合作影响评估的几点建议方法

定性个案研究	准实验方法
非实验和计量经济学方法	成果收获
实验/随机对照试验	众包（Crowd sourcing）

总之，NeST 技术工作组成员一致认为，尽管对上述影响评估方法与方式进行实验很重要也很有趣，但南南合作更为迫切和直接的挑战是薄弱的监测和信息系统，缺乏基本核算与报告的概念框架。这导致影响评估在南南合作领域成为一项过早的事业。

南南合作质量的评估

我们前面已经讨论了南南合作结果与影响的评估，同等重要的是对南南过程、做法和关系质量的评估。成功的南南合作是什么样的？当南南合作发生时，我们如何评估其是否取得成功？因此，我们需要对在分析南南合作质量时所考虑的方式、技术、方法、工具和指标进行概括。

南南合作与援助/发展有效性之间的联系

关于援助有效性的《巴黎宣言》（the Paris Declaration on Aid Effectiveness）（2005）——随后的“阿克拉行动议程”（Accra Agenda for Action）（2008）对其进行补充——常被称为援助有效性的“圣经”。该宣言有一组 12 个指标来衡量良好援助实践的五个原则——自主（ownership）、一致（alignment）、协调（harmonisation）、成果管理（managing for results）和相互问责（mutual accountability）。许多关于援助和发展有效性的概念产生了经合组织发展援助委员会主导的高级别会议，其中的很多概念与南方会议（如 2009 年的内罗毕会议和 1978 年的布宜诺斯艾利斯会议）所讨论的南南合作原则中的概念并没有十分明显的不同。

在 21 世纪头 10 年里，大型中等收入国家开始在全球政治经济中扮演更加突出的角色。因此，南方大国的出现也影响了全球发展的格局。传统援助国一直批评南方发展伙伴在参与国际发展的过程中不遵守适用于经合组织发展援助委员会援助国的规则、惯例和标准。

> 它们并不总是按照与发展援助委员会援助国同样的发展政策原则和程序运作。对发展合作原则（如善政）的不同解释和不同的尊重程度，正日益使受援国感到援助国中双重标准的存在。①

在《巴黎宣言》中，对南方合作伙伴主要是从接受者的角度来考虑的，到了阿克拉高级别会议时南南合作才被带进援助有效性话语中。② 到釜山第四次高级别论坛时，“发展有效性”的概念进入舞台的中心，一个新的“有效发展合作的全球伙伴关系”（GPEDC）被建立起来，包括传统援助者、受援国、提供者—接受者国家、私营部门、民间社会和立法者。然而，这次论坛并没有使一些大的新兴发展伙伴（如中国、印度和巴西）以真正有意义的方式参与进来，它们仍然认为“有效发展合作的全球伙伴关系”是与经合组织发展援助委员会紧密相关的。

然而，南南合作与北南合作之间在某些援助有效性原则方面有着共同点。在《巴黎宣言》中出现的为北南合作所肯定的所有权原则也一直是南南合作的显著优点。同样，内罗毕成果文件（2009）所表达的一套新的南南合作原则（如透明度、包容性、相互问责、质量和结果）也是北南合作话语的一部分。

很多影响北南合作的良好实践与挑战也适用于南方合作伙伴之间的合作。尽管有着各自的传统和政治叙事，但北南合作与南南合作原则的演变在发展有效性领域已经出现汇聚，这一点不应该被淡化。③ 一些衡量北南合作有效性、效率和结果的系统可能也适用于对南南合

---

① BMZ Strategy Paper 6/2011, Strategy for Development Cooperation with Global Development Partners 2011 - 2015, Bonn, 12.

② Besharati, N., “Common Goals and Differential Commitments: The Role of Emerging Economies in Global Development,” German Development Institute, 2013, p. 32.

③ Tortora, P., *Common Ground Between South-South and North-South Cooperation Principles*, OECD/DAC, October 2011, pp. 1 - 4.

作的监测和评估。在制定南南合作独特分析框架的过程中，从援助有效性话语中抽出的特定元素和相关经验可以供 NeST 目前的工作进行参考。

参与和包容性所有权

建立在自力更生和主权概念的前提基础上，南南伙伴关系鼓励和尊重受援国在定义政策和掌控发展进程方面拥有自己的空间。这还意味着受援国在它们希望收到的发展援助方面制定自己的优先事项。[①] 在一定程度上，这一点也在北南合作的所有权原则中得到呼应。分歧在于，北南合作常常在提供发展援助时附加善政做法、人权、法治改革和经济自由化等附加条件。

然而，北南合作和南南合作伙伴都认识到受援国发展为自己国家制定相关政策的能力，从而实现可持续发展的重要性。对所有权原则进行补充，以需求驱动的援助和能力建设是发展合作的重要组成部分。阿克拉行动议程清楚地阐明了“没有强大的能力——强大的机构、制度和当地的专业知识——发展中国家就不能完全拥有和管理自己的发展进程”[②]。

虽然“需求驱动”的发展合作一直是南南合作话语的一个突出特点，但分析可能具有相当的挑战性。在提供需求驱动的发展援助时存在很多方法。然而，基本的问题是，究竟谁是要求支持计划的特定伙伴？

“所有权”的概念（在北南合作与南南合作中得到强调）有时是有问题的，因此需要进一步界定。一些对南南合作的批评是，它往往仅基于政府对政府的关系。南南伙伴关系常常是在发展中国家最高领导层之间建立的，而这些领导层也有自己的责任制问题。因此，南南合作的所有权需要扩大到更为广泛的概念上，将民间社会和其他边缘化群体包含进来。然而，“民主所有权”（常常在北方圈子里受到强调）与南南合作的某些信条相冲突，如不附加条件、不干涉和尊重国家主权。

---

① Besharati, N., “Common Goals and Differential Commitments: The Role of Emerging Economies in Global Development,” German Development Institute, 2013, p. 19.

② Tortora. P., *Common Ground Between South-South and North-South Cooperation Principles*, OECD/DAC, October 2011, pp. 1 - 4.

因此，在阐明南南合作进程中最贫困、最边缘化和最脆弱人口的需要方面，民间社会到底扮演着什么样的角色，对此进行评估就变得日益重要了。从历史上看，在南南合作中民间组织的参与一直有限。一些发展中国家使用法律框架来限制民间社会组织的活动。由于南南伙伴关系的国家驱动性质，民间社会的参与空间有限，这导致在南南活动中对诸如环境可持续性、民主、问责制、人权、社会公正和劳动实践等重要问题的忽视。①

为了确保南南合作努力取得成功，重要的是在发展伙伴关系框架下双方伙伴国增加多方利益相关者和公民的参与。南南合作倡议的总体重点和政策方向应该得到国家和地方层面上参与过程的支持。伙伴关系的双方在发展干预方面需要对彼此负责，也需要对国内选民负责。相互问责的概念由此扩展到“多重问责”（multiple accountability）之上。②

虽然在一定程度上南南合作努力的所有权由两个合作伙伴共享，但最终更为贫困的国家应该在发展合作倡议的方向设定中有更大的发言权。许多南方伙伴在提供合作时仍倾向于与自己的产品、技术专家和本地公司捆绑，以支持本国经济的增长。虽然这可以纳入基于“互惠互利”的伙伴关系中，但不利于受援国的国家所有权、能力建设和可持续发展。因此，承认南南合作并非总在平等的伙伴之间进行，与那些更大和资源更多的伙伴国相比，较弱小国家的优先事项应该得到优先考虑。③

南南关系质量的评估

可能的南南合作叙事的发展应该着重于将南南合作与北南合作和其他形式的合作区别开来。南南合作的主要特色在于发展伙伴关系过程中所建立的做法、程序和关系。南方会议一直不断地重申南南合作赖以存在的原则，这些原则在表 4 中得到概述。

① Moilwa, M. & N. Besharati, “Aid and Development Cooperation: Impact of BRICS and Rising Powers,” in *State of Civil Society Report* 2015, CIVICUS, 2015.

② Conclusions that Emerged out of the Discussion of the NeST Technical Working Group in Johannesburg on 3 – 4 September 2015.

③ Ibid.

表 4　　各种南南合作会议中所产生的南南合作原则

万隆（1955）	布宜诺斯艾利斯（1978）	内罗毕（2009）	波哥大（2010）	德里（2013）
• 尊重人权 • 尊重主权 • 平等 • 不干涉 • 共同的利益与协作 • 国际正义	• 自力更生 • 交流与共享 • 能力建设 • 知识转移 • 尊重国家主权 • 经济独立 • 平等 • 不干涉	• 多边主义 • 环境可持续性 • 互惠互利、双赢、水平性 • 能力建设 • 相互学习、知识交流、技术转让 • 透明度和相互问责 • 尊重国家主权 • 国家自主权和独立性 • 平等 • 不附加条件 • 不干涉 • 包容性和参与 • 结果、影响和质量	• 能力建设 • 人权与公平 • 环境可持续性 • 团结协作 • 互利互惠、双赢 • 知识转移、交流、学习 • 南南合作的特异性和与北南合作的互补性 • 包容性与参与 • 灵活性、适应性、视具体情况而定 • 合作伙伴关系、平等、信任、信心、尊重 • 所有权和需求驱动 • 透明度和问责制	• 需求驱动 • 不附加条件 • 国家自主权和独立性 • 尊重国家主权 • 自力更生和自助 • 互惠互利 • 共同但有区别的责任 • 自愿伙伴关系 • 团结 • 与北南合作的互补性 • 多样性和异质性 • 能力建设

南南合作宣扬水平合作伙伴关系、平等、团结、能力建设和互惠互利的理想，然而，对公平和公正伙伴关系现实化的衡量一直是很困难的。需要在促进各合作伙伴的赋权和能力建设方面对南南合作进行评估。它还需要评估参与者之间建立信任和创造团结的程度。

在南南合作评估中最为严峻的一个挑战是对双方伙伴“互惠互利”流动程度的量化与定性。因此，南南合作的很多评估需要涉及关系、做法、态度和人与人之间的互动。需要认识到的是，绝对的平等是不可能的。因此，衡量共同所有权、水平性、团结和南南合作的其他方面可能需要使用人种学和定性的评估方法，以及与参与南南合作举措的利益相关者直接互动。

为了获得从言论到具体的证据，南南合作的各项原则需要有明确界定、可以衡量的指标，以对南南合作努力的质量和有效性进行评估。

在米德兰技术研讨会的准备过程中，NeST 成员提出了用以衡量南南合作质量和有效性的指标与监测系统草案。NeST 非洲团队对这些草案进行了汇编与合成，但在米德兰研讨会上没有足够的时间对其细节进行讨论。

作为米德兰会议的后续行动，NeST 建立了一个专门的技术工作组，继续围绕南南合作的指标进行讨论。一群来自非洲和全球南方的 20 名专家于 2015 年 9 月 3—4 日相聚在约翰内斯堡，以 NeST 之前的建议为基础，最终确定用来衡量南南关系、合作伙伴关系和过程的质量与效果的指标与工具模型。指标涉及的方面包括：国家所有权；水平性和团结；能力发展；可持续性和学习；透明度和问责制；包容性伙伴关系和赋权；有效的伙伴关系；全球南方的国际联合。

南南合作指标 NeST 技术工作组成员合影（约翰内斯堡，2015 年 9 月 3—4 日）

南南合作伙伴关系质量评估指标

下面各表巩固了约翰内斯堡技术工作组对衡量南南发展伙伴关系质量与过程的维度、指标和监测系统的讨论。此种框架可以用来对两个伙伴进行评估，既在南南合作的微观（项目）层面也在宏观（整个国家）层面。它可以用来评估涉及政府机构（国家和地方），民间组织和私营部门的南南伙伴关系。各指标表的每个维度都伴随着相关的定义、关键要素和附加的阐明注释。

还有人认为，将来可以制作一个图来显示各指标之间的相互联系，因为其中很多与不同的维度相关。

以下只是指标和监测工具的一套初步草案，将来可以对其做进一步的阐述、完善并根据不同的国家与组织进行调整。随着在实际政策、研究和评估工作中的检验与使用，这些指标会随着实地经验与学习的收集而进一步细化并在形成过程中加以进一步整合。

1. 国家自主权

国家自主权是指伙伴国在优先事项、政策方向和南南合作倡议的执行中起到持续的主导作用，得到国家/地方一级参与过程的支持。合作伙伴确定和分析它们主要的发展问题并制定出共同应对这些问题的必要战略。

国家自主权的关键要素：

- 有意义的公民参与
- 长期的方式：在整个项目周期中所有利益相关者参与
- 相互性（Mutuality）

请注意：凭借定义，南南合作需要来自各方的所有权。然而，在与伙伴国各方优先事项发生冲突的情况下，所有权应优先考虑更贫困/更小受援国的利益。

次维度	指标/测量	指标级别(国家/项目)	指导性问题	信息来源	数据收集方法
需求驱动	•有受援伙伴请求证据的南南合作倡议/项目的数量 •项目/方案的制定以受益国要求为基础 •受援国在项目/计划开发过程中的参与水平和性质	国家层面 项目/国家层面	•南南合作倡议/项目是受援国伙伴要求的吗? •如何以及通过哪个渠道(要求在什么级别上提出)?为什么? •南南合作如何在倡议的确定和实施方面确保受益国的参与? •伙伴国优先事项和南南合作活动的协调架构是否得到明确界定?	•合作协议 •申请表格/建议 正式信函 •联合委员会 •利益相关者和合作伙伴(政治家和技术人员)	•文件审查 •访谈

续表

次维度	指标/测量	指标级别（国家/项目）	指导性问题	信息来源	数据收集方法
对齐国家优先事项	• 受援国将南南合作纳入发展战略 • 与受援国国家优先事项相对齐的南南合作项目或倡议的数量 • 南南合作伙伴使用国家成果框架的程度	国家层面 国家/项目层面 项目层面	• 如何识别、评估和满足本地需求？ • 合作专注于满足受援国所说需求和优先事项的结果吗？ • 项目与国家战略/策略/文件/规划相一致吗？或者一系列行动在受援国和国际社会之间达成？①	• 国家及省/州发展计划 • 合作协议 • 国际/多边文件 • * 公报	• 相关文件的审查
不附带条件，尊重国家主权	• 项目/计划制定是根据商定的双边合作框架 • 包含任何形式政策条件的举措的数量（默许或隐含的）	国家层面 国家/项目层面	• 是否有政策（政治、经济）条件作为合作或运作过程的一部分？ • 政策条件是什么？（性质/类型） • 它们是否被披露？是否有实际/隐性的条件？ • 条件性的根源是什么？它会影响伙伴国家的政策吗？	• 谅解备忘录（MOU） • 合作合同 • 利益相关者和合作伙伴	• 调查 • 访谈

重点提示：

• 国家所有权可能包括次国家和非国家行为体。描绘出一个多方利益相关者的做法，因此，它也与包容性伙伴关系维度联系起来（见下文）。

• 在伙伴国之间发生利益冲突的情况下（如在附带条件的援助的情况下），受援方的优先事项应该比提供方的利益得到优先考虑。

• “需求驱动”也可以涉及在多边论坛上确定并与国家优先事项一致的需求。紧急状态（包括自然灾害）也可以被看作是需求驱动并与国家优先事项一致。

• 需求驱动是南南伙伴关系质量的必要但非充分条件。它必须与国家利益相一致，以对项目的结果和可持续性产生影响。

• 具有相关性的要看是否有施加在提供者身上的条件，如当地采购要求。采购如在本地完成是一件很好的事情，但要看是否有将此视为条件的情况。

• 在创造尊重国家主权的指标时，我们正式承认条件的存在，但是在捆绑援助和附带条件的情况下，所有权应体现为受援国机构选择哪些捆绑援助和附带条件的情况是可以接受的。

① 例如为增强综合方案准备的项目名单、等待资金。

2. 水平性和团结

水平性指的是在项目周期和结果的所有阶段共享责任、管理和实施。这取决于建立信任和良好的沟通渠道，并通过在成果一级实现互惠互利而得到改善。最终，这意味着合作伙伴之间更平等的权利关系。

这一维度与诸如所有权、尊重国家主权、不附加条件等其他原则密切相关。

子维度	指标/测量	指标级别(国家/计划/项目)	指导性问题	信息来源	数据收集方法
互惠互利/双赢	•南南合作协议文件阐明每个伙伴国的利益 •国家之间南南合作协议规定的好处已经达到/实现(＊级别：政策；政治；社会经济；战略) •南南合作伙伴共享相互学习经验的证据	国家和项目级别	•提供者/接受者如何从参与中受益? •在南南合作协议中是否有规定的好处?	•南南合作协议 •合作伙伴和利益相关者	•访谈 •文件审阅
信任	•合作伙伴之间的沟通频率和质量	国家与项目级别	•有正式的沟通机制吗? •合作伙伴之间有经常和有效的沟通吗?阐述	•媒体报道 •合作伙伴和利益相关者	•文件审阅 •访谈
共享决策，共享资源与劳动分工	•存在事前的技术讨论、确定范围的任务或联合评估 •存在共同决策机制 •当地人力资源在管理/技术/非技术活动中的比例 •每个伙伴承担的执行/预算费用的比例	国家与项目级别	•合作伙伴如何进行共同决策? •在南南合作倡议中，每个伙伴都有多少人员和官员参与其中? •总预算是多少?每个伙伴在倡议中投资了多少钱?	•合作协议 •评估报告 •合作伙伴和利益相关者	•文件审阅 •访谈

续表

子维度	指标/测量	指标级别（国家/计划/项目）	指导性问题	信息来源	数据收集方法
相互问责	•各国对落实商定承诺的进展进行定期的相互评估 •存在确保相互问责的报告机制	国家与项目级别	•伙伴国家多久对南南合作倡议审查一次？在技术还是政治层面？ •最后一次审查是什么时候？ •审查会议的结果是否转化为行动和纲领性变化？ •南南合作是否促进了伙伴国家之间的对等网络（peer networks）和信任？	•审查会议纪要 •评估 •合作伙伴和利益相关者	•文件审阅 •访谈

重点提示：

•水平性和团结是对平等的评估与衡量，即在一个关系中的公平程度/水平；在水平性中的平等权利关系；互惠互利和尊重主权与非条件方面的动力（dynamics）。

•互利互惠是南南合作的一个副产品，对文化习俗的了解也有助于提高合作的质量。尽管如此，互惠互利确实需要成为南南合作的一个要求。

•对互惠互利的测量应在结果层面进行评估。

•相互问责应由伙伴双方进行界定和阐述，透明度是问责制的一个元素，这在透明度、问责制和信息管理维度下得到反映。

3. 能力发展、可持续性和学习

知识和技术交流：为了能力建设和国家自主发展之目的，知识、经验、最佳实践和技术在伙伴国之间的转移和/或共同创造。

能力开发或能力建设：通过能够促进增长、发展和学习的有利环境，技能（个体水平）、组织体系（制度层面）的发展和加强。

可持续性：一个项目或一个合作互动及其成果在一段较长的时间内自我维持、促进自力更生和持续带来好处的能力，向受援国伙伴传授知识和能力。

子维度	指标/测量	指标级别（国家/计划/项目级别）	指导性问题	信息来源	数据收集方法
能力建设	•在特定南南合作协议中能力建设举措的数目 •在南南合作能力建设倡议/项目中受训人员数量或知识交流部分 •所学知识得到应用的证据 •作为知识应用的结果，在行为、制度和政策实践中发生的变化	国家和项目级别	•有多少人接受培训？ •有多少人实际应用转移的知识？ •是否存在有利于知识改编和实施的环境？ •所学知识得到应用了吗？ 关于做法、政策和/或制度	•人力资源和培训报告 •项目评估 •合作伙伴和利益相关者	•文件审阅 •访谈
知识和技术转移	•交流中所采用工具、系统与技术的数目 •提高合作伙伴吸收和调整技术与技能以满足它们特定发展所需要的能力（见重点提示#4） •发展中国家的技术能力得到建立或加强	国家和项目级别	•举措包括知识和科技交流活动吗？ •南南合作为技术创新和方法创新提供什么法律/制度/管理激励？ •南南合作是否有助于吸引创新的技术和方法，是否有助于学习和企业发展？	•人力资源和能力发展报告 •南南合作倡议报告与评估 •利益相关者与合作伙伴	•回顾相关报道 •访谈
非捆绑援助和使用当地系统、专业知识和资源	•在多大程度上南南合作没有被绑定任何预定的方式、条件、材料、体制或来自特定国家的人力资源 •捆绑援助占总援助的百分比 •使用地方财政管理和采购系统（地方或国家） •在南南合作举措中正在使用的当地人力资源和当地物质资源（地方或国家）的百分比	项目级别	•合作活动与来自某一特定国家的货物、材料、人力资源、组织捆绑在一起吗？ •在南南合作举措中有没有公开或隐蔽的捆绑援助？ •在项目周期中本地系统的使用程度如何？ •干预是否有助于受援国的价值链？（工业、产品、人力资源等）	•人力资源报告 •预算与采购文件 •项目文件和备忘录 •利益相关者和合作伙伴	•回顾相关报道 •访谈

续表

子维度	指标/测量	指标级别（国家/计划/项目级别）	指导性问题	信息来源	数据收集方法
可持续性和自力更生	•伙伴国逐渐摆脱依赖并通过国家资源和增长的能力接管发展举措的证据	项目级别	•是否有南南合作举措的退出策略？ •受援机构正在通过自身的努力继续追求发展吗？ •实施的项目产生可持续影响和/或造成可持续的变化了吗？	•项目文件进度报告和评估报告 •合作伙伴和利益相关者	•回顾相关报道 •访谈

重点提示：

•对南南合作中的捆绑援助做法进行界定对合作伙伴双方都有重要的政治和经济影响。

•捆绑援助可以支持互惠互利的目标，但同时也会对受援国伙伴的可持续发展和自力更生产生负面影响。

•需要对捆绑援助予以研究和记录，但其优点和缺点仍有待商榷。

•技术转让有四个小节（subsection）：操作（管理和使用技术系统的能力）；重复（在没有外援的情况下对产品进行复制）；自适应（使用技术，并通过重新设计使其满足自己的要求）以及技术（创造新水平的技术）。

•合作的影响结果应该是可持续的，合作伙伴关系也应如此（长期南南合作伙伴关系）。

4. 透明度、问责制和信息管理

南南合作供应方应公开其发展合作活动的信息，这样利益攸关方就可以在现有信息的基础上采取行动。透明度和问责制的各个方面如下。

信息管理系统：健全的内部信息管理系统是使南南合作信息公开的一个先决条件。所有负责进行南南合作活动的机构应该有完善的信息管理系统，各国政府应拨出足够的资源，使它们的工作人员能够有效地执行此功能。

监测与评估系统：负责进行南南合作活动的机构建立强大的监测与评估系统，以促进核算与学习，这是促进效率和影响今后南南合作项目的因素。

透明度/获取信息：在南南合作活动的整个周期应该对信息的可用

性和公共获取进行评估。例如，从任何特定活动的确定到其执行、表现、支出和结果，其信息应该公开。信息的内容和质量也很重要。南南合作信息应该全面、相关、一致、及时、准确和可靠。

子维度	指标/测量	指标级别（国家/计划/项目）	指导性问题	信息来源	数据收集方法
信息管理系统	•合作伙伴拥有体制框架、能力和政治意愿定期对数据进行收集、分析、简化和发布。 •所发布南南合作信息的细节与频率： 备忘录、合同协议、计划文件 南南合作举措的部门和地域重点 发展合作的类型、模式与手段 执行情况和时限 南南合作活动的结果和表现/评估报告 分类财务支出（预算和已支付） 采购信息：招标，承包商 其他详细的项目信息	国家与项目级别	•有没有捕捉合作伙伴发展合作活动的中央信息点？ •是否有足够的人力资源（专业知识）对数据进行汇编、分析和报告？ •可以获得哪些类型的报告？什么格式？给谁？信息获取的频率？细节的水平（见指标）？	•国家的合作协调机构 •智库和民间社会组织的调查研究 •组织/项目报告和文件： 合作战略（国家/部门） 年度报告 评估报告；影响评价 备忘录和合同 预算和经审计的财务报表 分配、采购、人力资源等方面的政策	•调查 •相关文件的审查 •访谈
透明度和公众获取	•公众获取南南合作信息中心/来源/平台/机制的证据	国家与项目级别	•合作活动的信息是公开的吗？ •政府官员愿意根据公众的要求分享信息吗？ •南南合作信息的获取受国家立法的保护或限制吗？	•官方网站：开放接入平台 •合作伙伴和利益相关者	•相关文件的审查 •访谈

续表

子维度	指标/测量	指标级别（国家/计划/项目）	指导性问题	信息来源	数据收集方法
学习的监测与评估	•有效与有质量监测与评估系统的存在（国家/机构/项目） •在南南合作项目周期的所有阶段都进行监测与评估（基线、实施、事后影响评价） •监测与评估活动能力的证据（如专业知识、预算、时间） •合作伙伴正使用监测与评估进程的结果来为政策和方案提供参考和促进改善与学习的证据：知识从监测与评估中生成	国家与项目级别	•是否有足够的框架、机制、资金和人力资源对南南合作举措进行监测和评估？ •监测与评估报告是否全面、以经验为依据并令人信服？	•官方网站：开放接入平台 •国家/机构的年度报告 •研究机构报告 •审计长期报告 •利益相关者和合作伙伴	•回顾相关报道 •访谈

重点提示：

•南南合作信息的报道应尽可能频繁，但最低标准的做法是一年一次。

•需要就发布和报告南南合作活动的标准达成一致，或者南南合作伙伴可以遵照现有系统，如“国际援助透明度倡议”（International Aid Transparency Initiative）。

5. 包容性伙伴关系、公民保护和赋权

•在使用“包容性伙伴关系”一词时已经暗示着参与。这包括议员、民间社会、私营部门、学术界和南南合作活动其他非国家行为体的作用和贡献。

•包容性和参与需要从伙伴国家的提供方和接受方两个方面来看待。

•缺少公民和更广泛利益相关者的参与可能会导致南南合作举措的执行出现问题。所有行为体（国家和非国家）协调一致的努力对南南合作取得成功是必要的。

•需要与受南南合作事业影响的各利益相关者建立起问责机制。一方面，南南合作伙伴之间的问责制是在“水平性与团结”一节所讨论的相互评论中产生的。另一方面，国内问责制出现在当议会监督发展合作活动和民间组织发挥国家活动监督者作用时出现。

•多方利益相关者参与应该超越对话，包括共同采取的“行动”。非国家行为体的参与可以出现在规划、实施、融资和监督与评估阶段，并且作为南南合作活动的受益者。

子维度	指标/测量	指标级别（国家/项目)	指导性问题	信息来源	数据收集方法
多利益相关者参与	•在不同国家与非国家行为体（既包括提供国也包括受援国）之间的南南合作中存在政策框架、法律机制、制度安排、包容性对话平台和共同行动 •参与南南合作磋商和活动的行为体/组织的数量和类型 •在南南合作中，非国家行为体提供输入并影响规划、政策制定和实施过程的证据 •参与的频率和质量(如果磋商实际发生且参与是有意义和富有成果的)	国家和项目级别 项目级别	•是否有一个有利的环境和有效的空间让民间社会参与到政府的发展合作活动中去? •这些利益相关者参与论坛的频率质量如何? •这些空间是否吸引多种多样相关的民间社会行为体（包括妇女权利、农村、土著人、残疾人和其他组织)? •南南合作倡议是否得到多方利益相关者参与协商的支持? •在合作方式或活动中是否有纳入利益相关者意见的证据?举一些例子 •第三方和非国家行为体正在参与南南合作监测与评估活动吗?	•合作伙伴和利益相关者 •公报、战略规划、官方文件	•访谈 •专题小组讨论 •文档审阅

续表

子维度	指标/测量	指标级别（国家/项目）	指导性问题	信息来源	数据收集方法
赋权	•聚焦于边缘化和弱势群体南南合作行动的数量 •聚焦于边缘化和弱势群体活动和预算的百分比 •吸纳边缘化群体参与南南合作举措的规划和执行	国家层面 项目级别	•妇女、贫困、边缘化和弱势群体如何参与南南发展合作举措？ •南南合作活动是否考虑到国际公认的人权标准并遵守联合国框架、公约和议定书，特别是关于边缘化和弱势群体？（妇女、少数民族、儿童等）	•所有合作伙伴和利益相关者（特别是最边缘化人口）	•社区访谈 •专题小组讨论 •观察 •文档审阅
人与环境的保护	•伙伴国拥有强大的国家监管框架，以保障劳工权益、安全标准、土地问题和环境保护，反映联合国标准和国际公认的惯例 •南南合作伙伴遵守受援国和提供国的劳工、土地、安全和环保标准（以较高者为准）	国家层面 项目级别	•应用的劳工标准是否与受援国标准相当或类似？ •应用的劳工标准是否与提供国的标准相当或类似？ •在项目协议中是否有明确的环境和劳工准则？ •是否有证据表明活动带来了副作用或外部性？ •伙伴国是否遵守受援国关于劳工与环境的框架？	•国际劳工组织的报告 •联合国气候变化框架公约报告 •国家关于劳工和环境的评估统计数据 •来自研究机构和民间社会组织的报告	•关键知情人访谈 •文件审阅

重点提示：

•该框架的目标不是评价一个伙伴国的人权状况（因为已经有其他的机制和论坛在做此事），而是评估南南合作举措是否遵循高的人权标准，基于联合国和国际商定的约定。

•设定劳工、土地和环境标准是每个伙伴国的责任和职权，但是如果这些框架在受援国缺失，南南合作的提供方至少需要遵循它为自己设定的标准。

•伙伴国需要在经济增长和环境的保护与可持续之间保持平衡。

6. 有效的伙伴关系

这一维度考虑的是效率、效益、效果和可持续问题，以使南南合作的努力对发展的影响最大化。

子维度	指标/测量	指标级别（国家/项目）	指导性问题	信息来源	数据收集方法
灵活性和适应当地情况	•项目中存在体现当地具体情况的元素 •当项目展开时存在适应和变化的证据 •项目活动的本地合作伙伴成功扩展和承担的证据	项目级别	•在多大程度上项目与当地有关？ •对特定地理位置条件的关注程度如何？ •是否有证据显示全面发展和对当地情况的适应？	•合作伙伴和利益相关者 •项目文件、战略计划、评估报告	•访谈 •观察
时间和成本效率，减少官僚作风	•预算与实际成本之间的比率 •计划和实际执行时间之间的比例 •缺少官僚主义延误 •在类似项目和环境下，与北南合作相比，南南合作活动的时间和成本	项目级别	•是否有伙伴双方降低成本和减少官僚拖延的证据？ •与其他传统援助者和南方伙伴相比，南南合作举措的交付成本和时间如何？	•合作伙伴和利益相关者 •项目文件、战略计划、备忘录、评估报告 •预算和财务报告 •实施时间表和日志	•访谈 •观察 •文件审阅
在国家机构之间以及与其他发展伙伴之间的协调与互补	•在受援国存在关于发展伙伴协调的结构性协调机制 •南南合作提供方参与受援国的发展合作协调机制 •在与其他伙伴国发展合作方面，供应国和受援国的国家机构是否协调一致 •存在对发展合作活动进行协调的中央机构	国家层面	•是否有一个中央机构对发展合作活动（输入/输出）进行协调？ •南南合作伙伴是否通过现有的国内外协调机制开展工作？ •伙伴国双方各发展机构和部门的做法、战略和政策是否有一致性和延续性？ •南南合作伙伴的国内或国际政策是否正在对任何其他南方国家造成伤害？	•发展伙伴 •多样的合作机构 •国家一级的发展合作报告和评估 •发展合作政策框架	•关键知情人访谈 •文件审阅

重点提示：

•官僚主义作为一个消极的指标来衡量；即从受援国和合作伙伴级别，从没有官僚拖延的基准开始。

•在通常情况下，受援国不想进行协调而是喜欢与发展伙伴进行双边交往，在其他时间里，受援国倾向于通过一个机制与合作伙伴进行协调，以降低重复、分散和交易成本。因此，协调的话语应该由受援国决定，而非援助者推动。

•南方国家往往通过各种不同的部委、机构和半官方机构承接南南合作，但这些行为体在与伙伴国家的活动中往往不够协调和一致（如巴西、南非等）。

7. 全球舞台上的南南合作

除了对国家发展的贡献外，南南合作也有助于发展和加强国际关系。

南南合作有助于南方政府（在区域一体化倡议中）、南方民间社会组织（在组织或网络中），以及在围绕技术和其他知识与政策领域的实践界的联盟建设。南南合作通过地区与全球平台得以表达。

子维度	指标/测量	指标级别	指导性问题	信息来源	数据收集方法
联盟建设	• 在多边政策论坛上采取共同立场的证据 • 所创建和处于活跃状态的正式国际联盟的数量（如金砖国家、ASA、南美洲国家联盟等） • 联合行动，特别是在联合国和南南合作伙伴均是其成员的区域和其他机构	全球和区域层面	• 双边南南合作导致或促成了正式或非正式的国际联盟吗？ • 这些联盟在积极开展政策、宣传和技术层面的工作吗？ • 参与多边和地区组织如何融入南南合作伙伴的工作计划？	• 合作伙伴和利益相关者：外交官 • 联合公报 • 双边和多边条约和备忘录 • 研究机构的研究与文章	• 访谈 • 文献综述
国际同行评审	• 伙伴国参与发展合作的地区和全球问责与同行审查机制（如非洲同行审议机制（APRM），伊比利亚美洲总秘书处（SEGIB），中非合作论坛（FOCAC），发展有效性非洲平台（AP-Dev）等）	• 全球/区域层面	• 在有些多边平台上，南方伙伴可以审查其与多方利益相关者的发展合作活动，南南合作伙伴是否参与这些多边平台？	• 合作伙伴和利益相关者 • 联合公报 • 双边和多边条约备忘录 • 研究机构的研究与文章	• 访谈 • 文献回顾

续表

子维度	指标/测量	指标级别	指导性问题	信息来源	数据收集方法
发展政策一致性	• 政策不一致的缺失:负外部性	• 国家/国际层次	• 南南合作伙伴的政策和做法是否支持受援国的发展努力? • 南南合作伙伴的援助、贸易、投资、和平与移民政策是否在支持发展中国家的需求方面具有一致性?	• 合作伙伴和利益相关者 • 智库与民间社会组织的研究和评估报告	• 文件审阅 • 访谈

重点提示:

• 共识建设在联盟建设之前发生。

• 这一国际维度与关于问责和团结的子维度相联系,在这一子维度下审查和问责程序也发生在国家层面。

结　论

NeST 国家和地区分会工作进展

一些主要的国家/地区分会提供了一份简短的报告,涉及迄今所开展的活动和未来的计划。

• 巴西

2 月 26 日,NeST 巴西分会在里约热内卢金砖国家政策中心正式启动,约有 25 名研究者和从业者参与,他们来自 15 个巴西研究机构、大学、政府机构、国际组织和非政府组织。巴西分会确定其在短期内的优先事项,包括确定其运作指导方针、构建 NeST 拉丁美洲地区分会以及确定其对全球 NeST 的贡献。启动后,一份包含了目标、会员资格、治理机制和 NeST 巴西分会工作计划的概念说明草案被准备出来并向与会者征求意见和确认。一个总部设在里约热内卢、包含四个志愿组织的秘书处得以建立,这四个志愿组织分别为应用经济研究所(the Institute for Applied Economic Research, IPEA)、金砖国家政策中心(the BRICs Policy Center, BPC)、南南合作研究和政策中心(Articulação SUL)和巴西国际关系中心(Centro Brasileiro de Relações

Internacionais，CEBRI），建立秘书处的目的在于领导、建议和支持 NeST 巴西分会正在进行中的制度化进程。NeST 巴西分会有三名成员出席了米德兰全球 NeST 会议和随后 9 月在约翰内斯堡的 NeST 技术工作组。联合研究和培训项目已经在 NeST 巴西和 NeST 非洲分会成员中发起，对巴西发展合作中现有的监测和评估做法进行评估，并建立南南和三角合作对发展和 2015 年后议程贡献的证据。NeST 巴西和南非分会的大学成员已经发起南南合作试点联合学术课程（详见下文）。构成 NeST 巴西秘书处的机构在接下来的 10 周内在巴西开展了一个关于监测与评估机制的研究项目，该项目受到联合国开发计划署的支持。

• 印度

作为关于有效发展合作的墨西哥高级别论坛的副产品和回应 2013 年南方提供者德里会议及后来的北京会议，NeST 于 2014 年成立。从那时起，RIS（the Research and Information Systems for Development Countries）主持 NeST 全球秘书处工作，负责 NeST 共同研究议程、沟通、知识管理和专门项目。来自印度的三个 NeST 成员参加了米德兰全球 NeST 会议，并一直进行着公私合作伙伴关系及印度在非洲合作方面的研究。关于南南能力建设和技术转让的第 70 届联合国大会磋商和会外活动正在举行。展望未来，NeST 全球秘书处将会得到进一步巩固和加强。以北京 NeST 启动文件所勾勒的广泛工作领域为基础，一份详细的工作计划将会被进一步充实。该工作计划也将成为筹集资金努力和其他针对性建议的基础。RIS 将在 2016 年 3 月举办第二届新德里会议，届时构成 NeST 执行小组的四家机构（RIS，IPEA，SAIIA 和 CAU）将签署一份谅解备忘录以正式发起这一倡议。

• 中国

中国的 NeST 成员将在一个研究项目上进行协作，该项目呼吁在“中国国际发展研究网络”（CIDRN）内对中国的南南合作开展案例研究。所选案例研究将利用上述 NeST 分析框架，探讨背后的原则和中国南南合作的实践及其对东道国的影响。该项目鼓励比较的方法，这能够揭示中国与其他北方援助者之间在援助动机、原则和模式方面的异同，也有助于确定中国作为新兴援助国的发展趋势和中国与传统援助者之间进行合作与相互学习的空间。该项目的成果将会体现在两本关于中国南南合作著作的出版上，一本英语一本汉语。这两本书已在 2016 年 1 月于厦门大学举行的国际会议上推出。

• 南非

在 SAIIA，Oxfam SA 和 Wits School of Governance 的领导下，南非分会一直在巩固其成员。南非分会多方利益相关者的性质（包括学术界、政府、民间社会和私营部门）是一个显著特点，为讨论增添了极大的丰富性，允许多种批评意见并为未来的南非发展合作政策提供了多样化的输入与贡献。特别的重点被放在确定 NeST 在南非发展伙伴关系署（the South African Development Partnership Agency，SADPA）的设立和后续运作过程中所扮演的角色上。为了整合大陆上其他利益相关者的观点和避免南非将自己定位为“大哥哥”这一地区霸主角色，南非分会已决定扩大其成员和辩论范围，成为 NeST 非洲分会。作为建立和扩大研究议程的努力，NeST 南非分会将从事对南非在非洲发展合作进行量化的研究项目，该项目将由一个包括这一领域关键政府部门、合作机构及主要智库的指导委员会来管理。最后，NeST 非洲分会的会议已经计划于 2015 年 11 月召开，以思考南南合作对冲突后重建和发展的贡献，这在非洲大陆的优先事项中处于中心位置。一些非洲案例研究（包括南非支持刚果民主共和国有效治理的案例）将在 11 月会议上提出。

NeST 议程隆重推进

2015 年 3 月，经过两天关于南南合作分析框架的激烈讨论，NeST 技术研讨会成员就以下步骤达成一致。

1. 采用的方法框架和技术工作组

• 继米德兰研讨会之后，SAIIA 团队将完成在 NeST 技术研讨会上讨论的南南合作框架，并将通过邮件发给所有参与者做进一步的输入和编辑。

• 各 NeST 国家/地区分会将会对此框架做进一步讨论，以便整个 NeST 社区给出进一步的输入与评论。

• 为了完成框架的一些突出部分，三个特别工作组将会成立，在框架的某些具体方面开展工作，即：

衡量南南合作关系和过程质量的指标（2015 年 9 月 3—4 日在约翰内斯堡举行）；

核算、量化和界定南南合作（将于 2015 年 12 月在日内瓦与贸发会议一起举行）；以及南南贸易、投资、公私伙伴关系和信贷额度（待确认细节）。

• 该框架将通过各 NeST 分会在国家和区域层面传播，以与相关决策者和更广泛的利益相关者进一步磋商，以便接受进一步的输入、验证、批评和认可。作为一份工作文件，随着 NeST 工作的发展和演变，南南合作概念框架将不断得到加强并适应不同的环境。

2. 产生政治牵引力

• 重要的是，NeST 要努力成为一个多方利益相关者的平台，不把其仅限制于学术界和智库，而是要使政府、民间社会组织、私营部门和其他南南合作利益攸关方参与进来。

• NeST 将努力利用全球性事件和政策窗口（如联合国发展合作论坛、有效发展合作的全球伙伴关系、发展融资、2015 年后议程/可持续发展目标、金砖国家/印巴南）呈现 NeST 在南南合作框架方面所做工作，并从政策制定者和更广泛的利益相关者那里得到反馈、输入和补充（buy-in）。目前 NeST 正计划在 2015 年 7 月亚的斯亚贝巴的第三次发展融资会议（FfD3）和 2015 年 9 月的联合国首脑会议期间举办可能的会外活动。

• NeST 可以最终成长为一个多利益攸关方平台（与政府、民间组织、学术界和私营部门），进行南南合作做法与经验的知识共享、学习和同行评审。

3. 研究议程

基于证据的分析为南南合作伙伴的政策和战略制定提供了有力工具，NeST 应该在这一领域的研究工作中起带头作用，以解决证据差距和消除许多关于南南合作的误解。权威的、以证据为基础的南南合作分析非常有限，这部分地阻碍了将许多好的做法纳入国际标准。在南南合作研究领域，通过启动项目和促进合作，NeST 将对关于南南合作的研究进行系统化，组织通过：

• 部门/主题和具体领域（如农业、基础设施、社会补助等）

• 国家、地区（非洲、亚洲、拉丁美洲）或政治经济地位（脆弱国家、最不发达国家、中等收入国家）

4. 南南合作数据与信息管理

为了协助南南合作研究、政策和透明度的努力，NeST 将会

• 协助各国政府加强南南合作的数据、信息管理和监测与评估系统

• 支持建立一个在线资料库（depository）并开始上传南南合作活动的学术研究（这可能包括各南南合作高级别会议的主要文件，资料库由 NeST 来维护）

继关于南南合作信息管理枢纽的米德兰研讨会（见本报告第 3 部分）之后，NeST 将与一个联合国机构合作建立一个全球统计中心，对来自不同国家的南南合作数据进行定期收集、标准化、分析并提供给南方政府、学术界和其他利益相关者。这将是一个与 IATI 和 CRS 类似的信息系统，但是适应于南南合作的特异性和定义。考虑到这样的举措需要得到政治支持，NeST 将与联合国专门机构（经社部、联合国南南合作办公室、联合国开发计划署、联合国贸发会议等）之一密切合作。

5. NeST 培训和教育中心

• 采取与 NeST 成员进行科研合作相同的方式，可以成立一个 NeST 大学分组，在培训和能力建设计划方面进行合作。

• NeST 学术小组可以鼓励跨校学术交流，促进奖学金和助学金，允许学生和教师做研究，并由不同的南方大学主办。

• 在这个方向上迈出的第一步是关于国际发展与南南合作的联合研究生高管教育计划（a proposed joint post-graduate executive education programme），由在约翰内斯堡的金山大学和在里约热内卢的天主教大学（Pontifical University Catholic）共同提供。讨论和计划正在进行中。

6. NeST 治理

• 成为 NeST 成员的程序需要更加清晰，NeST 全球秘书处（RIS）需要对 NeST 成员数据库进行维护和更新。

• 通过通信、知识中心和互动网站，NeST 秘书处应该与各成员、国家和地区分会保持定期沟通。

• NeST 执行（创始）小组目前包括来自巴西、印度、中国和南非的四个主要智库，到年底改组成员将扩大到 7 个，新加入的是来自非

洲、拉丁美洲和亚太地区低收入国家的智库。这一努力旨在增加 NeST 内的代表性和鼓励包容性，使其不仅限于金砖国家和大的南方提供国。

• 还需要在不同国家定期举行会议和 NeST 年度会议。

• 下一次重要的南南合作会议将由德里举行（作为 2013 年德里会议的后续行动），会上 NeST 将被正式推出，将会在创始机构间签署谅解备忘录。暂定日期：2016 年 3 月。

• 尽管 NeST 应该继续作为由智库和研究人员驱动的学术网络，但它应该努力使来自政府、民间社会和私营部门的更广泛的利益相关者参与进来，以确保政策的牵引力。这种参与和政策对话之促进应该由国家和地区分会领导。

（进一步获取有关在米德兰的 NeST 技术工作组的背景、信息和文件，请访问：www. saiia. org. za/nest）

附录 1　相关参考文件

• *Conference on Southern Providers South-South cooperation: Issues and Emerging Challenges.* (2013). Retrieved May 1, 2015, from Research and Information System for Developing Countries: http://ris. org. in/publications/reportsbooks/662.

• NeST Beijing Inception Document, Network of Southern Think-Tanks (NeST). Beijing, 29 November 2014: *available on request.*

• Besharati, N. (2013). Common Goals and Differential Commitments: The Role of Emerging Economies in Global Development. German Development Institute. Available at: http://www. die-gdi. de/uploads/media/DP_26. 2013. pdf.

• Bracho, G. (2015). In Search of a Narrative for Southern Providers: The Challenge of the Emerging Economies to the Development co-operation Agenda. *German Development Institute*, available at: https://www. die-gdi. de/uploads/media/DP_1. 2015. pdf.

• *Multi-stakeholder Policy Dialogue Emerging Partners in Africa's Devlopment: Measuring the Imaoct of South-South cooperation.* (2015) Johannesburg: South African Institute of International Affairs and Oxfam, South Africa. Available at http://www. saiia. org. za/events/emerging-partners-in-africas-development-measuring-theimpact-of-South-South-co-operation-nest.

附录2 影响评估的方法介绍

影响评估的类型	描述
定性案例研究	案例研究被定义为"一种用于了解复杂实例的方法，其基础是全面理解那一实例，对那一实例进行广泛描述和分析，将其视为一个整体并置于上下文中"①。在《教育定性研究和案例研究应用》(*Qualitative Research and Case Study Applications in Education*)中，梅里亚姆（Merriam）对案例研究做了如下描述。因为它是基于现实生活的情况，案例研究提供了对一个现象的厚实、丰富的描述与分析。② 使用这种方法的缺点是，它可能太昂贵或耗时。在有金钱和时间的情况下，该产品对于繁忙的决策者和执行者的阅读或使用来说可能过于冗长，过于详尽和过于牵涉其中。③ 此外，案例研究也常会出现普适性问题。但是，像埃里克森（Erickson）这样的作者认为可以从特定的实例中学到很多。④ 定性的案例研究也受到研究者诚信（integrity）的限制。这就是古坝（Guba）和林肯（Lincoln）所说的"不同寻常的道德问题"，一个不道德的案例研究者可以从现有数据中做出选择来阐述他想要得出的结论（"unusual problems of ethics" whereby an unethical case writer could so select from among available data that virtually anything he wished could be illustrated）⑤。还有偏见问题，研究者的主观性可能会影响到最终产品。因此，在处理案例研究方面常会出现可靠性、有效性和普适性的问题。⑥

① Morra, L. G. & A. C. Friedlander, *Case Study Evaluations.* Washington, DC: The World Bank Operations Evaluation Department, 1990.

② Merriam, S. B., *Qualitative Research and Case Study Applications in Education.* San Francisco, CA: Jossey-Bass, 1997.

③ Ibid.

④ Erickson, F., "Qualitative Methods in Research on Teaching," in MC Whittrock (ed.), *Handbook of Research on Teaching.* Old Tappan, NJ: Macmillan, pp. 119 - 161.

⑤ Guba, E. & Y. Lincoln, *Effective Evaluation.* San Francisco: Jossey-Bass, 1981.

⑥ Merriam S. B., *Qualitative Research and Case Study Applications in Education.* San Francisco, CA: Jossey-Bass, 1997.

续表

影响评估的类型	描述
非实验和计量经济学的方法	当不可能随机地选择一个对照组（control group）时，通过匹配方法确定一个合适的对照组，或使用反身性比较时，可以使用非实验方法。在这种情况下，可以将项目参与者与非参与者进行比较，使用统计方法来解释两个组之间的差异。可以用来将参与者与非参与者进行比较，纠正选择偏倚的一个计量经济学方法使用工具变量（instrumental variables）。这涉及使用对参与重要但对结局不重要的一个或多个变量（工具）。（This involves using one or more variables（instruments）that matter to participation but not to outcomes given participation.）这确定了项目成果的外生变化，认识到安排可能不是随机的而是目的性的。工具变量首先用于预测计划参与；然后使用第一方程的预测值对项目影响进行估算。（The instrumental variables are first used to predict programme participation; then the programme impact is estimated using the predicted values from the first equation.） 如同准实验方法，这一评估设计相对便宜且易于实施，因为它可以借鉴现有的数据资源。其缺点是：第一，结果的可靠性通常会减少，因为这一方法在统计学上不太强大。第二，该方法有一些统计的复杂性，这可能在评估的设计和结果的分析与解释方面需要一些专门知识。第三，尽管存在部分矫正选择偏倚的可能，但完全矫正仍然是一个挑战（World Bank，2011）。
实验/随机对照试验	该方法涉及聚集一组具有同等资格并愿意参与方案的个人（或其他分析单元）并将它们分成两组：一组受到干预（治疗组）（treatment group）；另一组防止其受到干预（对照组）（control group）。 这些设计通常被认为在评估方法中最为稳健，因为分配过程本身创造出可供比较的治疗组和对照组，假如样本大小适当，这两组在统计上彼此相当。因此，产生的对照组成为完美的反事实，避免了存在于所有评估中的选择偏差问题。 优点包括在解释结果时的简单性——所评估的方案对结果的影响可以通过治疗组和对照组样本手段（means of the samples）之间的差异来衡量。缺点包括： 1）随机化做法可能存在道德问题，因为只为了研究目的却剥夺了另一组人口本可以获得的利益或服务。 2）对一组提供干预而对另一组不提供的做法在政治上可能存在难度。 3）干预范围可能排除了在诸如方案具有全国性或政策产生变化的情况下选择一个对照组的可能性。 4）在治疗组或对照组中的个人可能会在实验期间改变特定的识别特征，这可能会使实验失效或影响实验结果。例如，如果人们在一个项目区域迁入和迁出，他们可能是在治疗组或对照组中迁入和迁出。另外，那些被剥夺方案实施带来利益的人或许可以通过替代性来源来寻求此种利益，或者那些被提供了此种方案利益的人可能并未接受干预。 5）可能难以确保分配是真正随机的。这方面的一个例子可能是管理人员为了实现更好的结果而排除高风险申请人。 6）实验设计在某些情况下可能是昂贵且耗时的，特别是在新数据的收集方面（World Bank，2011）。

续表

影响评估的类型	描述
准实验（Quasi-experimental）	这种设计包括使用匹配或反身比较（matching or reflexive comparisons）来构建对照组。 匹配（matching）包括确定在基本特征方面和方案参与者具有可比性的非方案参与者。对两组进行匹配的基础是几个可观察到的特征，或几个已知或据信会影响到方案结果的特征。匹配的对照组可以在项目实施之前选择（前瞻性研究）或之后选择（回顾性研究）。 使用匹配方法进行评价的一个优点是，它们可以利用现有的数据来源，并因此在实施时往往更为快速和便宜。其缺点是，结果的可靠性通常会降低，因为该方法可能无法完全解决选择偏差问题；而且匹配方法可能在统计方面比较复杂，因此在评估设计和结果的分析与解释方面需要具备相当的专业知识。匹配的类型包括倾向评分匹配（propensity score matching）和评分匹配（score matching）。在倾向评分匹配中，通过使用倾向评分（propensity score）（根据观察到的特征所预测的参与可能性）将对照组与治疗组进行匹配。而当存在很多潜在特征用来对一个计划参与者样本和一个非参与者样本进行匹配时，评分匹配就很有用。这里，不将目标放在确保对每个参与者的匹配控制与控制变量 X 有相同的值上，通过在预测的方案参与可能性上进行匹配可以实现同样的结果，在 X 给定的情况下，P 被称为 X 的倾向分数。（Here, instead of aiming to ensure that the matched control for each participant has exactly the same value of the control variables X, the same result can be achieved by matching on the predicted probability of programme participation, P, given X, which is called the propensity score of X.）为治疗组所估计的倾向得分的范围应该与非参与者的保留样品密切对应。（The range of propensity scores estimated for the treatment group should correspond closely to that for the retained sample of non-participants.）倾向得分越接近，匹配越好。 自反比较（reflexive comparison）是另一种类型的准实验设计。在自反比较中，反事实是在方案制定前方案参与者情况的基础上构建出来。（In a reflexive comparison, the counterfactual is constructed on the basis of the situation of programme participants before the programme.）因此，项目参与者是在干预前后自己和自己进行比较，既充当治疗组又充当比较组。这种类型的设计在对全覆盖参与进行评估时特别有用，例如在全国性的政策和方案中，整个人口都参与其中而没有控制组存在的余地。 自反比较的一个主要缺点是，方案参与者在干预前后的情况可能会由于独立于方案的各种原因而改变。除非非常小心地进行，自反比较不能在方案和其他外部影响之间进行区分，从而影响结果的可靠性（World Bank, 2011）。

续表

影响评估的类型	描述
成果收集（Outcome Harvesting）	通过与同事、合作伙伴和利益相关者对详细的成果信息进行收集，成果收集用于对社会行为体的变化进行识别和监测并从中学习。信息描述的是发生了什么变化，为谁而变化，何时何地，为什么它对发展目标具有重要性（变化的意义），以及方案如何促成了变化。成果收集对方案的复杂方面有用，因为特定的重要事件和结果的意义可能事先是未知的。常常有必要学习了解变化是如何发生的。 收集过程（harvesting process）是以利益相关者为中心的，并捕捉定性、隐性的知识。它包括协同证实和分析这方面的知识，并使过程对客户、管理者和合作伙伴产生影响。（It includes tools to substantiate and analyse this knowledge collaboratively and communicate progress toward impact to clients, management and partners.）这些工具在适应方案设计方面具有灵活性，并为变化、实施经验、成果和指标方面的理论提供有用的细节（World Bank, 2014, 5）。（The tools are flexible to adapt to a programme's design and can provide useful details to inform the theory of change, implementation lessons, outcomes, and indicators.）
众包（Crowd Sourcing）	豪威（Howe）（2008, 99）将"众包"界定为将一个传统上由指定代理人所做的工作以公开招募（open call）的形式外包给不确定的（通常）一大群人。外包被用来作为发展的信息资源，并用来对援助的流动进行追踪，例如对政府的表现不佳进行报告或组织草根运动（Mott et al., 2014, 1）。

Developing A Conceptual Framework for South-South Cooperation*

(Working Document)

September 2015

Report compiled by: Neissan Alessandro Besharati, Matshediso Moilwa, Kelebogile Khunou and Ornela Garelli Rios, South Africa Institute of International Affairs(SAIIA).

Abstract

In March 2015 a group of 25 prominent academics and development co-operation experts from the global South gathered in Midrand, South Africa to discuss a common analytical framework for South-South co-operation. This was the first technical workshop of the Network of Southern Think Tanks (NeST). As part of a wider consultation to provide inputs to NeST's conceptual work, a multi- stakeholder policy dialogue on the topic 'Emerging Partners in Africa's Development'①was organised to discuss the role and contribu-

---

* This document is the result of NeST meeting in March 2015(Midland; Johannesburg, South Africa) and September 2015(Johannesburg, South Africa).

① For more information, pictures, conference proceedings report and other resources coming out of the Multi-Stakeholder Policy Dialogue on 'Emerging Donors in Africa', see SAIIA (South African Institute of International Affairs), http://www. saiia. org. za/events/emerging-partners-in-africas-development-measuring-the-impact-of-south-south-cooperation-nest.

tion of South-South co-operation to international development and appropriate monitoring and accountability frameworks for such. The outcome of these meetings was further enriched by a subsequent NeST technical working group held in Johannesburg in early September 2015 to develop indicators to measure the quality of South-South partnerships and processes.

The following document attempts to captures the conclusions, consensus and divergences that emerged in the various technical workshops held among experts and academics from NeST. These meetings benefited from the contributions of representatives from Brazil; China; Colombia; India; Kenya; Malawi; Mexico; Mozambique; Namibia; South Africa; Turkey; Uganda; and Zimbabwe. The document is a work in progress but nonetheless provides insights into the conceptual and methodological aspects of measuring the quantum, quality and impact of South-South cooperation in international development enterprises.

Participants in the NeST technical workshop in Midrand, 4 – 5 **March** 2015

List of Acronyms and Abbreviations

CICETE: China International Centre for Economic and Technical co-operation

CRS: OECD-DAC Creditor Reporting System

CSO: civil society organisation

DAC: (OECD) Development Assistance Committee

DC: development co-operation

GPEDC: Global Partnership for Effective Development Cooperation

HLM: high-level meeting

M&E: monitoring and evaluation NSC: North-South co-operation ODA: official development assistance

OECD: Organization for Economic Cooperation and Development

RBM: results-based management

SADPA: South African Development Partnership Agency

SEGIB: Ibero-American General Secretariat (Latin American advancement of political, economic and cultural co-operation)

SSC: South-South co-operation

SSDC: South-South development co-operation UNDCF: UN Development Cooperation Forum UNDESA: UN Department of Economic and Social Affairs UNCTAD: UN Conference on Trade and Development UNDP: UN Development Programme

UNOSCC: UN Organisation for South-South Cooperation

Introduction

Evolving trends in South-South cooperation

South-South cooperation (SSC) had its roots in the Non-Aligned Movement and the historic conferences of Bandung (1955), Buenos Aires (1979) and Nairobi (2009), which set out the principles for economic and technical cooperation among developing countries. Since then SSC has become an important feature of the international development landscape. SSC is increasingly playing a major role in global trade, finance, investment and governance. These changes have opened up opportunities for further partnerships between countries in the South, as evidenced by the plethora of new initiatives aimed at fostering political, economic and social relations. At the political level, there have been growing initiatives to promote South-South partnerships, which are generally perceived as being more economical, effective and favourable than the previous North-South aid relations.

Many aid recipient countries acknowledge that emerging development partners come from similar realities and have more relevant developmental experience, technical capacity and practical know-how they can learn from. SSC has therefore gained traction particularly in Africa, in supporting regional infrastructure development, transferring knowledge and introducing different paradigms and approaches to poverty eradication.

In the past 15 years SSC has been growing in prominence due to a rise in quantum, geographical reach and the diversity of approaches to new forms of development partnerships. This has occurred against the recent background of declining aid flows from North-South cooperation (NSC), as result of the global financial crisis and efforts by traditional donors to share global development responsibilities with the new emerging economies. The Organization for Economic Cooperation and Development (OECD) reported in 2013 that development aid had fallen by 4% in real terms in 2012, following a 2% fall in the previous year. The unremitting financial crisis and euro zone turmoil had led to several governments tightening their budgets. This in turn has had an impact on overall official development assistance (ODA) flows. ①

While Northern donors have pushed for the inclusion of new development partners in systems led by the OECD Development Assistance Committee (DAC), this has been met with resistance by Southern partners, which are not interested in conforming to global regimes that they did not create and that they feel are inappropriate for their specific types of engagement. ②

There is nevertheless a growing consensus that South-South cooperation is

---

① OECD (Organization for Economic Cooperation and Development), *Aid to Poor Countries Slips Further as Governments Tighten Budgets*, 3 Aprill 2013, http://www.oecd.org/dac/stats/aidtopoorcountriesslipsfurtherasgovernmentstightenbudgets.htm, 13 August 2015.

② NeST Inception Document, Beijing, October 2014.

often poorly understood and that much knowledge and evidence gaps persist with regard to such co-operation. Accounting and reporting on SSC flows is weak and inconsistent, in great part due to the lack of a common definition and conceptual framework for Southern partnerships. This also results from the data limitations and weak information management systems of most emerging development partners, as these struggle to produce accurate aggregate data regarding their total development cooperation. Moreover, demands for accountability and more impactful development programming are also increasingly coming from the citizens, taxpayers and civil society of both partners in SSC endeavours. ①

While NSC has had a narrative that has evolved for 50 years, SSC needs a space for the exchange and systematisation of knowledge and the development of a common narrative among South-South partners. Such a platform can assist developing countries to consolidate a stronger common position in various global development forums that can interact with the dominant OECD-DAC discourse.

The Delhi Conference of Southern Providers, held in April 2013, aimed at exploring some of the above issues. It unpacked some of the fundamental principles and modalities of SSC and assessed where the most persistent gaps lie, both analytically and institutional. ②The conference was influential in establishing the political forum of the Core Group of Southern Providers within the UN Development Cooperation Forum (UNDCF), ③and in stimulating the establishment of an academic/technical group that would assist Southern development agencies to improve evidence, knowledge and understanding around SCC-its approaches, modalities and instruments.

---

① NeST Inception Document, Beijing, October 2014.

② *Conference on Southern Providers South-South Cooperation: Issues and Emerging Challenges.* (2013). Retrieved May 1, 2015, from Research and Information System for Developing Countries: http://ris. org. in/publications/reportsbooks/662.

③ For more information on the UNDCF conference for the Core Group of Southern Providers outcome http://www. un. org/en/ecosoc/newfunct/dcfdelhi. shtm l.

The Network of Southern Think Tanks

The Network of Southern Think Tanks (NeST) was established on the sidelines of the first high-level meeting (HLM) of the Global Partnership for Effective Development Cooperation (GPEDC) in Mexico in April 2014, and as a follow-up to the Conference of Southern Providers held in Delhi in April 2013. The network has committed itself to 'generating, systematising, consolidating and sharing knowledge on South-South co-operation (SSC) approaches to international development'. A collaborative initiative for the South by the South, NeST is primarily a think tank and academic forum that provides policy inputs into the arena of SSC. NeST welcomes inputs from a diversity of Southern stakeholders, through the open engagement of governments, civil society organisations (CSOs), private sector institutions and various Southern practitioners, to contribute towards creating a unified understanding and framework for debates around SSC. ①

About this document

The following SSC conceptual framework summarises the discussions around definitions, criteria, indicator, and methodologies, to assess the quantity, quality and impact of SSC. It is based on the debate held in South Africa at NeST's technical workshop from 2 – 5 March 2015 in Midrand, and the technical working group on SSC indicators held on 3 – 4 March 2015 in Johannesburg. The two technical workshops brought together experts with strong knowledge of SSC; technical expertise in statistics, economics, monitoring and evaluation (M&E) and indicator development; and with close links to Southern policymakers. Countries represented included Brazil, China; Colombia; India; Kenya; Malawi; Mexico; Mozambique; South Africa; Thailand; Turkey; Uganda; and Zimbabwe. The diversity in Southern experts allowed for a rich debate on the purpose, approach and implications of SSC in global and regional development; providing a forum where important steps could be undertaken towards a more consensual understanding of SSC issues.

---

① See *NeST Inception Document*, Beijing, October 2014.

A full list of participants in and contributors to the NeST technical workshops in Midrand and Johannesburg is available in Annexure 4.

The Midrand technical workshop was preceded by a multi-stakeholder policy dialogue that included representatives of governments and civil society from Africa and emerging economies. This sparked lively debate and provided useful inputs for the subsequent technical discussions around the SSC framework developed by the Southern academics. The document also benefited from the inputs received by South African experts and stakeholders who reviewed the draft framework at the second NeST South Africa reference group meeting held on 2 September 2015 in Johannesburg. The document is divided into sections, which follow the same structure as the discussions of the NeST technical workshops, and integrate the written contributions and proposals provided by the various Southern experts in preparation for these meetings.

With the intent to develop a common accounting framework, the first part of the document discusses the definition of SSC, looking at the instruments and modalities through which cooperation is organised. The second part of the document looks at information management platforms and the establishment of an institutional hub where data on SSC flows could be collected, analysed and disseminated. The third part offers some methodological approaches to measure the impact of SSC, and the fourth looks at ways to assess quality and effectiveness, through an initial proposed set of indicators for SSC. The document concludes with the next steps forward to be taken by NeST with regard to research, training and policy support around SSC.

The current draft remains a working document for continuous inputs, edits, updates and revisions by members of NeST, its various national and regional chapters, international experts and the public at large concerned with the analysis of SSC. The document systematises the results of the NeST discussions so that the outcome can be further reviewed, refined and tested by various national and regional chapters. This analytical framework is seen primarily as a tool for research, but elements therein can be adapted and used by Southern governments, civil society, private sector and development agencies for conducting monitoring and evaluation activities around SSC.

Any input and feedback into this working document are welcome and can be sent directly to NEST-AFRICA@ saiia. org. za.

Defining South-South Cooperation

For the past four decades the OECD-DAC definition of ODA① has been the dominant parameter to quantify development cooperation.

Textbox 1: OECS-DAC definition of ODA

The OECD Statistical directives, paragraph 35, define ODA as: …. flows to countries and territories on the DAC list of ODA recipients and to multilateral development institutions which are: a) provided by official agencies, including state and local governments, or by their executive agencies;   b) administered with the promotion of the economic development and welfare of developing countries as its main objective;   c) concessional in character and conveys a grant element of at least 25% (calculated at a rate of discount of 10%).

The above definition is currently being debated within the DAC itself,② and it is at the same time also criticised by many Southern partners, which argue that this definition is too narrow and does not capture the specificity and full extent of their SSC activities. Different interpretations, understandings and concepts of 'development assistance' can be found among OECD-DAC donors and even among Southern partners.

SSC, for instance, considers many activities excluded from the ODA def-

---

① OECD DAC Statistics, Official Development Assistance-definition and coverage: http://www. oecd. org/dac/stats/officialdevelopmentassistancedefinitionandcoverage. htm.

② see DAC HLM, 2013, HLM 2014: http://www. oecd. org/dac/Outcomes% 20of% 20the% 202014% 20OECD% 20DAC% 20HLM. pdf.

inition, such as credit lines, tariff reductions, investment promotion (especially in infrastructure), trade, debt relief, student scholarships, cost reductions on remittances, support for private sector development and some forms of development loans (considered by the DAC not to be concessional). Developing countries have convincingly argued that such other forms of cooperation constitute powerful instruments for promoting development and yet are excluded from the traditional OECD-DAC definitions, which are narrower and privilege mainly grants and concessional loans. Furthermore, some aspects of peacekeeping and humanitarian and refugee support are also excluded from ODA, although it is clear that development cannot occur in countries that are not safe, peaceful and stabilised.

On the other hand, SSC is broadly understood as the exchange of resources, technology, skills and technical know-how among countries of the South, as well as the building of coalitions to promote social, economic, cultural, political and scientific development and to transform global governance power balance. [①]Its roots are found in the solidarity politics and alliances formed by newly independent countries of Africa, Asia and Latin America, which came together at the Bandung conference in 1955 to set out an agenda that would lay the foundation for coordinated action for decades to come. [②]SSC is guided by the principles of respect for national sovereignty, national ownership and independence, equality, non-conditionality, non-interference in domestic affairs and mutual benefit. [③]SSC is not a substitute for but a complement to NSC and aims to establish horizontal co-operation for mutual benefit. [④]

In the past SSC was dominated by state-to-state relations, but since the

---

① Buenos Aires Plan of Action, 1978.

② Besharati, N., "Common goals and differential commitments, the role of emerging economies in global development," German Development Institute Discussion Paper 26/2013. Johannesburg 2013.

③ U. N. General Assembly (2010). *Nairobi outcome document of the High-Level United Nations Conference on South-South Cooperation* 2009. Resolution Adopted by the General Assembly.

④ Ibid, p. 3.

Nairobi Outcome Document in 2009 SSC has increasingly promoted a multi-stakeholder approach including non-governmental organisations, the private sector, civil society, academia and other actors that contribute to development. ①Some of SSC occurs between parliaments, provincial/state, municipal/local governments and social movements, therefore frameworks to guide SSC should take into account of the evolving sub-national and the multi-stakeholder nature of cooperation activities between developing countries.

In order to be useful for policy and for research, the definition of South-South 'development' cooperation (SSDC) must be clearly delineated and distinguished from the traditional North-South aid approaches and from other kinds of more general cooperation that take place among developing countries.

The development of a common definition and conceptual framework for SSDC is paramount and constitutes the foundation for any subsequent accounting, reporting, information management, monitoring and evaluation exercise, discussed later in this document.

Unpacking South-South development cooperation

Southern partners face the challenge of language and concepts that need to be defined and adapted to contemporary times to move forward from the SSC debates of the 20th century. Academic circles within the South, including the current discussions in NeST, continue to debate the relationship between development cooperation (DC) and SSC. Some view SSC as a form of co-operation in the wider arena of DC, while others consider DC to be intrinsically part of a bigger SSC framework.

Some have argued that SSC is too broad and rather put forward the term of SSDC to define the specific 'development cooperation' coming from other Southern partners. Others oppose the term of SSDC, as it emerged out of the OECD-DAC and GPEDC debates, which are linked to the ODA conception of

---

① U. N. General Assembly (2010). *Nairobi outcome document of the High-Level United Nations Conference on South-South Cooperation* 2009. Resolution Adopted by the General Assembly, p. 3.

cooperation with which Southern partners are uncomfortable.

The Buenos Aires Plan of Action (1978) in fact outlines SSC to comprise technical and economic co-operation between developing countries. SSC is therefore multi-faceted and includes trade, investment, aid, lending and debt relief, capacity development, technology and knowledge transfer. All together these elements contribute to a larger ' development compact ' of SSC. ①

Just as in ODA, ②what drives the definition of SSDC is the 'motive' behind the provision of cooperation, namely to promote the economic and social welfare of developing countries. Some argue, however, that all SSC has a developmental purpose. Within UN discussions (UN Department of Economic and Social Affairs [UNDESA]; UN Development Cooperation Forum [UNDCF], UN Development Programme [UNDP]) the concessional flows is what differentiate SSDC from SSC, encompassing all types of Southern links, including trade and investment. With the inception of SSC at the time of the Bandung summit, the term cooperation was used more in the political sphere, but today Southern countries use the term SSC to encompass much of the economic relations between them. ③

Another aspect that has evolved in SSC has been the element of inclusivity and stakeholder participation. Previously much of SSC occurred at high level political circles with presidential visits and summits such as Africa South America, India Brazil South Africa, Forum for China Africa Cooperation and BRICS. Increasingly, however, civil society, academia and businesses are engaging more in the SSC process, contributing to the transparency and accountability of the development results that emerge from these partnerships. The principle of broad-based participation affirmed in the more recent South-

① Terms and concepts put forth by various participants of the NeST technical workshop in Midrand, 4 March 2015.

② See, for instance, http://devpolicy. org/oda-what-counts-as-aid20110506/.

③ Brach, G. , 'In Search of a Narrative for Southern Providers: The Challenge of the Emerging Economies to the Development Cooperation Agenda', German Development Institute, 2015.

ern conferences (Nairobi 2009, Bogota 2010) therefore needs to be applied to the modern notion of South-South development relations.

A few useful definitions for SSDC offered at the NeST technical workshop included the following:

· Articulação SUL (Brazil) defined SSDC as an intersection between international development co-operation and SSC, comprehending the flows of technical co-operation, financial or in-kind donations and concessional loans among developing countries aimed at tackling primary development problems. (However, the center also cautions against separating SSDC from the web of relationships of SSC, as it may give an incomplete understanding of interests, mutual gains, and the results and impact of such initiatives.)

· The South African government has previously referred to development co-operation as 'the co-operation between countries in the field of aid, trade, security and politics to promote economic and social well-being in developing countries'. ①These could include bi-lateral assistance as well as support to regional and multilateral development institutions. It is not only cooperation among official government (national and subnational) agencies but also among non-state actors such as parliaments, academia, civil society and private sector. ②While remaining a highly contested topic, the NeST technical working group concluded that,

1. SSC, DC, SSDC and ODA are four distinct concepts, each defined to cover a specific domain of international cooperation, although there could be several overlaps between them (see Figure 1).

2. SSDC is a subset of SSC, which refers to wider South-South relations that are not all necessarily based on promoting developmental objectives (ie, South-South arms trade, language and cultural exchanges, etc.).

---

① DIRCO (Department of International Relations and Cooperation), 'Establishment of SADPA', Presentation to the NCOP Select Committee on Trade and International Relations, 3 August 2011, http://www.safpi.org/sites/default/files/110803sadpa-edit.pdf.

② See Report of NeST South Africa launch meeting, 28 January 2015, available at http://www.saiia.org.za/events/launching-of-nest-south-africa-referencegroup.

3. SSDC is broader than the OECD-DAC's definition of ODA (discussed below) and includes peacekeeping, debt relief, student scholarships, humanitarian/refugee support and possibly some trade facilitation and investment promotion measures (to be unpacked further).

4. SSC should include not only 'official' cooperation between governments but also cooperation between the peoples and CSOs of developing countries.

5. The degree of concessionality of a Southern loan need to be further unpacked and scrutinised before inclusion in the definition of SSDC.

While endeavouring to construct a common conceptual framework for SSC, flexibility needs to be maintained to allow for countries to adapt to their own specificities and context. A definition for SSC should be broad enough to recognise the diverse approaches of different Southern partners while allowing for innovation and alignment to core SSC values and principles.

NeST acknowledges the growing role of trilateral co-operation and its arrangements in relation to SSC, but the topic needs to be explored in more depth at future meetings of the network.

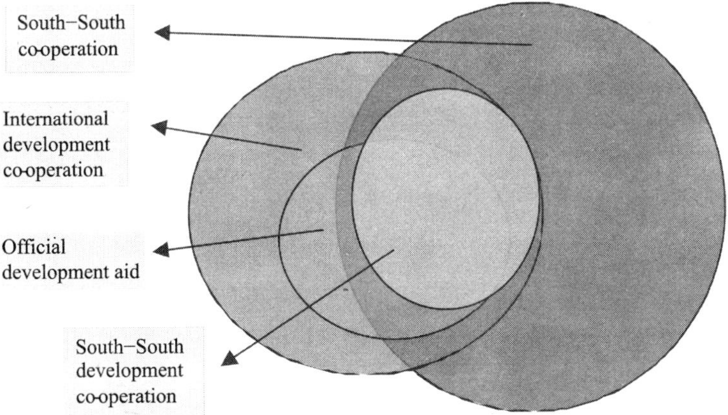

Figure 1: Relationship between SSC, DC, SSDC and ODA

Accounting of South-South cooperation

Accounting of SSC is made difficult by the fact that Southern partners do not subscribe to a common definition and reporting parameters for SSC. The quantification and accounting of SSC is problematic for several reasons:

· There is no consistent, recognised way of recording SSC by the various Southern countries.

· The institutions in charge of carrying out development co-operation in individual countries are often highly fragmented and lack a central co-ordinating institution and standard reporting framework; and/or have not developed an effective communication system between the wide gamut of implementing agencies.

· Data is often unreliable and incomplete.

· Transparency and accountability are weak.

· There is a lack of a common methodology for data collection, analysis and reporting.

· Much of SSC consists of technical cooperation and knowledge transfer, typically intangible assets, to which it is difficult to assign a monetary value.

· There is no standard measurement of the value of experts and officials seconded from different countries' SSC and exchanges.

Nonetheless, a) to bridge the current wide information gap in SSC; b) to allow more transparency and accountability towards citizens of developing countries (in both partners' countries); and c) to provide standardised data that will allow for comparison of SSC flows between Southern partners as well as traditional OECD-DAC donors, it is paramount that a common conceptual framework is developed for the quantification and accounting of SSC among developing countries.

Identifying and measuring the elements that are similar and different in the cooperation activities of different Southern partners can assist in developing a common conceptual understanding for SSDC. This process can start with the elements and components of SSDC that are clear, measurable and non-controversial. Some forms of SSDC are too difficult to measure and are more contested, therefore these can be further discussed and incorporated in future phases of analysis.

While acknowledging that this list is still not comprehensive, the NeST technical working group identified and agreed upon the following instruments and modalities that can be included in the quantification of SSDC. The elements marked with an asterisk are more complex and contentious and thus require further unpacking in future NeST discussions.

Table 1 **SSDC Instruments and modalities**

Instruments (How?)	Modalities (What?)
Grants	Cultural and educational co-operation
Loans (concessional and non) *	Peacebuilding and post-conflict reconstruction
Technical co-operation (technological transfers; capacity development; knowledge exchange)	Humanitarian assistance and refugee support *
In-kind contributions-goods, products, experts	Infrastructure development
Direct budget support	Contributions to multilateral development institutions
Debt relief/cancellation	Trade *
Credit lines *	Investment *
Public-private partnerships *	Scientific and technical co-operation
Scholarships	

Outstanding issues for debate

- As many different types of loans and lines of credit are provided by different Southern partners, there needs to be clarity on the level of concessionality of the loans (and how this will be measured) before considering such flows as development co-operation.
- While some participants advocated for the inclusion of export credits, public-private partnerships (PPPs), preferential trade and investment, other NeST members were not comfortable with including such

flows in the accounting of SSDC, as their developmental vis-à-vis commercial intent is debatable.

→FOLLOW-UP ACTION: A special NeST working group on South-South trade, investment and PPPs will be established to discuss this complex issue further.

- Defence cooperation and security expenditures need to be more closely assessed as to whether they effectively contribute to developmental impact, and how. Similarly humanitarian assistance and refugee support have been traditionally limited within the ODA definition, therefore the same level of scrutiny needs to occur when it comes to SSDC.
- It was generally acknowledged that monetising technical co-operation, knowledge transfer and deployment of experts to developing countries will always remain a challenging endeavor. Monetising SSC is not only methodologically challenging but also politically sensitive. SSC cannot be reduced to a development financing mechanism, but is a process of knowledge exchange that contributes to mutual development. Hence there might be political resistance to the monetising of technical co-operation between developing countries.

→FOLLOW-UP ACTION: A special NeST working group on quantifying and accounting SSC will be established to finalise this discussion and develop a common system of SSC reporting that various Southern partners can use as a reference.

Information Management for South-South Co-operation

'A common global hub dedicated to the collection, compilation, processing, analysis and dissemination of development cooperation information from the South is a task that is long overdue. With the rise in flows of capital due to South-South development cooperation activities and anticipating this volume to only grow in the future, crafting its own information and statistical management system should be an important agenda going forward. '①

In principle everyone agrees that transparency and accountability are important features that should also characterise SSC flows. Transparency is important for both the taxpayers and the citizens of partner countries involved in SSC endeavours. Issues of accountability and transparency need to be considered carefully for the legitimacy of SSC; however, the degree of transparency and openness of information varies significantly among Southern partners. SSC should not be only an activity between governments. CSOs from the South need to claim this space too. This has political implications on how Southern partners set up their engagement structures with their various internal and external stakeholders, and how they make SSC information publicly available.

Information on SSC can generally be divided in two main categories:

- Qualitative information
  - o Typically case studies, lessons learned during evaluations and comparative studies from different countries, which look at SSC projects in different geographic regions, sectors (agriculture, health, infrastructure, etc.), using different approaches, modalities and instruments.
- Statistical information
  - o Aggregated and disaggregated quantitative data on SSC flows (whether financial or in-kind), which can measure volumes and allocations and indicate trends over time and across SSC partners.

The first type of information is often used for knowledge exchange and peer learning among developing countries with similar challenges and contexts. One of the distinctive features of SSC is the exchange of experiences, know-

① Statement made by one of SSC data specialist at the NeST technical workshop in Midrand, 4 March 2015.

how and public policies previously tested in countries facing similar development challenges. Such qualitative information allows for in-depth analyses of approaches, modalities and instruments taken by Southern partners. Many information repositories already exist in this arena led by the UN system (UNDP, UN Organisation for South-South Cooperation [UNOSCC] and UNDCF), the World Bank (Knowledge Banks), regional institutions (NEPAD, Ibero-American General Secretariat [SEGIB], etc.) and other networks (ie, Southern Voices, Asia Foundation, Building Block on SSC, etc.).

Statistical information on SSC financial flows, on the other hand, is much more limited. There were some earlier attempts made by UNDESA with development cooperation reports in 2008 and 2010, but the process was interrupted. Quantitative data on SSC still lags far behind in comparison to the statistical information on NSC, which is captured in the sophisticated aid data reporting systems of the OECD-DAC. As discussed in the previous section, the knowledge gap in SSC statistics is in great part due to the lack of a common definition on what to counts as SSDC.

Once a conceptual framework for SSC has been developed, there needs to be a standardised process of data collection, analysis, reporting and publishing. This is a mammoth task, which requires jointly agreed standards of frequency, quality and level of detail in the development co-operation reports of Southern partners. If there is a common template and system to collect SSC data nationally by the different countries, then such information can be consolidated at regional and global level through the information management systems of relevant multilateral institutions. The enterprise of developing a central database on SSC data will facilitate research and comparative analysis on SSC, and improve transparency and accountability for all partners and stakeholders involved in SSC. This endeavour will require strong political as well as technical and statistical expertise, which could potentially originate from within NeST.

Given the complexities and multiple layers of SSC, the accounting of SSC should not be restricted to monetary flows. Technical and educational cooperation, peacebuilding and other humanitarian efforts, debt relief and concessional lending should also be quantified and captured in the data management systems. The starting point of this process is thus to reach consensus on definitions and concepts around SSC.

National information systems

Existing mechanisms and efforts for reporting SSC focus on the inputs, activities and immediate outputs of the often ad hoc and short-term SSC projects. Reports of Southern partners normally indicate basic information such as money spent, number of country visits/missions, meetings/workshops held, and so on. Little reporting is undertaken on long-term results and the value-add of SSC activities. This information does not effectively respond to the specific demand for knowledge and development solutions that SSC policy-makers and practitioners need on a regular basis.

Not all South-South partners are at the same level with regard to information and statistical management. Some more advanced countries already have relevant institutions that collect, compile, process, analyse and disseminate information to their constituencies. Other smaller countries lack the institutional frameworks and staff capacity to undertake even basic reporting functions on NSC and SSC flows. Therefore, any efforts to address the global SSC information gaps will need to recognise the different stages of countries involved in the process and respond accordingly.

Raw data will have to be regularly and systematically collected and compiled by countries concerned – 439274023 – both donor and recipient. The processing and analysis require not only statistical capacity but also academic support.

The vast potential for the cost-effective, efficient transfer of data and knowledge through the latest information management technology remains largely untapped. A systematic and standardised system for SSC information management will contribute to providing more efficient processes for measuring, processing, analysing and reporting on SSC.

Global information management platform

Southern partners can learn much from the aid information systems of traditional donors. The OECD-DAC Creditor Reporting System (CRS), for instance, is the most comprehensive repository of data on development cooperation flows from the Bretton Woods development finance institutions, DAC members and some non-DAC donor countries. Different development partners regularly and systematically report into the CRS, where development finance information is collected and analysed by the OECD and reported publically. Many lessons and good practices can be learned from the CRS system and adapted to the Southern context.

For political and technical reasons, many of the major emerging Southern partners are not comfortable with reporting their co-operation activities to the OECD-DAC. Therefore, Southern partners may want to create their own parallel information management system to account, analyse and compare data on SSC flows in the developing world. For this a joint conceptual framework and common reporting template for Southern development co-operation is required.

To undertake this enterprise collaboration with an appropriate multilateral institution that can host such SSC data management system is essential. The UN's role as a universally representative international body provides the political legitimacy to act as a potential information hub for SSC. There are, however, a number of UN agencies and offices that could host this platform in collaboration with NeST. Each has its strengths and comparative advantages.

- The UNDP has a dedicated SSC unit at its headquarters and at regional centres together with an extensive geographic reach and branch offices in most developing countries, which could facilitate data collection efforts.
- UNCTAD has historically led many SSC processes; it currently hosts strong statistical information from the global South, especially on trade and economic co-operation.
- UNDESA is politically well positioned, with strong links to the UN General Assembly, the G-77, the Office of the Secretary-General,

and various member states. It has also been collecting information on SCC for the development co-operation reports prepared for the UNDCF.

- The UNOSSC is an inter-agency UN office dedicated to SSC, and mandated to promote and report on SSC. ①

Regional information hubs for SSC

While embarking on the ambitious project of a global database for SSC, preliminary steps can be taken at the regional level, where many institutions, such as SEGIB, NEPAD and Asian Development Bank, manage information on SSC within their respective regions. Mainstreaming SSC into regional processes will ensure that SSC is better aligned and contributes to overall development planning in each region. The importance of working with region- and country-specific instruments for self-assessment will lead to greater gains and political support, which would intensify mutual commitment towards SSC for regional development.

Latin America has one of the most advanced systems on SSC reporting, and much can be learned from this region. The SEGIB platform was proposed in 2010 as an effort by the Ibero-American region to strengthen information and knowledge on SSC. SEGIB has been carrying out important work to systematise SSC data and has had strong political support from many governments in the region. Although still in the early stages, the SEGIB reports contain basic SSC information about resources provided by its member states to different countries and sectors and through different modalities. SEGIB outlines a common set of criteria for assessment; it highlights good practices and provides space for policy dialogue and knowledge exchange. The SEGIB reports have developed a rudimentary methodology for data collection at the country and regional level, statistical analysis and various indicators to assess SSC. NeST could learn from and capitalise on these initial good efforts in Latin A-

① For more on the UNDP Global South-South Development Policies and list of all available documents; http://ssc. undp. org/content/ssc/services/policy/documents_reports/main_reports. htm l.

merica.

In Africa, NEPAD could play a similar role in co-ordinating information on SSC and assisting African countries to develop the capacity to manage statistics and collect information on SSC and partnerships.

NeST's role in institutional capacity building

Before further work is done at the global and regional level, systems, instruments and capacity need to be developed at the national level to lay the groundwork. In every developing country there needs to be strong units that manage data and statistics on international development co-operation activities, both incoming and outgoing.

Although NeST is a global initiative, its regional and national chapters are committed to support their respective Southern governments and regional organisations to address some of their data management challenges. NeST can contribute to building the necessary capacities, systems and instruments required for effective data collection, analysis and dissemination. In line with the post- 2015 'data revolution' agenda, NeST national chapters could provide technical support to their respective governments and assist in strengthening statistical capacity at country level.

Many NeST members are think tanks and institutes with good links to their respective governments. Therefore they can facilitate the necessary political engagements while providing the technical and analytical support in the generation of data, evidence and knowledge required for effective national, regional and international SSC policy.

To fulfill some of the above functions, NeST will also have to be strengthened and appropriately resourced with a secretariat, dedicated staff and strong communication, co-ordination and knowledge-sharing mechanisms at global, regional and national levels.

Evaluating the Impact of South-South Cooperation

As mentioned in previous sections, the lack of a clear definitional framework makes SSC accounting challenging. As a result, assessing the impact of SSC is even more difficult. This is exacerbated by the evidence gaps and the low quality of data on SSC, which is largely incomplete and unreliable owing to weak M&E systems and overall information management in all Southern partners. Development agencies in Southern partners are relatively new and still lack the seasoned M&E experience of those of traditional donors.

Overall SSC initiatives are much smaller relative to NSC projects and therefore their effects are much more difficult to isolate and quantify. Considering the limited size and scope of SSC projects, sample size becomes problematic when conducting impact assessments, as both internal and external validity becomes more difficult to ascertain.

The purpose of this section of the report is to explore the following questions:

- Is the focus on development results and the use of results-based management useful and applicable to SSC?
- What qualitative and quantitative methods and techniques are appropriate for the evaluation of SSC?
- How do we address the issue of causality, attribution and isolation of the effects of SSC projects from the other internal and external forces and interventions present in developing countries?
- Which evaluation approaches are rigorous and scientific, yet practical, cost effective and easy to use by Southern policymakers?

Results-based management

The OECD defines results-based management (RBM) as a management strategy focusing on performance and the achievement of outputs, outcomes and impacts.[①] RBM has been used for decades by traditional bilateral and multilateral development partners, and it is now also being used by emerging SSC partners as frameworks to evaluate the impact of development programmes

① Kusek J & R Rist, *Ten Steps to a Results-Based Monitoring and Evaluation System.* Washington DC: The World Bank, 2004.

and interventions. The South African national M&E system is, for instance, completely based on an outcomes-based approach.

Despite its being widely used, RBM has also been harshly criticised. It is said to be a reductionist and burdensome system that encourages the setting of unrealistic goals that are rarely met. It is said to be ill suited to complex systems change and programming in rapidly changing environments. RBM is technocratic and encourages mechanistic planning and reporting, not leaving room for innovation and experimentation. Furthermore, it is sometimes misused by international funding agencies as a mechanism for compliance and control; it becomes an end and not a means to an end. ①

The 2008 External Review of RBM in the UN system concluded that with all its warranted criticisms, 'RBM is nevertheless here to stay'. It remains the modus operandi of most bilateral and multilateral development agencies, and thus likely to also be incorporated in the planning and M&E systems of emerging development partners.

One of the major insights emerging from the NeST discussions is that while RBM can be useful for SSC, it needs to integrate with the Southern concept of mutual benefit. This moves away from the North-South aid paradigm where one partner is 'giving' and the other 'receiving'. Since both partners benefit from the cooperation in SSC, the results of the cooperation need to be reflected on both sides. This requires a transparent and open recognition of all parties' interests, benefits and objectives in the SSC initiative. In acknowledging this feature of SSC, a double-sided results chain can be developed for both parties involved in the SSC project. While the existing evaluation paradigm followed by the OECD-DAC donors considers the impact of the develop-

---

① See more in Ramalingam, B., 'Why the Results Agenda Doesn't Need Results, and what to do about it', Aid on the Edge of Chaos, http://aidontheedge.info/2011/01/31/why-the-results-agenda-doesnt-need-results-and-what-to-do-about-it/, accessed 5 October 2011; Bester A, *Results-Based Management in the United Nations Development System: Progress and Challenges.* Retrieved from United Nations Department of Economic and Social Affairs, Quadrennial Comprehensive Policy Review, 2012 http://www.un.org/esa/coordination/pdf/rbm_report_10_july.pdf.

ment intervention on the recipient countries only, impact assessment of SSC interventions should look at the impact of the partnership on both parties (whether provider or recipient) of the co-operation activities.

This can be illustrated in the following manner:

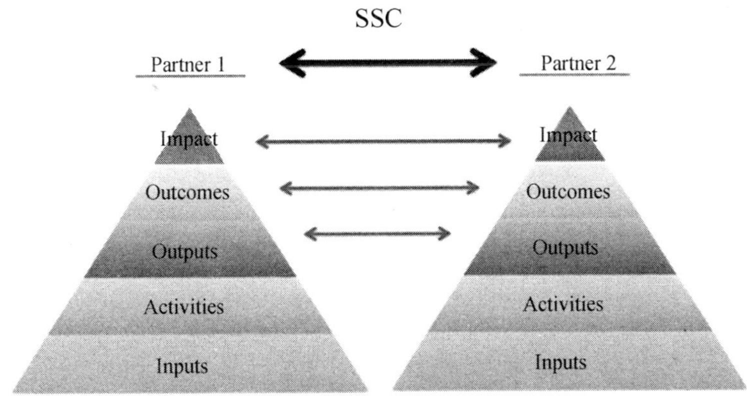

Figure 2: RBM in South-South horizontal partnerships

Criteria for evaluating SSC

The OECD-DAC donors have agreed on the following five standard criteria to be used to evaluate development assistance projects.

- Relevance: the extent to which the aid activity is suited to the priorities and policies of the target group and recipient.
- Effectiveness: the measure of the extent to which an aid activity achieves its objectives.
- Efficiency: The outputs measured in relation to the inputs.
- Impact: The positive and the negative changes produced by a development intervention, directly or indirectly, intended or unintended.
- Sustainability: The measure of whether the benefits of an activity are likely to continue after donor funding is withdrawn.

Are these same criteria useful and relevant for the evaluation of SSC, considering that SSC is fundamentally different from NSC?

A proposal from India suggested the use of some of these criteria with additional elements more appropriate to SSC. The new basket of evaluation criteria suggested included:

- empowerment of communities, citizens and partner states;
- building trust among communities, citizens and partner states;
- mutual benefits for citizens, communities and partner states;
- impact on communities, citizens and partner states; and
- sustainability of the social, political, human, natural and environmental resources of partner states.

Methods for evaluating SSC

Some of the NeST members advocated for the use of more rigorous quantitative methods to evaluate SSC to improve the empirical evidence stemming from SSC initiatives. Others argued that quantitative approaches are not easily applied in SSC projects, which tend to be small and more concerned with relations and processes rather than results. There was much debate regarding the use of qualitative versus quantitative methods to evaluate SSC; however, it was also noted that both methods have their advantages and shortcomings. A mixed-method approach would probably provide more flexibility and complementarity when choosing and adapting the particular impact evaluation method to the context and situation.

Participatory methods are also well suited for the evaluation of SSC as they allow space for joint assessments of development outcomes, strategic results and institutional processes for all parties involved in the mutually beneficial SSC endeavors. Research and evaluation of SSC should as much as possible engage the multiplicity of stakeholders involved in the SSC activities. Participatory approaches to the analysis of SSC can be further discussed and unpacked in future discussions of NeST. Considering the data limitations in SSC, one of the easiest and most commonly used approaches in most research and evaluation on SSC is the case study method. This provides a deeper understanding of the context and the intervention. It also allows for some level of qualitative comparison between countries and cases, encouraging the exchange of good practice and lessons learnt. However, case studies are often heavily driven by qualitative methods, and thus based on the subjective views of the respondents and the evaluator involved. This can be balanced through well-conducted case studies that utilise mixed methods, provide in-depth analysis and encourage triangulation of diverse information sources.

The following are other impact evaluation methods that were presented as potential options for the empirical evaluation of SSC. A more detailed description of each of these methods is contained in annex 3.

Table 2 **Suggested methods for impact evaluation of SSC**

Qualitative case studies	Quasi-experimental methods
Econometric approaches	Outcome harvesting
Experimental/randomised control trials	Crowd sourcing

In conclusion, the members of the NeST technical working group agreed that while it is important and interesting to experiment with the above-mentioned methods and approaches to impact evaluation, the more pressing and immediate challenges in SSC-weak monitoring and information systems, lack of conceptual framework for basic accounting and reporting-render the impact evaluation exercise a premature endeavour.

Assessing the Quality of South-South Co-operation

Having looked at the evaluation of the results and impact of SSC, assessing the quality of South-South processes, practices and relations is equally important. What does a successful SSC endeavour look like, and how do we assess success when it occurs? Thus there is a need to outline the approaches, mechanics, methodologies, tools and indicators considered in analysing the quality of SSC.

Linkages between SSC and aid/development effectiveness

The Paris Declaration on Aid Effectiveness (2005)-complemented by the subsequent Accra Agenda for Action (2008)-is most commonly referred to as the 'bible' of aid effectiveness. The declaration has a set of 12 indicators to measure the five principles of good aid practice-ownership, alignment, harmonisation, managing for results and mutual accountability. Many of the aid and development effectiveness concepts emerging from the DAC-led high-level meetings have not been drastically different from that of the SSC principles discussed in Southern conferences such as at Nairobi (2009) and Buenos Aires (1978).

By the second half of the 2000s, large middle-income countries started to have a more prominent role in the global political economy. As such, the emergence of Southern powers has also affected the global development landscape. Southern development partners have been criticised by traditional donors for not adhering to the same rules, practices and standards of engagement in international development as apply to OECD-DAC donors.

> 'They do not always operate in accordance with the same development policy principles and procedures as DAC donors. Different interpretations and degrees of respect for the principles of development cooperation, such as good governance, are increasingly causing the recipient countries to feel that double standards are present within the donor community.'①

In the Paris Declaration, Southern partners were primarily considered from the recipient perspective, and it was only at the Accra High-Level Meeting that SSC was brought into the aid effectiveness discourse.②By Busan

---

① BMZ Strategy Paper 6/2011, Strategy for Development Cooperation with Global Development Partners 2011 -2015, Bonn, 12.

② Besharati, N., 'Common Goals and Differential Commitments: The Role of Emerging Economies in Global Development', German Development Institute, 2013, p. 32.

HLF-4 the concept of 'development effectiveness' entered centre stage where a new GPEDC was established that included traditional donors, recipient countries, provider-recipient countries, the private sector, civil society and legislators. This forum, however, has not managed to engage meaningfully some of the big emerging development partners such as China, India and Brazil, which still view the GPEDC as closely associated to the OECD-DAC.

There is nevertheless common ground shared between SSC and NSC on some aid effectiveness principles. The NSC-affirmed principle of ownership emerging from the Paris Declaration has been a prerogative also of SSC. Similarly, the Nairobi outcome document (2009) expresses a new set of SSC principles such as transparency, inclusiveness, mutual accountability, quality and results, which also form part of the ongoing narrative around NSC.

Many of the good practices and challenges that affect NSC are also valid for cooperation among Southern partners. Despite their separate traditions and political narratives, the evolution of the principles that animate both NSC and SSC have led to a convergence in the arena of development effectiveness that should not be underplayed.① Some of the systems to measure the effectiveness, efficiency and results of NSC may also be applicable to the monitoring and evaluation of SSC. While developing a unique analytical framework for SSC, selected elements and relevant experiences can also be drawn out from the aid effectiveness discourse that can feed into the work currently undertaken with NeST.

Participation and inclusive ownership

Building on the premise of self-reliance and concepts of sovereignty, South-South partnerships encourage and respect recipient countries' need to have their own space to define their own policies and take charge of their development processes. This also entails the recipient countries' setting their

① Tortora, P., *Common Ground Between South-South and North-South Cooperation Principles*, OECD/DAC, October 2011, pp. 1-4.

own priorities in terms of the development assistance they wish to receive. ①This is to some extent also echoed in the NSC principle of ownership. The divergence lies in that NSC is often accompanied by policy conditionalities linked to good governance practices, human rights, rule of law reform, and economic liberalisation attached to the development assistance packages.

Nevertheless, both NSC and SSC partners recognise the significance of recipient countries' developing their capacity to make the relevant decisions for their own countries, as a means to achieve sustainable development results. Complementing the tenet of ownership, demand-driven assistance and capacity building are a crucial component of development co-operation. The Accra Agenda for Action clearly articulates that 'without the robust capacity-strong institutions, systems and local expertise-developing countries cannot fully own and manage their development processes'. ②

Although 'demand-driven' development co-operation has been a prominent feature of SSC discourse, the analysis therefore can be fairly challenging. Many approaches exist in providing demand-driven development assistance. However, the underlying question is who exactly is the specific partner requesting the support package?

The concept of 'ownership', emphasised in both NSC and SSC, can at times be problematic and therefore needs to be further unpacked. Some of the criticism of SSC is that often it is based only on a government-to-government relationship. South-South partnerships are often established between the top leadership of developing governments, who also have their own accountability problems. Therefore ownership in SSC needs to be expanded to encompass a broader concept that includes civil society and other marginalised groups. However, 'democratic ownership', often emphasised within Northern cir-

---

① Besharati, N., 'Common Goals and Differential Commitments: The Role of Emerging Economies in Global Development', German Development Institute, 2013, p. 19.

② Tortora, P., *Common Ground Between South-South and North-South Cooperation Principles*, OECD/DAC, October 2011, P.

cles, clashes with some standing tenets of SSC such as non-conditionality, non- interference and respect for national sovereignty.

It thus becomes increasingly important to assess the role civil society plays in articulating the needs of the poorest, most marginalised and most vulnerable in SSC processes. Historically, CSO involvement in SSC has been weak and limited. Some countries in the developing world use legal frameworks to constrain the activities of CSOs. Owing to the state-driven nature of South-South partnerships, little space for civil society participation exists, leading to increasing neglect of important considerations such as environmental sustainability, democracy, accountability, human rights, social justice and labour practices in SSC activities. ①

In order to ensure successful SSC endeavours, it is important to increase multi-stakeholder and civic engagement in both partner countries involved in the development partnership. The overall priorities and policy direction of SSC initiatives should be supported by participatory processes at the national and local level. Both partners need to be accountable towards each other in the development intervention and towards their domestic constituents. The concept of mutual accountability thus expands to 'multiple accountability'. ②

While to some degree the ownership of SSC endeavours is mutually shared by the two partners, it is ultimately the poorer country that should have a stronger voice in setting the direction of the development co-operation initiative. Many Southern partners still prefer to provide co-operation tied to their own products, technical experts and local companies in order to support the growth of their national economies. Although this can feed into a partnership based on 'mutual benefit' it does not contribute to national ownership, capacity building and sustainability in the recipient country. Thus in acknowledging that SSC is not always between equal partners, the priorities of the wea-

---

① Moilwa, M. & N, Besharati, 'Aid and development cooperation: Impact of BRICS and rising powers', in *State of Civil Society Report* 2015, CIVICUS, 2015.

② Conclusions that emerged out of the discussion of the NeST technical working group in Johannesburg on 3 –4 September 2015.

ker and smaller country should be favoured over that of the larger and more resourced partner. ①

Measuring the quality of South-South relations

The development of a possible SSC narrative should focus on what distinguishes SSC from NSC and other forms of cooperation. The main distinguishing features of SSC lie in the practices, processes and relations that are built during development partnerships. Southern conferences have continuously reiterated the principles upon which SSC stands, as outlined in Table 3.

Table 3 **SSC principles emerging from various South-South cooperation conferences**

Bandung (1955)	Buenos Aires (1978)	Nairobi (2009)	Bogota (2010)	Delhi (2013)
· Respect for human rights · Respect forsovereignty · Equality · Non-interference · Mutual interest & collaboration · International Justice	· Self-reliance · Exchange and sharing · Capacity development · Knowledge-transfer · Respect for national sovereignty · Economic in dependence · Equality · Non-interfer-ence	· Multilateralism · Environmental sustainability · Mutual benefit, win-win, horizontality · Capacity development · Mutual learning, knowledge exchange, technology transfer · Transparency and mutual accountability · Respect for national sovereignty · National ownership and independence · Equality · Non-conditionality · Non-interference · Inclusivity and participation · Results, impact & quality	· Capacity development · Human rights and equity · Environmental Sustainability · Solidarity and collaboration · Mutual benefit, win-win · Knowledge transfer, exchange, learning · Specificity of SSC andcomplementarity to NSC · Inclusivity and participation · Flexibility, adaptation, context-specific · Partnership, equity, trust, confidence, respect · Ownership anddemand-driven · Transparency and accountability	· Demand-driven · Non-conditionality · National ownership and independence · Respect for national sovereignty · Self-reliance and self-help · Mutual benefit · Common but differentiated responsibilities · Voluntary partnerships · Solidarity · Complementarity to NSC · Diversity and heterogeneity · Capacity development

① Moilwa, M. & N, Besharati, 'Aid and development cooperation: Impact of BRICS and rising powers', in *State of Civil Society Report* 2015, CIVICUS, 2015.

SSC predicates ideals of horizontal partnerships, equality, solidarity, capacity building and mutual benefit; however, measuring the actualisation of fair and equitable partnerships has always been difficult. SSC needs to be assessed in terms of contributing to the empowerment and capacity building of the various partners. It also needs to assess the extent of trust building and solidarity created among the participants.

One of the most critical challenges in evaluating SSC is to quantify and attribute the extent of 'mutual benefit' flowing to both partners. Thus much of the evaluation of SSC needs to be assessed with regard to the relations, practices, attitudes and interactions between people. There is also a need to recognise that absolute equality is unlikely. Measuring joint ownership, horizontality, solidarity and other aspects of SSC might thus require the use of more ethnographic and qualitative methods of evaluation, and direct interaction with stakeholders involved in SSC initiatives.

In order to move from rhetoric to concrete evidence, all the various principles of SSC need to have clearly defined indicators that can be measured in order to assess the quality and effectiveness of SSC endeavors.

In preparation for the Midrand technical workshop, members of NeST sent contributions for draft indicators and monitoring systems to measure the quality and effectiveness of SSC. These have been compiled and synthesised by the NeST Africa team, but there was not enough time at the Midrand workshop to discuss them in detail.

As a follow-up to Midrand, a special technical working group of NeST was established to continue the discussions around the indicators for SSC. A group of 20 experts from Africa and the global South met in Johannesburg from 3 – 4 September 2015 to build on the previous NeST proposals and finalise the matrix of indicators and tools to measure the quality and effectiveness of South-South relations, partnerships and processes. Indicators were developed on the dimensions of national ownership; horizontality and solidarity; capacity development, sustainability and learning; transparency and accountability; inclusive partnerships and empowerment; efficient partnerships; and international coalitions of the Global South.

Members of the NeST technical working group on SSC indicators, Johannesburg, 3 – 4 **September** 2015

Indicators to assess the quality of South-South partnerships

The tables below consolidate the Johannesburg technical working group's discussions on the dimensions, indicators and monitoring systems to measure the quality and processes of South-South development partnerships. Such a framework can be used to assess both partners, at micro (project) level as well as macro (consolidated country) level of SSC. It can be used to assess South-South partnerships that involve government agencies (national and sub-national), CSOs and private actors. Each dimension of the indicator table is accompanied by the relevant definitions, key elements and additional clarifying notes.

There was also a proposal that in the future a map could be developed showing the inter-linkages between the various indicators, as many of them are relevant to different dimensions.

The following is only an initial draft set of indicators and monitoring tools, which can be further elaborated, refined and adapted by different countries and organisations. As they are tested and utilised in real policy, research and evaluation exercises, these indicators will be further refined as field experience and learning is gathered over time and integrated in the formative process.

1. National ownership

National ownership refers to the continued leadership by partner countries on priorities, policy direction and implementation of the SSC initiative, supported by participatory processes at the national/local level. Partners identify and analyse their main development issues and formulate the requisite strategies to address them together.

Key elements of national ownership:

Meaningful citizen participation

Long-term approach: Engagement of all stakeholders throughout the whole project cycle

Mutuality

Please note: By virtue of definition, SSC requires ownership from all parties involved. However, in the case of conflicting partner priorities, ownership should privilege the interests and priorities of the poorer/smaller recipient country.

Sub-dimension	Indicator/measurement	Indicator level (country/project)	Guiding questions	Sources of information	Data collection methods
Demand-driven	· Number of SSC initiatives/projects where there is evidence of a request by the recipient partner · Formulation of projects/programmes based on beneficiary country request · Level & nature of participation of recipient country in project/programme development	Country level Project/country level	· Was the SSC initiative/project requested by the recipient partner? · How and through which channel (at what level was the request made)? Why? · How does SSC ensure the participation of beneficiary countries in terms of the identification and implementation of initiatives? · Are partner priorities and structures for the co-ordination of SSC activities clearly identified?	· Co-operation agreement · Application forms/proposal formal letters · Joint commissions · Stakeholders and partners (politicians & technicians)	· Review of documents · Interviews
Alignment to national priorities	· Recipient country's development strategy incorporates SSC · Number of SSC projects initiatives that are aligned to national priorities of the recipient country · Extent of use of country results framework by SCC partners	Country level Country/project level Project level	· How are the local needs identified, assessed and met? · Is the co-operation focused on results that meet the recipient country's stated needs and priorities? · Was the project aligned with the national strategy/ policy/paper/plan? Or a list of actions agreed between the recipient and international community?①	· National & provincial/state development plans · Co-operation agreement · International/multilateral documents · Communiqués	· Review of relevant documents

① Such as the project lists prepared for the enhanced integrated programme, waiting to be financed.

(contd.)

Sub-dimension	Indicator/measurement	Indicator level (country/project)	Guiding questions	Sources of information	Data collection methods
Non-conditionality, respect for national sovereignty	· Formulation of projects/programmes is based on the agreed bilateral co-operation framework · Number of initiatives that include any form of policy conditionality (tacit or implicit)	Country level Country/project level	· Are there policy (political, economic) conditionalities as part of the co-operation or operationalisation process? · What are the policy conditionalities? (nature/type) · Are they disclosed? Are there de facto/ tacit conditionalities? · What is the source of the conditionality? Does it affect the partner countries' policies?	· Memorandum of Understanding (MoU) · Cooperation contract · Stakeholders and partners	· Survey · Interviews

Key notes:

· National ownership may include subnational and non-state actors. Draws out on a multi-stakeholder approach, thus it also links to the dimension of inclusive partnerships (see below).

· In the event of conflicts of interest between partners (as in the case of tied aid), the recipient's priorities shall be favoured over the provider's interests.

· 'Demand-driven' could also be related to the country needs that are identified in a multilateral forum and are aligned with national priorities. States of urgency (including natural disasters) can also be considered as being demand driven and aligned with national priorities.

· Being demand driven is a necessary but not a sufficient condition for the quality of South-South partnerships. It has to be aligned with national interests in order to have an impact on the results and sustainability of the project.

· It is relevant to see whether there are conditionalities imposed upon the provider, such as local procurement requirements. It is good when purchasing is done locally but it could be interesting to see if there are cases where this appears as a conditionality.

· In creating indicators for respect for national sovereignty we are acknowledging the existence of conditionalities, but in the case of tied aid and conditionalities, ownership should be reflected in the recipients' agency to choose which cases of tied aid and conditionalities are acceptable.

2. Horizontality & solidarity

Horizontality refers to shared responsibility, management and implementation in all phases of the project cycle and results. It depends on building trust and good communication channels; and is improved by the existence of mutual benefits at the outcome level. Ultimately, it implies more equal power relationships between co-operation partners.

This dimension is closely linked to other principles such as ownership, respect for sovereignty and non-conditionality.

Sub-dimension	Indicator/measurement	Indicator level (country/programme/project)	Guiding questions	Sources of information	Data collection methods
Mutual benefit/win- win	· SSC agreement document has stated benefits of each partner country · Stated benefits in SSC agreements between countries have been achieved/attained (* Levels: policy; political; socio-economic; strategic) · Evidence of mutual learning experiences as shared by SSC partners	Country and project level	· How has the provider/recipient benefited from the engagement? · Are there stated benefits in the SSC agreement?	· SSC agreement · Partners and stakeholders	· Interviews · Documentreview
Trust	· Frequency and quality communication between partners	Country and project level	· Are there formal mechanisms of communication in place? · Is there regular and efficient communication among partners? Elaborate	· Media reports · Partners & stakeholders	· Documentreview · Interviews
Shared decision-making, shared resources and	· Existence of ex-ante technical discussions, scoping missions or joint evaluations	Country & project level	· How do partners undertake joint decision-making?	· Co-operationagreements	· Documentreview · Interviews

(contd.)

Sub-dimension	Indicator/measurement	Indicator level (country/programme/project)	Guiding questions	Sources of information	Data collection methods
division of labour	Existence of mechanism for joint decision-making · Ratio of local human resources in management/technical/ unskilled activities · The ratio of the executed/ budgeted cost borne by each partner		· How many staff and officials are involved in the SSC initiative from each partner? · What is the total budget? How much money has each partner invested in the initiative?	· Evaluation reports · Partners & stakeholders	
Mutual accountability	· Countries undertake regular mutual assessments of progress in implementing agreed commitments · Existence of reporting mechanisms that ensure reciprocal accountability	Country & project level	· How often do partner countries conduct reviews of the SSC initiative? At technical and political level? · When was the date of the last review? · Are the results of the review meetings translated into action and programmatic changes? · Does SSC foster peer networks and trust among the partnering countries?	· Review meeting minutes · Evaluations · Partners & stakeholders	· Documentreview · Interviews

Key notes:

· Horizontality and solidarity assess the measurement of equality; ie, the extent/level of fairness in a relationship; the equal power relationships in horizontality; the dynamics of mutual benefits & respect for sovereignty and non-conditionality.

· Mutual benefit is a by-product of SSC, the understanding of cultural practices does help improve the quality of co-operation. Still, mutual benefit does need be a requirement of SSC.

· The measurement of mutual benefit should be assessed at the outcome level.

· Mutual accountability should be defined and articulated from both partners, transparency is an element of accountability as reflected under the dimension of transparency, accountability and information management.

3. Capacity development, sustainability and learning

Knowledge and technology exchange: The transfer and/or co-creation of knowledge, experiences, best practices and technologies between partners for purposes of capacity building and the autonomous development of countries.

Capacity development or capacity building?: The development and strengthening of skills (individual level), organisational systems (institutional level), through an enabling environment that promotes growth, development and learning.

Sustainability: The ability of a project or a co-operation engagement and its outcomes to sustain themselves, promote self-reliance and continue to deliver benefits over an extended period of time, transferring knowledge and capacity to the recipient partners.

Sub-dimension	Indicator/measurement	Indicator level (country/programme/project level)	Guiding questions	Sources of information	Data collection methods
Capacity-building	· Number of capacity-building initiatives within a given SSC agreement · Number of people trained/or part of knowledge exchange within the SSC capacity-building initiatives/projects · Evidence of application of knowledge acquired · Changes in behaviour, institutional and policy practices, as a result of knowledge application	Country & project level	· How many people receive training? · How many people actually apply the knowledge transferred? · Is there an enabling environment for the adaptation and implementation of knowledge? · Has knowledge acquired been applied? · With regard to practices, policies and/or institutions	· Human resources and training reports · Projectevaluations · Partners & stakeholders	· Documentreview · Interviews

(contd.)

Sub-dimension	Indicator/measurement	Indicator level (country/programme/project level)	Guiding questions	Sources of information	Data collection methods
Knowledge and technology transfer	· Number of tools, systems and technology adopted from exchanges · Improved partners' capacity to absorb and adapt technology and skills to meet their specific developmental needs (see key note #4) · Technological capacities in developing countries created or strengthened	Country & project level	· Does the initiative include knowledge & technology-sharing activities? · What legal/institutional/management incentives for technology innovation and innovative approaches does SSC provide? · Does SSC help attract innovative technologies and approaches, learning and enterprise development?	· Human resource and capacity development reports · Reports and evaluations of SSC initiatives · Stakeholders & Partners	· Review of relevant reports · Interviews
Untying aid and use of local systems, expertise and resources	· Extent to which SSC is not tied to any predetermined modalities, conditions, materials, institutions or human resources from a specific country · % of tied aid compared to total aid · Use of local financial management and procurement systems (local or national) · % of local human resources and local material resources (local or national) that are being used in the SSC initiative	Project level	· Are the co-operation activities tied to goods, materials, human resources, organisations from a specific country? · Is there overt or covert tied aid practiced in the SSC initiative? · To what extent are the local systems used in the project cycle? · Does the intervention contribute to recipient country's value chain? (Industries, products, human resources, etc.)	· Humanresource reports · Budgets & procurement documents · Projectdocuments and MoUs · Stakeholders & partners	· Review of relevant reports · Interviews

(contd.)

Sub-dimension	Indicator/measurement	Indicator level (country/programme/project level)	Guiding questions	Sources of information	Data collection methods
Sustainability and self-reliance	· Evidence of partner countries growing out of dependency and taking over the developmental initiatives through national resources and increased capacities	Project level	· Is there an exit strategy for the SSC initiative? · Are recipient institutions continuing the development endeavors by themselves? · Does the project implemented have sustainable impact and/or has it resulted in sustainable change?	· Project documents progress reports, and evaluation reports · Partners and stakeholders	· Review of relevant reports · Interviews

Key notes:

· Unpacking the tied aid practices in SSC has major political and economic implications for both partners.

· Tied aid can support mutual benefit objectives but at the same time can have a negative impact on sustainability and self-reliance by the recipient partner.

· Tied aid needs to be looked at and recorded, but the merits and demerits of it remain open to discussion.

· There are four subsections for technology transfer: operational (capacity to manage and use technology systems), duplicative (reproducing the product without external assistance), adaptive (using the technology and adapting it by reengineering it to meet own requirements) and technological (creating the next level technology).

· Impact results of the co-operation should be sustainable, as should the co-operation partnership (long-term SSC partnerships).

4. Transparency, accountability and information management

SSC providers should aim to make information about their development co-operation activities publicly available so that interested stakeholders can act on the basis of available information. Various aspects of transparency and accountability are as follows.

Information management system: A sound in-house information management system is a pre-requisite to making SSC information publicly available. All the agencies responsible for undertaking SSC activities should aim to have a sound information management system in place and the governments should allocate sufficient resources to allow their staff to perform this function effectively.

M&E systems: Agencies responsible for undertaking SSC activities establish strong M&E systems to promote accounting and learning, elements that promote efficiency and affect in future SSC projects.

Sub-dimension	Indicator/measurement	Indicator level (country/programme/project)	Guiding questions	Sources of information	Data collection methods
Information-management systems	· Partners possess institutional frameworks, capacity and political will to collect, analyse, simplify and publish data on a regular basis · Detail and frequency of published SSC information: MoUs, contractual agreements, planning documents sectoral and geographic focus of SSC initiatives type, modality and instruments of development co-operation implementation status and time-frames results and performance of SSC activities/evaluation reports disaggregated financial spending (budgeted & disbursed) procurement information: tenders, contractors other detailed project information	Country & project level	· Is there an existing central information point capturing partners' development co-operation activities? · Are there adequate human resources (expertise) to compile, analyse and report the data? · What types of reports and in what format are available? To whom? At what frequency is information made available? What is the level of detail (see indicator)?	· National cooperation co-ordinating agency · Research studies by think tanks and CSOs · Organisational/project reports & documents: co-operation strategy (country/sector) annual reports evaluation reports; impact apprai-sals MoUs and contracts budgets and audited financial statements allocation, procurement, HR and other policies	· Surveys · Review of relevantdocuments · Interviews

(contd.)

Sub-dimension	Indicator/measurement	Indicator level (country/programme/project)	Guiding questions	Sources of information	Data collection methods
Transparency and public access	· Evidence of hubs/ sources/ platforms/ mechanisms for public access to SSC information	Country & project level	· Is the information on cooperation activities publicly available? · Are government officials willing to share information on request by the public? · Is the access to SSC information protected or restricted by national legislation?	· Official websites-open access platforms · Partners and stakeholders	· Review of relevantdocuments · Interviews
Monitoring and evaluation for learning	· Existence of effective and quality M& E system (national/institutional/ project) · M&E is performed in all stages of the SSC project cycle (baseline, implementation, ex-post impact evaluations) · Evidence of capacity for M&E activities (ie, expertise, budget, time) · Evidence that partners are using the results of M&E processes to inform policies and programmes, and promote improvement and learning-knowledge is generated from M&E	Country & project level	· Are there adequate frameworks, mechanisms, financial and human resources to monitor and evaluate SSC initiatives? · Are M&E reports comprehensive, empirical and conclusive?	· Official websites-open access platforms · State/agency annual reports · Research institutions reports · Auditor-general reports · Stakeholders and partners	· Review of relevant reports · Interviews

Key notes:

· SSC information should be reported as frequently as possible, but the minimum standard practice would be at least once a year.

· Standards and criteria for publishing and reporting SSC activities need to be developed and agreed upon, or SSC partners could follow already existing systems such as International Aid Transparency Initiative.

Transparency/access to information: Availability and public access to information should be assessed throughout the entire cycle of the SSC activities. For instance, from the identification of any particular activity to its implementation, performance, spending and results, there should be information publicly available. The content and quality of information is also important. SSC information should be comprehensive, relevant, consistent, timely, accurate and reliable.

5. Inclusive partnerships, citizens' protection and empowerment

· Participation is already implied when using the term 'inclusive partnerships'. This includes the role and contribution made by legislators, civil society, private sector, academia and other non-state actors to the SSC activities.

· Inclusiveness and participation need to be looked at in both provider and recipient partner countries.

· Lack of participation from citizens and broader stakeholders can cause problems when implementing the SSC initiative. Coherence of the efforts of all actors (state and non-state) are necessary for the success of SSC endeavours.

· Accountability mechanisms need to be established with various stakeholders affected by the SSC enterprises. The accountability between SSC partners occurs through mutual reviews discussed in the section on Horizontality & Solidarity. Domestic accountability, on the other hand, occurs where Parliament oversees the development co-operation activities and CSOs play the role of watchdog of state activities.

· Multi-stakeholder participation should go beyond dialogue to include 'actions' undertaken together. Involvement of non-state actors can thus occur at the planning, implementation, financing and M&E stages and as beneficiaries of SSC activities.

Sub-dimension	Indicator/measurement	Indicator level (Country/project)	Guiding questions	Sources of information	Data collection methods
Multi-stakeholder participation	· Existence of policy frameworks, legal mechanisms, institutional arrangements, platforms for inclusive dialogue and joint action in SSC between different state and non-state actors (in both provider & recipient countries) · Number and type of actors/organisations taking part in consultations and activities of SSC · Evidence that nonstate actors provide inputs and influence programming, policy formulation, and implementation processes of SSC · Frequency and quality of participation (if the consultations are actually occurring and the engagements are meaningful and fruitful)	Country and project level Project level	· Is there an enabling environment and effective space for civil society to engage with the government on development co-operation activities? · What is the frequency quality of these stakeholder engagement forums? · Do these spaces engage a diversity of relevant civil society actors (including women's rights, rural, indigenous, people with disabilities and other organisations)? · Was the SSC initiative supported by participatory consultations with a multiplicity of stakeholders? · Is there evidence of the inclusion of stakeholder views in the co-operation approach or activities? Give some examples · Are third-party and non-state actors participating in SSC M&E activities?	· Partners & stakeholders · Communiqués, strategic plans, official documents	· Interviews · Focus group discussions · Documentreviews
Empowerment	· Number of SSC actions focusing on marginalised and vulnerable people · % of activities and budget focusing on marginalised and vulnerable groups · Inclusion of marginalised population groups in the planning and implementation of the SSC initiative	Country level Project level	· How are women, poor, marginalised and vulnerable groups engaging in the SSC initiative? · Do the SSC activities take into consideration internationally agreed human rights standards and abide by UN frameworks, conventions and protocols, especially for marginalised and vulnerable groups? (Women, minorities, children, etc.)	· All partners and stakeholders (particularly the most marginalised)	· Community-interviews · Focus group discussions · Observation · Documentreview

(contd.)

Sub-dimension	Indicator/measurement	Indicator level (Country/project)	Guiding questions	Sources of information	Data collection methods
Protection of people andenvironment	· Partner countries have strong national regulatory frameworks to safeguard labour rights, safety standards, land issues and environmental protection, reflecting UN standards and internationally agreed conventions · SSC partners follow the labour, land, safety and environmental standards of both recipient and provider countries (whichever is higher)	Country level · Project level	· Are the labour standards to be applied equal or comparable to those of the recipient country? · Are the labour standards to be applied equal or comparable to those of the provider country? · Are there explicit environmental and labour guidelines in the project's agreement? · Is there evidence of any side effect or externalities that come up from the activities? · Is the partner country following recipient frameworks on labour and environment?	· ILO reports · UNFCCC reports · Country evaluation statistics for labour andenvironment · Reports from research institutes and CSOs	· Key informantinterviews · Documentreview

Key notes:

· The goal of the framework is not to evaluate a partner countries' human rights performance (as there is already other mechanisms and forums for those) but rather to assess if SSC initiatives follow high human rights standards, based on UN and internationally agreed conventions.

· It is the responsibility and remit of each partner country to set its labour, land and environmental standards, but if these frameworks are missing in the recipient country, the provider of SSC needs to follow at least the standards it has set up for itself.

· Partner countries need to balance considerations of economic growth with protection and sustainability of the environment.

6. Efficient partnerships

This dimension keeps into consideration issues of efficiency, effectiveness, results and sustainability for to maximise the development impact of SSC endeavours.

Sub-dimension	Indicator/measurement	Indicator level (country/ project)	Guiding question	Sources of information	Data collection methods
Flexibility and adaptation to local contexts	· Existence of local context-specific elements in the project · Evidence on adaptation and changes as the project unfolds · Evidence of successful scale-up/take-up by the local partner of the project activities	Project level	· To what extent is the project locally relevant? · How much care has been paid to location specific conditions? · Is there evidence of comprehensive development and adaptation of project to local context?	· Partners and stakeholders · Project documents, strategic plans, evaluation reports	· Interviews · Observations
Time and cost-efficiency, reduced bureaucracy	· Ratio between budgeted and actual costs · Ratio between planned and actual implementing time · Lack of bureaucratic delays · Time and costs of SSC activities compared to those of NSC activities in similar projects and contexts	Project level	· Is there evidence of reduced cost and bureaucratic delays from both partner countries? · What is the cost and time of delivery of the SSC initiative compared to other initiatives of other traditional donors and Southern partners?	· Partners and stakeholders · Project documents, strategic plans, MoUs, evaluation reports · Budgets and financial reports · Implementation timelines and logs	· Interviews · Observations · Document-review

(contd.)

Sub-dimension	Indicator/measurement	Indicator level (country/ project)	Guiding question	Sources of information	Data collection methods
Co-ordination and complementari ty Between-national agencies With other developme nt partners	· Existence of structured country co-ordination mechanism in recipient country with respect to development partner's co-ordination · Participation of the SSC provider in the recipient country's development co-operation co-ordination mechanisms · National agencies of provider and recipient countries are co-ordinated and coherent with regard to their development co-operation with other partner countries · Existence of a centralised agency to co-ordinate development co-operation activities	Country level	· Is there a central agency to co-ordinate development co-operation activities (incoming/outgoing)? · Do SSC partners work through existing co-ordination mechanisms both domestically as well as abroad? · Is there consistency and continuity between the approaches, strategies and policies of the various development agencies and departments of both partner countries? · Are any domestic or international policies of the SSC partner causing harm to any other Southern country?	· Development-partners · Diverse co-operation agencies · Country-level development co-operation reports and evaluations · Development co-operation policy frameworks	· Key informantinterviews · Document-review

Key Notes:

· Bureaucracy to be measured as a negative indicator; ie, from both recipient and partner level, starting at a baseline of no bureaucratic delays.

· Often recipient countries do not want to co-ordinate and prefer to deal with development partners bilaterally, other times the recipient prefers to co-ordinate the partners through one mechanism to reduce duplication, fragmentation and transaction costs. Thus the narrative of co-ordination should be decided by the recipient country and not be donor driven.

· Southern countries often undertake SSC through a variety of different ministries, agencies, and parastatals, but often these multiple players are not well co-ordinated and coherent in their activities with the partner country (ie, Brazil, South Africa, etc.)

7. SSC in the global arena

Aside from contributions to national development, SSC also contributes to developing and strengthening international relations.

SSC contributes to coalition building of Southern governments (in regional integration initiatives) of Southern CSOs (in organisations or networks), and in communities of practice around technical and other knowledge and policy areas. South-South solidarity is thus expressed through regional and global platforms.

Sub-dimension	Indicator/measurement	Indicator level	Assessment question	Sources of information	Data collection methods
Coalition building	· Evidence of joint positions taken at multilateral policy forums · Number of formal international coalitions created and active (ie, BRICS, ASA, UNASUL, etc.) · Joint actions, especially within the UN, regional and other bodies where SSC partners are both members	Global and regional level	· Has the bilateral SSC engagement resulted in or contributed to formal or informal international coalitions? · Are these coalitions actively working at the policy, advocacy or technical level? · How does participation with multilateral and regional organisations fit into the work programme of the SSC partners?	· Partners and stakeholders · -diplomats · Joint communiques · Bilateral and multilateral treaties and MoUs · Research and articles of research institutions	· Interviews · Literaturereview
International peer review	· Participation of partner countries in regional and global accountability and peer review mechanisms of development co-operation (ie, APRM, SEGIB, FOCAC, APDev, etc.)	Global/regional level	· Are SSC partners involved in multilateral platforms where Southern partners review their development · co-operation activities with multiple stakeholders?	· Partners and stakeholders · Joint communiqués · Bilateral and multilateral treaties and MoUs · Research and articles of research institutions	· Interviews · Literaturereview

(contd.)

Sub-dimension	Indicator/measurement	Indicator level	Assessment question	Sources of information	Data collection methods
Policy coherence for development	· Absence of policy incoherence-negative externalities	Country/international level	· Are SSC partners' policies and practices consistent and supportive of recipient development efforts? · Are SSC partners coherent in their aid, trade, investment, peace and migration policies which ultimately support developing countries' needs?	· Partners and stakeholders · Research and evaluation reports of think tanks and CSOs	· Documentreview · Interviews

Key notes:

· Consensus building occurs before coalition building.

· This international dimension is linked to the sub-dimension on Accountability and Solidarity, where reviews and accountability processes also occur but at national level.

Conclusions

Updates from national and regional NeST chapters

A brief report was provided by some of the main country/regional chapters, their activities to date and their plans going forward:

· Brazil

On 26 February the NeST Brazil chapter was officially launched at the BRICS Policy Center, Rio de Janeiro, with participation of approximately 25 researchers and practitioners from 15 Brazilian research institutes, universities, government agencies, international organisations and NGOs. The Brazil chapter determined that defining its operational guidelines, structuring of the Latin-American regional NeST chapter, and identifying its contribution to the global NeST are its priorities in the short term. After the launch, a draft concept note containing the objectives, membership eligibility, governance mechanism and workplan of the NeST Brazil Chapter was prepared and shared with participants for comments and validation. A Secretariat based in Rio de Janeiro and comprising four volunteer organisations-the Institute for Applied Economic Research (IPEA), the BRICS Policy Center (BPC), the South-South Co- operation Research and Policy Centre (Articulação SUL) and Centro Brasileiro de Relações Internacionais (CEBRI)-was established to lead, advise and support the ongoing institutionalisation process of the NeST Brazil Chapter. Three members of NeST Brazil attended the Midrand global NeST event and the subsequent NeST technical working group in Johannesburg in September. Joint research and training projects have been initiated among members of NeST Brazil and NeST Africa chapters to assess the existing monitoring and evaluation practices of Brazilian development co-operation and to build the evidence of South-South and triangular co-operation contribution to development and the post – 2015 agenda. A pilot joint academic course on SSC offered by Brazilian and South African university members of NeST has also been initiated (see more below). The institutions that compromise the secretariat of NeST Brazil will also be engaged in the next 10 weeks in a research project on M&E mechanisms in Brazil, with support of the UNDP.

· India

NeST was established in 2014 on the sidelines of the Mexico High Level Forum on Effective Development Cooperation, and in response to the 2013 Delhi Conference of Southern Providers and subsequent meetings in Beijing. Since then the Research and Information Systems for Development Countries (RIS) has been hosting the NeST Global Secretariat, responsible for NeST joint research agenda, communications, knowledge management and special projects. Three NeST members from India attended the Midrand global NeST event and have been conducting research on public-private partnerships and Indian co-operation in Africa. Consultations and side events to the 70th UN General Assembly on South-South capacity development and technology transfer are also being organised. Going forward, the NeST Global Secretariat will be firmly established and strengthened. A detailed workplan will be fleshed out based on the broad areas of work outlined in the Beijing NeST inception document. The workplan will also be the basis of fund-raising efforts and other targeted proposals. RIS will host the Second Delhi Conference in March 2016, when the four institutions that comprise the Executive Group of NeST (RIS, IPEA, SAIIA and CAU) will sign an MoU to formally launch the initiative.

· China

The NeST members in China will collaborate on a research project calling for a case study on China's South-South co-operation within the ' Chinese International Development Research Network (CIDRN). The selected case study will utilise the above NeST analytical framework to explore the principles behind and the practices of China's South-South co-operation as well as its impact on host countries. The project encourages comparative approaches, which could shed light on the similarities and differences between China and other Northern donors in terms of aid motivations, principles and models, and also help identify the development trend of China as an emergent aid donor and the space for co-operation and mutual learning between China and traditional donors. The project will lead to the publication of two books (in English and Chinese respectively) with research on China's South-South co-operation. The publication will be launched in an international conference that will be held at Xiamen University, possibly in January 2016.

· South Africa

The South African chapter has been in the process of consolidating its membership, under the leadership of SAIIA, Oxfam SA and the Wits School of Governance. The multi-stakeholder nature of the South African chapter (involving academia, government, civil society and private sector) is a distinguishing feature that adds great richness to the discussions, allowing for a diversity of critical views to be voiced and providing a diversity of inputs and contributions for the future South African development co-operation policy. Particular focus has been placed on the processes of defining a role for NeST in the establishment and subsequent operationalisation of the South African Development Partnership Agency (SADPA). The South African chapter has decided to broaden its membership and sphere of debate to become 'NeST Africa'; in order to integrate perspectives from other stakeholders on the continent and to avoid South Africa's positioning itself as a 'big brother' regional hegemon. As an effort to build and expand the research agenda, NeST South Africa will be embarking on a research project of quantifying South Africa's development co-operation in Africa, which will be directed by a steering committee to include key government departments, co-operation agencies and key think tanks involved in the arena. Lastly, a conference of the NeST African chapter has been planned for November 2015, to reflect on the contribution of South-South co-operation to post-conflict reconstruction and development, which is central to the continent's priorities. A number of African case studies, including one on the support of South Africa to effective governance in the Democratic Republic of the Congo, will be presented at the November conference.

Taking forward the NeST agenda

After two days of intense discussions on the analytical framework for SSC in March 2015, the members of the NeST technical workshop agreed to the following steps:

1. Methodological framework and technical working groups

- Following the Midrand workshop the SAIIA team will finalise the SSC framework discussed at the NeST technical workshop, and will circulate it via e-mail to all the participants for further inputs and edits.
- The framework will be further discussed by the various NeST national/regional chapters in order to receive further inputs and comments by the entire NeST community.
- In order to finalise some of the outstanding parts of the framework, three special working groups will be constituted to work on specific aspects of the framework, namely:
    - o indicators to measure quality of SSC relations and processes (held in Johannesburg on 3 – 4 September 2015);
    - o accounting, quantifying and defining SSC (to be held in Geneva

in December 2015 with UNCTAD); and

o South-South trade, investment, PPP and credit lines (details to be confirmed)

· The framework will be disseminated nationally and regionally through the various NeST chapters, to allow for further consultation with relevant policymakers and broader stakeholders so to receive further inputs, validation, critique and endorsement. As a working document, the SSC Conceptual Framework will continuously be strengthened and adapted to different settings as the work of NeST develops and evolves.

2. Generating political traction

· It is important that NeST endeavours to be a multi-stakeholder platform, and does not limit itself only to academics and think tanks but also engages governments, CSOs, the private sector and other key stakeholders in SSC.

· NeST will endeavour to use global events and policy windows, such as UNDCF, Global Partnership for Effective Development Cooperation, Financing for Development, Post-2015/SDGs, BRICS/IBSA, to present work done by NeST on SSC framework and receive feedback, inputs and buy-in from policymakers and broader stakeholders. Plans are underway to host potential NeST side events at the Addis FfD3 in July 2015 and at the UN Summit in September 2015.

· NeST could eventually grow into a multi-stakeholder platform (with governments, CSOs, academia and private sector) for knowledge sharing, learning and peer review of SSC practices and experiences.

3. Research agenda

Evidence-based analysis offers a powerful tool for policy and strategy development of SSC partners and NeST should spearhead research work in this arena in order to address the evidence gaps and dispel many of the misconceptions about SSC. Authoritative evidence-based analysis of SSC is limited, which partially hinders the translation of many good practices into international standards. NeST will systematise conduct research on SSC, by initiating projects and facilitating collaboration in the SSC research area, organised by:

- sectors/themes and specific fields (ie, agriculture, infrastructure, social grants, etc.)
- countries, regions (Africa, Asia, Latin America) or political-economic status (fragile states, Least Developed Countries, Middle Income Countries)

4. SSC data and information management

In order to assist research, policy and transparency efforts in SSC, NeST will

- Assist the respective governments to strengthen SSC data, information management and M&E systems for SSC
- Support the establishment of an online depository and begin uploading academic research on SSC activities (this could include key documents from the various SSC high level meetings, with the depository maintained by NeST)

Following discussions at the Midrand workshop on Information Management Hub for SSC (see Chapter 3 of this report), NeST will collaborate with a UN institution to establish a global statistical centre, where data on SSC from different countries can be regularly gathered, standardised, analysed and presented to Southern governments, academics and other stakeholders. This will be a similar information system to IATI and the CRS, but adapted to the SSC specificities and definitions. Considering the political support that such an initiative would require, NeST would work closely with one of the specialised UN agencies (UNDESA, UNOSSC, UNDP, UNCTAD, etc.)

5. NeST training and education hubs

- In the same way that NeST members collaborate on research, there could be a university sub-group of NeST that collaborates on training and capacity-building programmes.

- A NeST academic group can encourage inter-institution academic exchanges, facilitate scholarships and bursaries, and allow for students and faculty to do research and be hosted at various Southern universities.
- A preliminary step in this direction is a proposed joint post-graduate executive education programme on international development and SSC, offered jointly by the University of the Witwatersrand in Johannesburg and Pontifical University Catholic in Rio. Discussions and plans are underway.

6. NeST governance

- There needs to be more clarity about procedures of membership to NeST and a database of NeST members needs to be maintained and updated by the NeST global secretariat (RIS).
- The NeST Secretariat should maintain regular communication with various NeST members, national and regional chapters, through newsletters, knowledge hubs and aninteractive website.
- The NeST executive (founding) group currently comprising four leading think tanks from Brazil, India, China and South Africa will by the end of the year expand to seven members, which will include three additional think tanks from lower-income countries in Africa, Latin America and the Asia-Pacific region. This endeavour is aimed at increasing representation and encouraging inclusivity within NeST beyond just BRICS and big Southern providers.
- There need to also be regular meetings and annual NeST conferences held in different countries.
- The next major SSC conference will be held in Delhi (as a follow-up to Delhi 2013), where NeST will officially be launched and an MoU between founding institutions will be signed. Tentative date: March 2016.
- Although NeST should continue to be primarily an academic network driven by think tanks and researchers, it should endeavour to

engage broader stakeholders from government, civil society and private sector to ensure policy traction. Such engagement and facilitation of policy dialogues should be led by the national and regional chapters.

For further background, information and documentation about the NeST technical workshop in Midrand visit: www. saiia. org. za/nest

Annexure 1: Useful reference documents

- Conference on Southern Providers South-South co-operation: Issues and Emerging Challenges. (2013). Retrieved May 1, 2015, from Research and Information System for Developing Countries: http://ris. org. in/publications/reportsbooks/662
- NeST Beijing Inception Document, Network of Southern Think-Tanks (NeST) Beijing, 29 November 2014: available on request
- Besharati, N. (2013). Common Goals and Differential Commitments: The Role of Emerging Economies in Global Development. German Development Institute. Available at: http://www. die-gdi. de/uploads/media/DP_26. 2013. pdf
- Bracho, G. (2015). In Search of a Narrative for Southern Providers: The Challenge of the Emerging Economies to the Development co-operation Agenda. German Development Institute, available at: https://www. die-gdi. de/uploads/media/DP_1. 2015. pdf
- Multi-stakeholder Policy Dialogue Emerging Partners in Africa's Devlopment: Measuring the Imaoct of South-South co-operation. (2015) Johannesburg : South African Institute of InternationalAffairsandOxfam, SouthAfrica. Availableat http://www. saiia. org. za/events/emerging-partners-in-africas-development-measuring-the-impact-of-South-South-co-operation-nest

Annexure 2: Types of impact evaluation methods

Types of impact evaluation	Description
Qualitative case studies	A case study is defined as 'a method for learning about a complex instance, based on a comprehensive understanding of that instance obtained through extensive description and analysis of that instance taken as a whole and in its context'. ①In *Qualitative Research and Case Study Applications in Education*, Merriam gives the following account of case studies. As it is based on real life situations, the case study offers a thick, rich description and analysis of a phenomenon. ②The disadvantages to using this method are that it may be too expensive or time consuming. In the case that there is money and time, the product may be too lengthy, too detailed or too involved for busy policymakers and practitioners to read or use. ③Further the generalisability of case studies often arises. However authors like Erickson argue that much can be learned from particular instances. ④Qualitative case studies are also limited by the integrity of the researcher. This is what Guba and Lincoln refer to as 'unusual problems of ethics' whereby an unethical case writer could so select from among available data that virtually anything he wished could be illustrated. ⑤There are problems of biases that may affect the final product due to the subjectivity of the researcher. Thus problems of reliability, validity and generalisability often arise in dealing with case studies. ⑥

① Morra LG & AC Friedlander, *Case Study Evaluations.* Washington, DC: The World Bank Operations Evaluation Department, 1990.

② Merriam SB, *Qualitative Research and Case Study Applications in Education.* San Francisco, CA: Jossey-Bass, 1997.

③ Ibid.

④ Erickson F, 'Qualitative methods in research on teaching', in MC Whittrock (ed.), *Handbook of Research on Teaching.* Old Tappan, NJ: Macmillan, pp. 119 – 161.

⑤ Guba E & Y Lincoln, *Effective Evaluation.* San Francisco: Jossey-Bass, 1981.

⑥ Merriam SB, *Qualitative Research and Case Study Applications in Education.* San Francisco, CA: Jossey-Bass, 1997.

(contd.)

Types of impact evaluation	Description
Non-experimental and econometric methods	Non-experimental methods can be used in cases when it is not possible to randomly select a control group, identify a suitable comparison group through matching methods or use reflexive comparisons. In such situations, programme participants can be compared to non-participants using statistical methods to account for differences between the two groups. One of the econometric techniques that can be used to compare participants and non-participants correcting for selection bias is instrumental variables. This involves using one or more variables (instruments) that matter to participation but not to outcomes given participation. This identifies the exogenous variation in outcomes attributable to the programme, recognising that its placement may not be random but purposive. The instrumental variables are first used to predict programme participation; then the programme impact is estimated using the predicted values from the first equation. As with quasi-experimental methods, this evaluation design is relatively cheap and easy to implement since it can draw on existing data sources. The drawbacks are first, that the reliability of results is often reduced as the methodology is less robust statistically. Second, the methodology has some statistical complexities that may require some expertise in the design of the evaluation and in the analysis and interpretation of results. Third, although it is possible to partially correct for selection bias, full correction remains as a challenge (World Bank, 2011).
Experimental / Randomised control trials	This method involves gathering a set of individuals (or other unit of analysis) equally eligible and willing to participate in a programme and randomly dividing them into two groups: those who receive the intervention (treatment group) and those from whom the intervention is withheld (control group). These designs are generally considered the most robust of evaluation methodologies as the assignment process itself creates comparable treatment and control groups that are statistically equivalent to one another, given appropriate sample sizes. Thus the control groups generated serve as a perfect counterfactual, free from the selection bias issues that exist in all evaluations. Advantages include the simplicity in interpreting results-the programme's impact on the outcome being evaluated can be measured by the difference between the means of the samples of the treatment group and the control group. Disadvantages include: Randomisation may be unethical owing to the denial of benefits or services to otherwise eligible members of the population for the purposes of the study. It can be politically difficult to provide an intervention to one group and not another. The scope of the intervention may rule out the possibility of selecting a control group such as with a nationwide programme or policy change. Individuals in treatment or control groups may change certain identifying characteristics during the experiment that could invalidate or contaminate the results. If, for example, people move in and out of a project area, they may move in and out of the treatment or control group. Alternatively, people who were denied a programme benefit may seek it through alternative sources, or those being offered a programme may not take up the intervention. It may be difficult to ensure that assignment is truly random. An example of this might be administrators who exclude high-risk applicants to achieve better results. Experimental designs can be expensive and time consuming in certain situations, particularly in the collection of new data (World Bank, 2011).

(contd.)

Types of impact evaluation	Description
Quasi-experimental	This design involves constructing a comparison group using matching or reflexive comparisons. Matching consists of identifying non-programme participants comparable in essential characteristics to participants. Both groups should be matched on the basis of either a few observed characteristics or a number of them that are known or believed to influence programme outcomes. Matched comparison groups can be selected before project implementation (prospective studies) or afterwards (retrospective studies). An advantage of evaluations using matching methods is that they can draw on existing data sources and are thus often quicker and cheaper to implement. The disadvantages are that the reliability of the results is often reduced, as the methodology may not completely solve the problem of selection bias; and the matching methods can be statistically complex, thus requiring considerable expertise in the design of the evaluation and in analysis and interpretation of the results. Types of matching include propensity score matching, in which the comparison group is matched to the treatment group by using the propensity score (predicted probability of participation given observed characteristics), and score matching, useful for when there are many potential characteristics to match between a sample of program participants and a sample of non-participants. Here, instead of aiming to ensure that the matched control for each participant has exactly the same value of the control variables X, the same result can be achieved by matching on the predicted probability of programme participation, P, given X, which is called the propensity score of X. The range of propensity scores estimated for the treatment group should correspond closely to that for the retained sample of non-participants. The closer the propensity score, the better the match. Reflexive comparison is another type of quasi-experimental design. In a reflexive comparison, the counterfactual is constructed on the basis of the situation of programme participants before the programme. Thus, program participants are compared to themselves before and after the intervention and function as both treatment and comparison group. This type of design is particularly useful in evaluations of full-coverage interventions such as nationwide policies and programmes in which the entire population participates and there is no scope for a control group. A major drawback with reflexive comparisons is that the situation of programme participants before and after the intervention may change owing to myriad reasons independent of the programme. Unless they are carefully done, reflexive comparisons may not be able to distinguish between the programme and other external effects, thus compromising the reliability of results (World Bank, 2011).

(contd.)

Types of impact evaluation	Description
Outcome Harvesting	Outcome harvesting is used to identify, monitor, and learn from changes in social actors, through harvesting bites of detailed outcome information with colleagues, partners, and stakeholders. The information describes what changed, for whom, when and where, why it matters to the development objective-the significance of the change-and how the programme contributed to the change. Outcome harvesting is useful for complex aspects of programme, when the significance of particular milestones and outcomes may be unknown in advance. There is often a need for learning to understand how change happened. The harvesting process is stakeholder-centred and captures qualitative, tacit knowledge. It includes tools to substantiate and analyse this knowledge collaboratively and communicate progress toward impact to clients, management and partners. The tools are flexible to adapt to a programme's design and can provide useful details to inform the theory of change, implementation lessons, outcomes, and indicators (World Bank, 2014, 5).
Crowd Sourcing	Crowd-sourcing is defined by Howe (2008, 99) as the act of taking a job traditionally performed by a designated agent and outsourcing it to an undefined, generally large group of people in the form of an open call. Crowd-sourcing is used as an informational resource for development and can be used to track flows of aid, reporting on poor government performance or organizing grassroots movements, for example (Mott et al, 2014, 1).

作者简介

黄梅波

黄梅波，经济学博士，厦门大学经济学院国际经济与贸易系教授，博士生导师，厦门大学世界经济研究中心执行主任，厦门大学中国国际发展研究中心主任。曾先后赴美国康奈尔大学、英国牛津大学、瑞士高等国际发展研究院，德国杜伊斯堡埃森大学全球合作研究中心访学或从事合作研究。黄梅波教授为教育部“新世纪优秀人才支持计划”入选人员（2011），国家社科基金重大课题（2016）首席专家。主要学术兼职：中国世界经济学会副秘书长；中国美国经济学会副秘书长，中国国际发展研究网络（CIDRN）管理委员会成员，南方智库网络（NeST）专家，联合国贸发会议“负责任的主权借贷行为”专家组成员。主要研究领域：世界经济、国际发展援助、国际发展融资、中非贸易投资关系。

徐秀丽

徐秀丽博士，中国农业大学人文与发展学院发展管理系/国际发展研究中心教授，博士生导师，国际发展知识平台微信公众号“国际发展时报（IDT）”联合发起人。曾赴剑桥大学发展研究中心访问一年，多次赴亚非拉及欧美等国家进行短期学习和调研，为多家政府机构和国际发展机构提供政策和实践咨询，主要研究领域为：国际发展理论与实践，一带一路与企业社会责任，南南合作。

毛小菁

毛小菁女士，商务部国际贸易经济合作研究院国际发展合作研究所副所长，副研究员。中国 - DAC 研究小组成员、中国国际发展研究网络（CIDRN）和南方智库网络（NeST）专家。参与了《中国的对外援助》白皮书（2011 年和 2014 年）、《中国对外援助国别援助规划》、《促贸援助及中国立场研究》、《中国对外援助全口径统计和汇报系统》等许多商务部重大课题的研究。主要研究领域：中国对外援助政策和实践、国际发展合作趋势、主要援助国援助政策和实践等。